講座
畿内の古代学

広瀬和雄 Hirose Kazuo
山中 章 Yamanaka Akira
吉川真司 Yoshikawa Shinji
編

第I巻
畿内制

雄山閣

講座　畿内の古代学　第Ⅰ巻◎目次◎

第2章 支配層の集住

第3章 畿内の統治

第4章 東アジアの畿内制

コラム

総説

広瀬和雄・山中　章・吉川真司

序

古代から近世にいたる日本社会は、六〇余りの「国」（令制国）から構成され、それらは畿内と七道（東海道・東山道・北陸道・山陰道・山陽道・南海道・西海道）にまとめられていた。このうち畿内（令制畿内）は、一〇世紀の『延喜式』では山城国・大和国・河内国・和泉国・摂津国の五箇国からなり、それゆえ「五畿」「五畿内」と呼ばれることもあった。畿内が王都をとりまく特別行政区域、すなわち王権膝下地域であることは言を俟たないが、こうした制度は律令体制の形成とともに創始され、その後の前近代日本社会の基本的枠組みとなっていく。しかし古墳時代の列島社会においても、のちに畿内と呼ばれる地域（空間的に同一であるとは限らない）に政治的・経済的・文化的なセンターがあったと推察され、これを畿内制の歴史的前提と考えることができよう。

本講座が目的とするのは、主として古墳時代から律令体制の終末にいたる時期の畿内地域と畿内制について、その形成・展開の様相を跡づけ、さまざまな側面からその歴史的特質を解明することである。畿内とは何か――この問いに明晰な解答を与えるためには、古代史に関する分厚い研究成果を総括・総合することが、何よりも必要である。本講座はこうした作業を集中的に行なうための試みにほかならない。

近年、古代社会の地域史的研究が各地で推進されているが、そのなかでかえって、センターエリアと呼ぶべき畿内地域の特質が見えにくくなっているのではないか。これが本講座を企画するに至った問題意識の一つである。古代列島社会において畿内地域が果たした役割は何であったか、その特質をいかに評価すべきか。主に文献史料と考古資料を駆使することにより、畿内に関する総合的・多角的な研究を行ないたいと考える。

学際的研究は今日広く行なわれているところであるが、本講座では全体として「畿内とは何か」という大テーマを設定した上で、文献史学・考古学・歴史地理学・美術史学などの方法による研究成果を持ちより、それらを総合することによってクリアな歴史像・地域像を提示したい。前方後円墳国家・律令国家などと呼ばれる日本古代国家の性格も、ここからくっきりと照射されるであろう。

また、地域史的観点・学際的方法とともに重視したいのが、比較史の視角である。そもそも畿内という制度・思想自体が、中国のそれを模倣して形づくられたものであった。ただその際、古代の倭・日本が置かれた政治的・経済的・文化的状況に規定され、畿内制にも独特の性格が刻印されたと予想される。この点を中国・朝鮮との比較によって、明確に浮かび上がらせる必要がある。また、対外交渉・文化受容において畿内地域が果たした先端的役割についても、具体的に考えてみることにしたい。

一　畿内制と畿内地域

(一)　畿内の制度と実態

「畿内とは何か」を考える上で重要なのは、制度的・思想的な枠組みと、社会的・地域的な実態をさしあたり分離し、その上で両者の相互関係を見定めるという慎重な態度である。何故ならば、律令体制下の畿内制がその形成期、あるいは前代＝古墳時代における何らかの社会的・地域的実態をそのまま反映したものとは限らないからである。

例えば、倭王権の膝下に「ウチツクニ」と呼ばれる特別地域が存在し、令制畿内に受け継がれたとする学説があるが、果たしてそれは本当だろうか。律令体制期に宣揚された中国的な制度・思想が、前代に投影された可能性も十分ありえよう。また、畿内という空間的枠組みが「ウチツクニ」以来、確固たるものとして続いてきたかどうかについても検証の必要がある。すべては具体的な史実に基づいて厳密に考定されるべきであり、制度と実態の関係はその上で初めて有効に議論することができる。

また、畿内を地域史的に考える場合、特殊性と一般性の両面に配慮する必要がある。特殊性というのは、これまでにも触れたように、倭国・日本国の政治的・経済的・文化的なセンターがあったという、他地域と大きく異なる性格である。だからこそ畿内という、王権の膝下地域・直轄地域に関わる制度が導入されたわけである。しかしその一方で、列島各地のどのエリアにも有力な豪族たちが存在し、彼らが主要な担い手となって、地域社会の政治的・経済的・文化的な秩序を形づくっていた。畿内地域もこの意味では全く同じことなのであり、ただその豪族たちが倭国・日本国の政権中枢を掌握していたという点だけが違っていた。つまり畿内についても「一つの地域としての秩序」を考えることはおそらく可能であって、その地理的特質の問題を含め、一般的な地域史研究の対象となるべきものである。このように特殊性と一般性の双方に目配りしつつ、バランスの取れた畿内地域史を再構築することが肝要であり、それによって「畿内の制度と実態」についてもいっそう豊かな認識が獲得できるであろう。

（二）畿内という制度

まず、畿内の制度的・思想的枠組みについて簡単に述べておくことにしたい。

列島社会に畿内の制度が導入されたのは、大化改新によるものと考えられる。『日本書紀』大化二年正月甲子条の「改新之詔」に「初めて京師を修め、畿内・国司・郡司……を置く」とあり、さらに「およそ畿内は、東は名墾横河より以来、南は紀伊兄山より以来、西は赤石櫛淵より以来、北は近江狭々波合坂山より以来を畿内国とせよ」と見える。東南西北の四至を示して「畿内国」を設定する制度は、一見すると、複数の「国」の集合体であった令制畿内と大きく異なるごとくであり、畿内が単一の「国」であった可能性さえ指摘されている。ただし、四至で限られる範囲は令制畿内とほぼ同じで、「畿内国」は「畿内の国々」を指すに過ぎないと見る学説もあり、それが正しければ大化の畿内制はスムースに令制へと連続することになる。一方、難波宮を中心に置いた「方格の畿内」を想定する研究者もいて、大化の畿内制については今もなお議論百出の状況にある。

次に令制畿内は、最初は四箇国（大倭国・河内国・摂津国・山背国）からなる「四畿」「四畿内」であったが、やがて河内国から和泉監、大倭国から芳野監が分立して「四畿二監」「四畿内及二監」が特別領域とされ、そののち両監の廃止、さらに和泉国の独立という歴史をたどって「五畿」「五畿内」に落ち着いたのである。これら令制畿内の諸国では調の半免、庸の全免といった税制上の優遇措置がとられた。畿内公民には造都・行幸などに際して力役が徴発されることが多く、租税軽減はそれに見合った措置と言えるが、根本的には王権膝下の地を優遇するという考えに基づくものであろう。なお、律令官僚制に関する諸制度を見れば、京・畿内が中央官人の出身地域・居住地域と見なされていたことは明らかであり、また王権への供御についての規定も設けられている。

こうして律令体制とともに生まれた倭・日本の畿内制は、中国の畿内制を継受したものであり、その根底には古代以来の中国的世界観が存在した。例えば『周礼』は、王都を中心とする方千里の地を「王畿」とし、礼制の秩序における特別地域と見なした。やがて統一王朝の出現とともに王畿観念は変化をとげ、特別行政区としての畿内の制度が定式化される。それは王都周辺の諸郡（のち諸州）が畿内を構成する制度で、成立時期については秦・新・北魏などと意見が分かれている。中国でも畿内は王権膝下の地として優遇を受けたが、しばしば力役・軍役が課される地域でもあった。こうした中国畿内制が古代日本に移植されたことは疑いのないところで、それは礼制受容の一環でもあった。畿内があくまで中国由来の制度・思想であること、中央集権体制の発足とともに創始されたことは、考察の大前提として銘記されねばならない。

なお、古代朝鮮も畿内という制度・思想を導入していた。三国時代、高句麗・百済・新羅では王都そのものを畿内と称したらしい。やがて統一新羅の畿内は王都周辺の地域まで拡大され、さらに中国風に整序されて高麗の畿内制が生まれたと考えられている。

(三) 畿内地域の地理的区分

令制の四(五)畿内は、実態としてどのような地理的特色をもっていたのであろうか。ここでは「水による空間的まとまり」に注目し、畿内地域を①大和川水系、②淀川水系、③大阪湾沿岸の三地域に区分して、それぞれの特性を考えることから始めたい。

まず、①大和川水系は大和川とその支流がうるおす地域である。大和川は奈良盆地とその四周に降った雨を集めて一本の流れとなり、亀ノ瀬をこえて大阪平野東南部に出る。そこで石川を合わせて北西に向かい、大阪平野中央部にあった河内湖に注ぎ込んだ。この流域は、令制畿内で言えば、大和国の主要部(宇陀郡は淀川水系、宇智郡・吉野郡は紀ノ川水系)と河内国の中部・南部にあたる。ここに「畿内五大古墳群」のうち大和・柳本古墳群、佐紀古墳群、馬見古墳群、古市古墳群が立地し、記紀が語る歴代王宮・陵墓の大部分が比定されることは、倭王権にとって核心的なひとまとまりの地域であったことを雄弁に物語っている。畿内地域に列島社会の政治的・経済的・文化的なセンターがあったと言っても、その中核はあくまでこの大和川水系に位置していたのである。「畿内政権」という言葉を耳にすることがあるが、「大和川政権」と称したほうがずっと実態に即している。

②淀川水系は、摂津国東部・河内国北部・山城国がこれに該当する。古代には淀川も河内湖に注いでいたが、そこから遡上すれば、山崎─男山の地峡を経て、巨椋池を擁する山城盆地に到る。淀川水系が大和川水系と異なるのはここからである。淀川の上流の木津川は伊賀国・大和国宇陀郡、宇治川は近江国、桂川は丹波国に源を発しており、この水系は令制畿内に限定されないのである。畿内周辺地域は淀川によって直結され、連続性を有しており、換言すれば、淀川水系は開放性がきわめて強い。畿内地域を大和川水系と淀川水系の複合体と捉えるのはごく一般的な見方であろうが、大和川水系が中心的かつ閉鎖的であったのに対し、淀川水系は周縁的かつ開放的であって、両者は鮮やかな対比を示している。王権所在地について言えば、淀川水系が中心的役割を果たしたのは、六世紀のオホド大王（継体天皇）の時代、七世紀の近江京時代、八世紀中葉のあいつぐ遷都の時期といったごく限られた時代のみであった。しかし、八世紀末に長岡・平安遷都が行なわれると、中心と周縁が逆転し、淀川水系が中軸的役割を担うようになる。

最後に、③大阪湾沿岸という地理区分を提示したい。令制畿内で言えば、和泉国と摂津国中部・西部である。和泉国は河内国から分立したもので、北部では泉北丘陵を境として区切られるのみであるから、河内国西部との連続性は強い。百舌鳥古墳群と古市古墳群に違いを見出すのも難しく、大和川水系の一部と理解することは可能である。しかし、上町台地から和泉北部にかけては、大阪湾の水上交通をにらんで王宮や陵墓が営まれたと見ることができ、海の決定的重要性は和泉南部や摂津国西部についても指摘できる。ここに王権中枢が置かれたのは、四〜五世紀のホムタワケ・オホサザキ大王（応神・仁徳天皇）の時代と七世紀中葉の大化改新期であり、ともに大陸・半島情勢に即応する政治姿勢の現われであろう。大阪湾は他地域との連結装置ともなり、南は紀伊・淡路へ、西は播磨・淡路へと続いていく。周縁性・開放性という点で、淀川水系とよく似た地域である。

令制畿内において、右の三地域区分から除かれるのは、まず大和国宇智郡・吉野郡である。この両郡は紀伊国北部とともに紀ノ川水系を構成している。また摂津国でも、有馬郡と能勢郡が淀川水系・大阪湾のいずれにも面しておらず、三地域区分から外れてしまう。さらに大阪湾沿岸という区分には、淡路国が当然含まれて然るべきであり、それは淀川水系に伊賀国・近江国・丹波国が入るのと軌を一にしている。これらを念頭に置きつつ大観を試みれば、令制畿内の大部分は中心地域としての大和川水系、周縁地域としての淀川水系・大阪湾沿岸からなり、また畿内から直接連続していく地域として伊賀・近江・丹波・播磨・紀伊・淡路があったということになろう。

(四) 畿内・近国地域

畿内地域の地理的区分を以上のように理解するなら、畿内制がどこまで社会的実態をふまえたシステムであったのかが、改めて問題となってくる。少なくとも言えそうなのは、畿内地域が決して均一ではなかったこと、令制畿内の近隣に連続的な地域があったこと、この二点である。さらにモデル化するならば、〈中心地域―周縁地域―近隣地域〉が同心円状に存在し、全体として王権膝下地域を形成していた、ということになろうか。このうちどこまでを畿内という特別行政地域に編入したかについては、国造のクニや令制国の成立過程を視野に入れて考える必要があるが、ともあれ令制畿内の枠組みに確固たる社会的内実があったと理解するのは、いささか危ういことのように思われる。

このように〈中心地域―周縁地域―近隣地域〉をあわせて王権膝下地域と考えるとき、それが「畿内・近国」と併称される地域であったことに思い至る。とすれば、令制畿内よりも社会的実態に近いものとして「畿内・近国地域」が設定できるのではあるまいか。また、それは畿内制成立の前にも後にも、脈々と生き続けたのではないだろうか。畿内地域の内実を捉えるべく、この点について少しく関説しておきたい。

まず、畿内制が機能していた律令体制期であるが、法制的に用いられる令制畿内のほかに、実態としての「首都圏」を看取することができる。例えば、平城宮で出土した考選木簡（人事評定に用いられた木簡）には下級官人の出身地が記されているが、やはり左右京と大倭・河内が圧倒的に多い（大和川水系＝中心地域）。山背・摂津・和泉がこれに次ぎ、さらに近江・播磨・参河・遠江などが目立つ。また王権の所在地「王都」は仏教の根拠地「仏都」であったため、首都圏は「仏都圏」としても現象した。『日本霊異記』には仏都の僧侶たちが各地で活動するさまが描かれているが、特殊な場合を除けば、彼らは令制畿内だけでなく近江・播磨・紀伊にも赴いていた。仏教の信仰集団「知識」が結ばれたことが確認できるのも、令制畿外以外では近江・紀伊である。さらに官大寺の寺田や荘は列島各地に伸びた手足と理解されるが、墾田永年私財法発令までは令制畿内のほか、近江・播磨・紀伊などに密に置かれ、ほかに伊賀・伊勢・尾張・美濃・讃岐などの事例が確認できる。要するに〈中心地域―周縁地域―近隣地域〉に加えて、もう一回り広い地域までが、首都圏・仏都圏としての実態を備えていたのである。

こうしたセンター地域の構造は、記紀が描く大化前代、すなわち古墳時代以来のものであった。王権との関連では、大王が行幸した地域をほぼ直轄地と理解できそうであるが、大化前代には令制畿内のほか、近江・播磨・紀伊・伊賀・伊勢・美濃・淡路などへの行幸が確認できる（ほかに越前・吉備・伊予）。実は『続日本紀』に見える行幸先も、これに尾張・参河を加えた程度でほとんど同じである。王族の居住地も令制畿内だけでなく、近江（オホド王）・丹波（ヤマトヒコ王）・播磨（オケ王・ヲケ王）に広がっていた。渡来人（漢氏・秦氏）が置かれたのも、令制畿内に加えて、近江・播磨・紀伊・参河・美濃・阿波などの地域である。要するに、事態は律令体制期とほとんど変わらない。確かに畿内の〈中心地域―周縁地域〉を中心としつつも、決してそれに限定されることなく、〈近隣地域〉とその外周までが王権の膝下地域・直轄地域として機能していたと考えられる。

九世紀後半から一〇世紀にかけて、律令体制はゆっくりと崩壊していった。その過程で五畿七道という、王都を中心とする法制的地域区分とは異なる「地域ブロック」が姿を現わし始める。例えば東北、板東、瀬戸内海、九州といったブロックである。このとき平安京の影響を直接受ける地域ブロックも生まれたが、それが「畿内・近国」地域にほかならない。都の貴顕（院宮王臣家）の活動の舞台となった地域がその範囲を明示しており、やはり令制畿内のほか、近江・丹波・播磨・紀伊・参河・美濃・讃岐などである。〈中心地域〉は淀川水系に変わったものの、〈近隣地域〉とその外周までを含み込んだこの地域ブロックこそ、平安時代の「首都圏」であった。律令体制の解体とともに、古墳時代以来の地域的実態が改めてくっきり姿を見せたものと理解される。

やや煩瑣な点にも及んだが、ここで言いたかったことは、地域的実態として「王権膝下地域」「首都圏（仏都圏）」が存在し続けたこと、その中央には均一ならざる畿内地域が確かにあったが、それだけで完結していたわけではないことである。くどいようだが、畿内制は中国の制度・思想に基づく理念先行の枠組みであって、社会的・地域的な実態をそのまま示すものではなさそうである。本講座では、さまざまな視角・方法から「畿内とは何か」を考えることになるが、畿内制と畿内地域にはこうした不整合部分があり、柔軟な思考態度で制度と実態を捉えていくべきことが痛感される。

（吉川）

二　畿内の成立と展開

（一）中央―地方の関係ができた古墳時代

共通性と階層性を見せる墳墓が前方後円墳である。〈亡き首長がカミと化して共同体の安寧を保証してくれる〉という共同観念にもとづく前方後円墳祭祀が、共通性をもたらす。そして、領域と軍事・外交・イデオロギー的共通性をもち、大和政権に運営された首長層の利益共同体である前方後円墳国家、そのメンバーシップを体現するのが、墳丘規模や墳形などにみられる階層性である。共通性からは同盟的側面が、階層性からは服属的側面が読みとれるが、そうした両義性を包摂した政治的墳墓が前方後円墳なのである。

日本列島で初めて中央―地方の関係ができたのが古墳時代である。三世紀中頃から七世紀初め頃にかけて、北海道・北東北と沖縄を除いた日本列島で約五二〇〇基の前方後円（方）墳がつくられたが、そこにはあきらかな中央性がある。大山（仁徳陵）古墳や誉田御廟山（応神陵）古墳をはじめ、墳丘の長さが二〇〇メートルを超える巨大前方後円墳は三六基しかないが、三二基が畿内に集中している。さらに、墳長一〇〇メートル以上の大型前方後円墳―これは前方後方墳もふくむが―は三〇二基だが、一四〇基ほどが畿内に偏在する。それにつづくのは巨大前方後円墳が三基の備前・備中地域（以下、最適とは言えないが、次善の策として律令期の国名を使う）、一基の上野地域である。ちなみに、墳長超一〇〇メートルの大型前方後円墳は備前・備中の一四基で、畿内とは比べようもない。

中国鏡などの威信財、鉄製武器・武具などの権力財、農工具の生産財も、畿内の大型前方後円墳や「陪冢」などから大量に出土していて、他地域との比較が意味をなさないほどだ。また、古市古墳群や百舌鳥古墳群のなかには、遺骸埋葬が確認できない「陪冢」もみられるが、これなども地方では稀少な例である。後期や終末期になると墳丘の巨大性は低下するものの、石舞台古墳のように膨大な労働力を投下した巨石墳や、岩屋山古墳など高度な石工技術を駆使した切石づくりの横穴式石室が、圧倒的に奈良盆地に集中している。

各種財のなかには既往の研究であきらかなように、地方で生産され畿内に集約されてから各地に配布されたケースや、大陸から集中的に畿内に持ちこまれた製品が各地に配布されたケースなど、畿内中枢が再分配システムを管理していたものが目立つ。畿内もふくめたどの地域も、生産・生活が「自給自足」できないという事態がそこにはある。「もの」と「もの」、「もの」と人の交通、「もの」と人の首長ネットワークの掌握を通じて、畿内中枢が中央としての地位を獲得していた。臨海性をもった海浜型前方後円墳の各地での造営が、交通諸関係が首長の重要な任務であったことを明白にしめす。

(二) 大和川水系と淀川水系の古墳群

①大和川水系の地勢と古墳群　奈良盆地のほぼ全域をカバーした大和川の多くの支流が、大和地域の首長層を結びつける。それが数条に分流した中河内地域、石川流域の南河内地域に蟠踞した首長層も、大和川水運がつよい紐帯になっている。

奈良盆地の首長層が瀬戸内海の水運を利用しようとしたとき、大和川を下って大阪湾に出るのが合理的だが、中・南河内地域の首長層と対立していては難しい。ここに大和と河内の一体性を生みだす地理的条件、この水系の有意性がある。いっぽう、西方から奈良盆地へ進入しようとすれば、大阪平野と奈良盆地の境の大和川には山塊が迫っていて、船を曳航しての遡上はかなわない。奈良盆地への交通は水運だけでは完結しないので、陸路も重要な役割を担う。瀬戸内海・大阪湾からだと、石川沿いに南下して竹内峠を越える竹内街道が主要なルートだが、そこには玉手山古墳群や古市古墳群南群が立地する。

大和川水系には数多くの前方後円墳や前方後方墳が築造される。なかでも複数の首長系譜がたどれる階層構成型古墳群で、巨大前方後円墳を中核に据えた畿内五大古墳群が、畿内の畿内たる所以を如何なく発揮する。奈良盆地では前期を中心にした大和・柳本古墳群(一部は後・終末期)、前期後半から中期にかけての佐紀古墳群と馬見古墳群、大阪平野では中期を中心とした古市古墳群(後期前半までつづく)と百舌鳥古墳群である。

これらは巨大前方後円墳を造営した最有力首長をピークに、大・中型前方後円墳などの各級首長層、円・方墳などの多数の首長・中間層が一個の政治集団を形成し、その強固な結びつきを共同墓域で表わした政治的モニュメントである。そして、他地域では例をみない〈凝集性・巨大性・階層性〉という特性をみせる。たとえば、古市古墳群は前方後円墳三一基（巨大前方後円墳六基、大型前方後円墳一四基）、円墳三七基（直径五〇メートル以上が四基）、方墳五一基（一辺五〇メートル以上が七基）、合計一一七基で構成される。広範な首長層の結集が図られ、階層化が促され、列島の頂点を示威する巨大な前方後円墳が造営されたというわけだ。

ちなみに、それらの直線距離は大和・柳本と佐紀は約一二キロ、佐紀と馬見は約一五キロ、馬見と古市は約一一キロ、古市と百舌鳥は約五キロ。相互に視認できそうな間隔の古市古墳群と百舌鳥古墳群は、なんとなく密接不分離とみなされがちだが、それらと大和・柳本古墳群、佐紀古墳群、馬見古墳群とは現行の自治体が違うのか、旧国が違うのか、生駒山脈を介在するためか、統一的に論究されることは少ない。

後期になって様相は一変する。大型前方後円墳が群をなすのは古市古墳群南群だけで、それ以外は前方後円墳や大型円墳が、奈良盆地の各所に単独ないし数基の古墳群をつくる。そのうち、巨石墳のなかに家形石棺をおさめたものは奈良盆地南部に多い。

②淀川水系の地勢と古墳群　淀川水系は旧国では摂津、山城、北河内と広域におよぶ。閉鎖的な大和川水系とは違って、桂川は丹波へ、木津川は伊賀へと伸びるし、宇治川は琵琶湖とつながって東海や北陸方面にひろがる。いわば開放的な水系といえる。この水系を経由して、各地から大和地域にいたる交通路はいくつかある。

日本海西部からの山陰ルートは、保津川・桂川を利用した後は、木津川に沿った陸路で奈良盆地へ入る。もっとも、桂川からそのまま淀川へと船で下って、河内湖と大和川を経由して、石川から竹内街道というルートもありうる。桂川右岸のいくつかの丘陵には、前期から後期にかけての前方後円墳・前方後方墳からなる乙訓古墳群、左岸の丹波から山城への入り口には巨石墳の蛇塚古墳をふくむ嵯峨野古墳群がある。

北陸地方や東海西部からだと琵琶湖・宇治川の水運を利用した後、木津川沿いの陸路を南下して奈良盆地にいたる。宇治川から木津川右岸の陸路へと転換するあたりに、前期から中期にかけての複数の首長墓が密集した久津川古墳群があるが、木津川からは大幅に離れた地点に立地していて、このあたりから陸路になることを示唆している。また、宇治川の右岸には前期の黄金塚二号墳や後期の二子塚古墳などの大型前方後円墳があって、大和から北陸・東海西部への陸路をしめす。いっぽう、木津川左岸でも多数の前期前方後円墳・前方後方墳が造営されるものの、中・後期には顕著なものは見あたらない。

桂川、宇治川、木津川が合流した淀川の右岸には、前期の弁天山古墳群のほか紫金山古墳や将軍塚古墳など、中期にはこの水系で唯一、墳長が二〇〇メートルを超える太田茶臼山（継体陵）古墳、後期には大王墓ともみなされる今城塚古墳などが築造されるが、淀川からはかなり距離がある。左岸にも前期の森古墳群や牧野車塚古墳などがあるが、左・右岸ともに後期前方後円墳は多くはない。

このほか東国や東海東部地方から奈良盆地へといたるルートは、伊勢湾を横断して陸路で伊賀に到達してから木津川を下って奈良坂を超える北部ルートと、淀川水系ではないが陸路で名張から榛原に抜ける南部ルートにわかれる。前者には桜井茶臼山古墳、後者には椿井大塚山古墳が、それぞれ奈良盆地への出入り口を扼する。

淀川水系では久津川古墳群を除くと、畿内五大古墳群のような〈凝集性・巨大性・階層性〉の特性をもった複数系譜型古墳群は存在しない。首長層の結びつきや階層化は緩やかで、水系全域にまたがるような一大政治集団は形成されていないようだ。

（三）古墳時代の畿内

①古墳時代の中央政権　大和・柳本古墳群には、前期の前方後円墳二九基と前方後方墳五基が凝集している。そのなかには大王墓と目される巨大前方後円墳が四基、墳長超一〇〇メートルの第二位クラスは

前方後円墳が一五基、前方後方墳が四基ある。三世紀中頃〜四世紀後半頃の中央政権、すなわち前期大和政権は奈良盆地に割拠した五〜六人の有力首長が大王を推戴して共同で統治し、桜井茶臼山古墳、メスリ山古墳や玉手山古墳群など、大和と中・南河内の首長層がそれを支えたのである。

淀川水系では、各流域に分散的に前方後円墳や前方後方墳が多数造営されるが、巨大前方後円墳はなく大型前方後円墳も一一基と、大和川水系よりも劣性である。三角縁神獣鏡を大量副葬した椿井大塚山古墳が群を抜く程度である。前方後円墳の外表施設や埋葬施設や副葬品の組合せなどは、大筋では大和川水系とさほど変わらないが、丘陵に立地するものが多く周濠をめぐらすものは少ない。

四世紀末頃〜五世紀末頃の大和川水系には、佐紀・馬見・古市・百舌鳥古墳群が併立する。それらは巨大前方後円墳を中核にした階層構成型古墳群で、各自が有力首長に統率された一大政治集団を表す。その中核をなす四有力首長が、それぞれ各級首長層や中間層を率いて中期大和政権を共同統治している。それにたいして、淀川水系の中期首長墓はすこぶる希薄である。久津川古墳群を除くと単独の大型前方後円墳が三基あるぐらいで、前期以来の首長の過半は中期には造墓していない。大和川水系の四政治集団に統合されたのであろうか。この時期、畿内首長層が政治的に再編された蓋然性が高い。

さて、畿内の巨大前方後円墳は〈環大和政権シフト〉の意図にしたがって造営されている。明石海峡の五色塚古墳、紀淡海峡の淡輪古墳群、百舌鳥古墳群と古市古墳群は西方に向けての、桜井茶臼山古墳とメスリ山古墳は東方への、室宮山古墳は南方へのそれぞれ政治的示威を、佐紀古墳群と馬見古墳群と大和・柳本古墳群は大和政権の示威・守護という観念に基因している。ところが後期になると、大王墓を中核にした首長層のつながりを共同墓域で表出することはなくなって、有力な前方後円墳は奈良盆地各所で多数つくられる。後期大和政権の中枢は、奈良盆地の首長層が担っている。

注意をひくのが淀川水系のみならず、中・南河内でも後期後半の首長墓は見あたらない事実だ。後期前半では、大型前方後円墳の今城塚古墳と二子塚古墳が築造されるがつづかない。後期をつうじて系譜をなすのは嵯峨野古墳群ぐらいである。そうは言っても、これらの地域の首長層が没落した、前方後円墳など営造するだけの力量がなくなった、とは考えにくい。むしろ、前方後円墳に媒介された政治秩序の埒外にある、新しい政治秩序に参画したとみたほうが理解しやすい。中央政権の官僚層としての地位を獲得したのであろうか。

②古墳時代の王権　大王墓を頂点とした畿内五大古墳群などからは、見せる王権、共同性を重視した王権、階層性の頂点に立つ王権という三つの特性が抽出できる。

第一。巨大前方後円墳は、荘厳性・威圧性・隔絶性を強化する方向で墳丘を整備する。それは政治的権力・権威のありかや国家中枢の政治勢力を、累代的に見せつづける政治的モニュメント、〈目で見る王権〉として機能している。交通の拠点をめぐって形づくられた前方後円墳の連鎖は、〈もの・人・情報の首長ネットワーク〉の一員を見せるのだが、地方首長層は前代首長とのつながりとともに、中央政権とのつながりを内外の人びとに視認させたのである。時空的つながりで首長位を表示したというわけだ。

第二。巨大前方後円墳をピークにした各級首長墓は、三つのカテゴリーの副葬品をもつ。中国鏡やその系譜をひいた仿製鏡など、中国王朝とつながる政治的権威をしめす威信財。武器・武具など外敵から共同体を防御するための権力財。農工具など食料獲得に必要な生産財。これらは首長個人の財物というより共同体財の性格が色濃くて、〈共同体再生産のための道具類〉といった属性をそなえる。古墳時代首長層は共同体的性格が濃厚で、暴力機構を前面に出して「民衆」を統治するというよりは、勧農と祭祀、交易と外交という共同体内・間の職務を執行することで首長たりえた、という側面が強い。もちろん利害対立解消のための暴力発動は、武器・武具の大量保管から容易に想像できるが。

第三。畿内五大古墳群には墳丘規模、墳形、周濠・埴輪列・葺石などの外部表飾、埋葬施設や副葬品の組合せなど、さまざまな局面での階層性が貫かれている。それら各要素が一線を画するような事実は認めがたい。大王でさえも絶対的・排他的ではなく、ピラミッド型階層性の頂点に位置するだけなのである。むしろ、大王・中小首長層・中間層の親縁性が強く前面に押し出されている。

首長層の頂点にあってそれを束ねるものとして大王墓が聳立していたが、前方後円墳などにみられる共同性と階層性からは、「専制君主」としての大王や首長の像は結びにくい。首長的結びつきの強さと、各級での共同統治が読みとれるだけである。すなわち、前・中期の大王墓が各級の首長墓と一体となって階層性を見せているように、大王をピークにした階層的構成をもった一体性が、古墳時代支配層を大きく特色づけている。そうした政治構造を見せる前方後円墳は、共通性と差異性を表現する装置なのである。

③「王宮」と経済の先進性

日本列島における政治センターとしての畿内の成立は、いまのところ政治的墳墓である前方後円墳などからしか論究できないため、いきおい大和川水系と淀川水系のそれらに叙述が偏る。いうならば「真の政治センター」ともいうべき「王宮」はどうなのか、という問題が残ったが、課題は多いものの奈良盆地南部でその候補の遺跡がみつかっている。

一つは纒向遺跡の三世紀前半の大型建物群である。塀に囲まれたなかに、二三八平方メートルという巨大な総柱建物を主屋にして、神殿をふくむ三棟がほぼ東西軸で一列にならぶ計画的配置がみられる。もっとも周辺の状況はまだ判然としないので、この建物群の位置づけなどは今後に委ねるしかない。ただ、律令期とくらべて興味をひくのは、墳長一〇〇メートル前後の大型前方後円形墳墓が五基、近接してほぼ同時期に築造されていることで、墳墓との一体的可視性がこの時期の特性をなす。

いま一つは南郷遺跡群である。堀と塀に囲繞された二二〇平方メートルの「高殿」や、二八九平方メートルの巨大な建物、八〇平方メートル前後の三棟が東西にならんだ大型倉庫群、渡来人の住居と推測される石垣基壇をそなえた大壁建物、導水施設をともなう大がかりな儀式空間、鉄・金・銀・銅などを素材とした金属器生産、ガラス・鹿角・緑色凝灰岩などを用いた各種製品を生産した大がかりな工房群など、これまで判明している古墳時代首長居館をはるかに凌ぐ五世紀の政治拠点なのは間違いない。

畿内を特徴づける経済行為では、いっそうの耕地の拡大が挙げられる。六世紀頃までに沖積平野の水田化が一定度、進行していたのであろうか、七世紀初頭に新しい灌漑技法で、広大な段丘が開発される。丘陵の谷口部を堰き止めた溜池が第一で、狭山池の樋管は六一六年に伐採された木材が使用されている。第二は、長さ一〇キロにもおよぼうかという古市大溝で、レベルを維持しながら多彩な地形にまたがる長大な水路が掘削されている。投下された膨大な労働力はもちろん、いくつかの郡を貫通する利害調整や計画性、それを企画した世界性には目を見張るものがある。やがて、これらが列島各地へ拡がっていく。

手工業生産の一つの拠点は、百舌鳥古墳群の数キロ南方の泉北丘陵に営まれた「陶邑窯」である。西日本の数カ所で生産された初期須恵器とは違って、五世紀以降は一〇〇〇基前後とも言われる穴窯を擁した「陶邑」が、古墳時代最大の須恵器生産地になる。ここで製作された器形や器種組成などが、各地に成立した地方窯のそれらの範型を形づくっていて、技術の交流や工人の派遣などの中心を担う。

④前方後円墳国家と律令国家　平城宮建設にあたって、墳丘の長さが約二五〇メートルの市庭古墳や一一七メートルの神明野古墳など、佐紀古墳群の巨大・大型前方後円墳が破壊された事実は重い。大王墓にも匹敵しようかという巨大な前方後円墳でさえも、律令国家を推進した支配層にとっては、その破壊や再利用に際しての心理的な抵抗はなかったようだ。『続日本紀』巻第四に、「癸巳。勅造平城京司。若彼墳隴。見発掘者。随即埋斂。勿使露棄。普加祭酹。以慰幽魂。」と記されているから、古墳が祖先の墳墓だとの認識はあったが、巨大前方後円墳が「天皇陵」だという認識はまだなかったようだ。

木取山古墳や平塚一・二号墳など、宮に近接した京域でも、前方後円墳などが破壊されている。ところが、宮域の北辺では市庭古墳などと一体的に形づくられた佐紀陵山（日葉酢媛陵）古墳、佐紀ヒシアゲ（磐之媛陵）古墳、五社神（神功陵）古墳、ウワナベ古墳、コナベ古墳などは壊されてはいない。京域でも宝来山（垂仁陵）古墳や杉山古墳などの巨大・大型前方後円墳なども遺されている。

平城宮・京のグランドデザインができたとき、市庭古墳などは宮域予定地を占有していたので、どれほど大きな前方後円墳であっても、破壊を免れる理由はなかった。「はじめに京域プランありき」で、強大な政治意志の執行に際して、前方後円墳の保全などは無力にすぎない。三五〇年間ほどつづいた前方後円墳の政治的価値は、律令国家にとってはもはや過去のもので、そこに格別のイデオロギー的な障害はなかった。

三世紀中頃から七世紀初頭にいたる三五〇年間、中央─地方の政治秩序をあらわす役割を果たした前方後円墳の破壊は、政治意識や宗教意識のドラスティックな転換といって過言ではない。もはや前方後円墳を必要としない律令国家の価値意識がそこにはあった。律令国家建設のための政治機構や制度の一気の変革、それをスムーズにすすめるための新しい価値意識が浸透しつつあった。巨大前方後円墳の限られたものが陵墓に治定され、天皇制を保証するモニュメントとして新しい生命が吹き込まれるのは、もう少し時間が経ってからのことである。

（広瀬）

三　考古学からみた令制畿内

畿内とは「政治的、経済的、文化的センター」であるとされる。そのような位置づけが許されるなら、考古学からはセンターの内実がいかなるものであったのかを明らかにすることが求められる。本講座では王が住まいし、支配の拠点を置き、これを支える官僚機構の置かれた空間を王宮と呼び、王宮を含む全体を王都と呼ぶ。王都には離宮的施設や皇族の居住空間が置かれ、王宮を支える官僚を中心とした人々が居住し、王宮に入らない現業的分野の官司（東西市など）が所在する。王宮・王都が政治的中心であり、畿内の核になる空間である。律令体制下にあっても、それらは三つの地域─大和川水系・淀川水系・大阪湾沿岸─に一定時間の経過を経ながら設け続けられていた。

（一）令制畿内の王宮と王都

令制畿内における政治的中心は言うまでもなく王宮・王都である。

①大和川水系の王宮・王都　六世紀末、推古朝に豊浦宮、小墾田宮が造営されると、大和の南東部・飛鳥の地が政治の中心として登場する。これに合わせて、大規模な流通・交通網、経済的拠点が整備される。大和の南北を貫く直線道（上ッ道・中ッ道・下ッ道）と河内や伊賀を結ぶ東西の幹線道（横大路・山田道）の造営、整備である。大和川によって連なる大和、河内、摂津地域の核である大和が、幹線道の整備によって一体化し、東西南北が正方位に基づく規格性の高い空間として結ばれたのである。この新たな情報網を核にして初めて本格的な条坊制を備えた王都・藤原京が大和国中央部に建設される。

藤原京は下ッ道・中ッ道、横大路・山田道の古道により四辺を画した東西八坊、南北十二条（いずれも以後の王都の二分の一の規格）とする岸俊男説と、『周礼』考工記の思想を下に設計されたとする小澤毅説の二説の復元案がある。後者は、王都全体を十条十坊の正方形に形成し、その中心に王宮を備えた理想の都であるとされる。多くの支持を得ている仮説であるが、まだその実像の解明が十分に進んでいるとは言い難い。考古資料は「理想の王都像」に沿った内容を示しているのだろうか。

藤原京は建設途中にもかかわらず、わずか一六年で廃止され、下ッ道と中ッ道の北端、大和国平城山の麓に遷され、平城京が新たな王都となる。

平城京は唐長安城を縮小、模して建設されたとされ、東西八坊、南北九条の王都の基本形がここに完成する。王宮もまた王都の北端中央に設けられ、この基本構造が歴代の王宮に継承された。但し、王都の東辺に蘇我氏の元興寺や藤原氏の興福寺等、諸氏族の氏寺を配置する外京を設ける構造や初期に九条を超えてさらに南へ条坊が存在する点などは他京には継承されなかった。平城京は初期の段階で試行錯誤を繰り返し、宗教的には他の王都には見られない独自の姿を呈していた。

ところで、平城京の政治的センターとしての機能は、聖武天皇の関東行幸を契機に激しく動揺する。淀川水系の山背国相楽郡に恭仁京が建設され、初めて山背国が政治的中心となる。ただし、恭仁京の正式名称は「大養徳恭仁大宮」とされており、令制国では山背国に所在したものの、畿内の政治的中心は大和であるという強い意識が名称に反映されていた。さらに、正都恭仁京がありながら近江国甲賀郡に置かれた紫香楽宮や、摂津国上町台地に設けられていた副都難波京への行幸や遷都が繰り返され、政治的中心が安定性を欠いた時期もあった。五年後には王都は再び平城京へ戻される。

離宮であるとはいえ、令制畿内国ではない近江国に天皇が長期にわたり滞在したことは、天智朝の近江大津宮と合わせて令制畿内における近江国の位置づけを考える上で示唆的である。令制畿内における複都制や離宮については別に分析される。

称徳朝に入っても、河内国若江郡に由義宮が造営され、高安郡・大県郡に及ぶ地域が西京と位置付けられた。令制畿内国内ではあるが、この時期にも政治的中心は複雑に変動した。東アジア諸国の畿内制と複都制についても別に分析される。

②淀川水系の王宮・王都　桓武朝が成立すると、王都は淀川水系へ遷される。山背国乙訓郡での長岡京の造営である。

長岡京は、初めて山背国に本格的に設けられた王宮・王都であった。と同時に、難波京と難波津を廃止し、畿内の重要地域であり続けた摂津国や和泉国の役割を縮小させた。令制畿内国にあって経済的役割の一翼を担ってきた摂津国の重要度は、一気に低下する。

水系の移動によって新たな中心となるのが山背国山崎津である。山崎津は長岡京南端に接して所在しており、令制畿内にあって初めて、王都に国内外の物資集積機能が直結する。

生産と流通面でも、前代以来役割を担ってきた大阪湾岸地域の機能も変化をみせる。なお、芳野監（吉野宮）や和泉監（茅渟宮）、摂津職など、令制畿内が五畿内として確立するまでに設置された特殊な行政機関はその後和泉国や摂津国とされたが、水系の移動に伴って役割を低下させる点も注意しなければならない。令制では山背国に政治的中心が移ることなど全く予想もしていなかったのではなかろうか。

水系の移動は、単なる地域の移動に留まらず、王都そのものの質的な変換を迫る。例えば、王都の骨格を規定する条坊制に質的な変更が加えられる。王都居住者の多様性に対応するために、居住空間の均質化（宅地規模の統一）が行われ、都市管理機能が強化される。伝統的で閉鎖的な大和川水系に本貫を有する人々の王都から、新興的で開放的な淀川水系に本貫を有する人々の王都への移転に対応するかの如くである。

王宮にも大きな変化が認められる。恭仁宮に二つの内裏が併存し、還都後の平城宮に継承されるという。太上天皇宮が成立し、以後の王宮に継受されるというのである。長岡宮で内裏が大極殿・朝堂院から分離、独立する点もこの仮説との関係で解釈される。果たして考古資料はそのような仮説に回答を与えることができるのであろうか。

③王宮・王都と王陵　王権を支えた人々の陵墓と葬地が何処に造営されたのかも令制畿内の実態を知る大きな材料となる。

王宮が大和川水系の飛鳥、藤原地域に置かれた時代の王陵は、王宮や王都との関係を重視した地域に造営される。大和南部には藤原宮の中軸線の延長上に天武天皇関係者の陵墓が設けられ、藤原宮の南北の中心を西へ伸ばした地域に「始祖墓」が造営されたという。王都と陵墓の配置が極めて計画的であったというのである。

ところが平城京では王都の北郊に王陵が集中する。長安城の北、渭水の北岸に配された唐の一八皇帝陵の規模には及ばないが、藤原京から平城京へ、王陵の位置の変化については中国や朝鮮半島のそれとの比較研究が重要な意味をもってくる。

淀川水系に移動した長岡京以後の王陵がどこに造営されるのかも当該期の畿内の実態を探る上で重要

な意味をもつ。

長岡京北郊には桓武天皇の生母や皇后、夫人などの陵墓が集中し、平安京で没した淳和天皇の陵墓もまたこの地に営まれる。天皇の血縁関係を中心にした陵墓群の形成は平安京に継承され、山城国の北端（嵯峨野・宇多野）及び東辺（宇治郡山科）に、平城天皇を除く歴代天皇の王陵と関係血縁者の陵墓が集中的に造営される。令制畿内国内ではあるが、丹波国の国境に近い地域（清和天皇水尾山陵）や、近江国国境に接する宇治郡（醍醐天皇後山科陵）に王陵が造営される点も注目されよう。

（二）令制畿内の経済・流通・産業

令制畿内における経済的中心は、王都内の「市」に置かれた。さらに大阪湾沿岸地域の摂津国難波津もまたその役割を担った。

難波津は、律令国家成立以前から畿内の経済的中心であった。五世紀前半に設けられた法円坂倉庫群の発見がそれを証明することになった。整然と並ぶ倉庫群は、収納物の管理が系統的に行われていたことを示す。大化の改新後の政治的中心であった難波長柄豊碕宮においても、ほぼ同位置から規則的に配置された倉庫群が検出されており、難波の上町台地北端には、古墳時代以来継続的に経済的中心機能が維持されたのである。副都として置かれた天武朝難波宮にも同位置から倉庫群が確認されており、令制畿内においても当該地域が経済的機能の一端を担っていた。

難波津には、遣隋使や遣唐使がもたらした諸外国の情報や物資も集積され、王都へと伝えられ、搬入された。難波津は国内外の物資や情報の中継点として欠かせない経済的拠点であった。

ただし、難波津には地形的な制約があった。大和川と淀川、二つの河川によって運ばれた土砂が砂堆を形成して河口を塞ぎ、河内湖を造りだした。外洋や瀬戸内海を航行してきた大型船は、そのまま遡上することはできず、一旦、難波津で物資を荷揚げし、小型船に積み替えて両河川を航行しなければならなかった。二つの水系以外に、大阪湾岸地域が令制畿内にあって重要な役割を担った背景がここにある。

難波津を経由し、あるいは陸路王都に搬入された物資は市で交易された。藤原京には前代以来物資流通の拠点とされた幹線道の交差点に市（中市・軽市・海柘榴市）が設けられ、経済の核として機能した。藤原京造営段階の物資運搬のための運河の存在も明らかになっており、水陸両交通網の整備が経済的機能をより確実なものとした。

一方、当該期の物資生産の機能はその種類によって各所に分散的に設けられていた。

王宮に用いる瓦は、王都の一角（日高山瓦窯）の他、大和川水系に連なる中小河川縁辺部（市尾瓦窯など）に分散して設置された。大和国南部の高市郡や和泉国でも生産され、令制畿内国内とはいえ、広範囲な地域で生産され、王宮へ搬入された。

古墳時代以来、食卓に欠かせなくなった須恵器の大半は、引き続き和泉国の北端、泉北丘陵で生産され、大和川を用いて王都に搬入された。

平城京では王都の内部に東西市が配置され、経済的中心として機能した。市には人工的に掘削された運河がその一角に開削され、流通の基幹ルートとなった。運河は大和川を経て難波津に接続し、大阪湾を経て南海道、山陽道、西海道諸国と連絡した。水陸両交通路を通して王都に物資が集積された。東西市を経済的核とする構図は、以後の王都に継承される。

物資生産の面では、須恵器生産を依然として「陶邑窯」に依存していたが、生産量は次第に減少し、生産地は尾張、遠江、備前など他地域へと分散した。瓦生産は初めて王都に近接した背後の平城山に集中され、効率化が図られた。生産地と消費地が王宮に直結したのである。瓦の生産—供給の新しいスタイルは平安京へも継承される。

淀川水系の長岡京に遷都すると、経済・流通の中心が変化する。淀川の支流・三国川が開削され、淀川が大阪湾と直結したのである。大型船の航行が可能となり、難波津に代わって物資集積の拠点として山背国の西南端に位置した山崎津が整備される。発掘調査によって、山崎津跡からは中国からの舶来品が出土しており、当該地が難波に代わって海外からの物資集積の窓口になったことが判明する。瀬戸内海、大阪湾岸を経由して塩や米などの重量物資が搬入されたことも知られている。山崎は山陽道の山崎駅の置かれた地でもあり、水陸両交通の結節する流通の拠点となった。

令制畿内において初めて山背国に経済・流通の拠点が置かれただけではなく、王都と駅・津が一体的に配置されることになる。山崎で陸揚げされた物資は、平城京同様、王都に設けられた東西市へ運河を通して搬入された。

当該期の経済的中心は平城京同様東西市であったが、生産と一体化した新たなシステムが始動する。淀川水系という開放的な水系に王都が遷都したため、物資の生産と流通にも変化が生じる。瓦生産は淀川右岸や木津川左岸に新たに開窯され、山崎から王都へ搬入された。重量物でありながら伊豆半島や尾張国、遠江国などから須恵器が搬入されたのも水運の利用が可能になったからとされる。

一方、王都の近接地でも緑釉陶器の生産が始められ、平安京以後は須恵器生産が近隣丹波国に生産拠点を移す。東西市周辺に市で販売するための商品が製作され始めるのも長岡京の大きな特徴であり、平安京へ継承された。政治的中心である王都の都市的機能の充実、効率化のために、生産拠点が王都に近接して設けられたのである。王都の都市化に伴う生産と流通の効率化、高速化が当該期の大きな特徴でもある。

平安京は長岡京とわずか数キロしか離れておらず、流通・交通網にほとんど変化はなかった。ただし、山崎津の他に新たに桂川左岸に淀津や大井津が設けられ、丹波国との流通を可能にした。より王都に密接した地点に物資集積の機能が置かれた。東西市の経済的機能も充実し、長岡京で始まった市周辺での商品生産・販売のシステムも「市町」の形成という形で確立した。瓦生産では、淀川の水運を利用した生産体制が維持される一方、平城京で始まった王宮の近接地点での瓦生産が継承され、西賀茂一帯で開始された。拡大する需要をまかなうために多様な生産体制が淀川水系の水運を駆使して形成されたのである。

近江国南端にあって「古津」と化していた港も再び大津として整備され、若狭の塩や甲賀の木材を王都へ搬入する窓口となった。

王都が畿内国の北端、山背国に移動したため、新たに丹波国での須恵器、木材生産が開始され、大井川を通して王都へ搬入された。令制畿内国の枠組みを超えて、近隣国であった丹波国や近江国が物資生産・流通の重要地域と化すのであった。政治的・経済的中核である王都に近接するという地域性が、新たな地域との関係を深めたのであった。

経済的側面から見ると、令制畿内には当初二つのセンターが置かれていた。大和国に置かれた王都の東西市と摂津国にあった難波津である。しかし、淀川水系への王都の移転は難波津を不要とし、摂津国の機能を大きく低下させた。と同時に、それまでセンターとは無縁であった山背国南西部が俄に注目されることとなった。

また、王陵の地として注目された山城国宇治郡北部の山科には、三関に代わって逢坂関が整備され、交通・流通・軍事の制御施設として重要な役割を果たすことになる。王都隣接地としての近江国の存在が重要視されたからであろう。

飛鳥寺の造営に始まる寺院の建立は、天武朝にピークに達し、全国で五百余箇寺を数えるに至る。その中心をなすのが大和国であった。藤原京には国家寺院としての大官大寺と、天皇の菩提を弔う薬師寺が東西に配され、王都及び周辺地域には諸氏族の氏寺が建立された。

平城京になると王都の一角に外京が設けられ、諸氏族の氏寺が集められ宗教的センターとなった。ところが、平安京に遷都すると、寺院は王都から切り離され、官寺である東西二寺のみが王都の南端に造営された。各氏族の氏寺は依然として旧都平城京に置かれ、宗教的中心は二極化した。また、王都周辺に造営された陵墓に隣接して陵寺が建立され、新たな宗教的核も誕生した。令制畿内における宗教的センターはこの後、平安後期になると白河や鳥羽、宇治にも形成され、新たな構図ができあがる。

考古資料から見た令制畿内の実態は、日々進められる発掘調査によって次々と更新されており、その成果から目が離せない。本講座もまた、現時点での一断面に過ぎないことを忘れてはならないだろう。

（山中）

四　本講座の構成

本講座『畿内の古代学』は全六巻からなり、次のような内容をもっている。

第Ⅰ巻「畿内制」では、畿内の制度的な枠組み、支配層集住と人民統治の様態を明らかにする。それとともに中国・朝鮮の畿内制について比較史的考察を試みる。

第Ⅱ巻「古墳時代の畿内」では、畿内制以前の畿内地域の歴史像を論じる。弥生時代・古墳時代の「首都」に始まり、古墳や古墳群からみた畿内・王権の特質を解明する。

第Ⅲ巻「王宮と王都」には、畿内の中核と言うべき王宮・王都論を集成する。七～九世紀の各王宮・王都の実像を論じ、中国・朝鮮・渤海との比較もあわせ行なう。

第Ⅳ巻以降は、律令体制期を中心とする各論を収める。第Ⅳ巻では軍事と外交からみた畿内の特質、第Ⅴ巻では畿内の先進的なイデオロギーと文化、そして第Ⅵ巻ではさまざまな生産と流通・交通の問題を扱う。言わば、それぞれ政治センター・文化センター・経済センターとしての畿内の特質を明らかにするものである。

本講座の各巻には総説・論説・コラムが配され、古代畿内地域の歴史像を幅広く、最新の知見に基づいて具体的に提示している。読者諸賢におかれては、ぜひとも全巻を御通読・御検討いただき、忌憚のない御意見をお示し下されば幸いである。この講座の発刊を機として、関連諸学が従来以上に連携しあって、日本古代社会・古代国家の研究が一段と進むことを心から祈念するものである。

なお、第I巻では今回所収の論考のほか「平安貴族社会と畿内・近国」「畿内の県主と国造」の収録を予定していたが、諸々の事情により割愛した。

二〇一八年三月

広瀬和雄
山中　章
吉川真司

第1章 畿内という枠組み

古代畿内の地理的環境

上杉和央

はじめに

本講座は、古代日本における畿内の歴史的特質を解明することを目的としている。政治や経済、文化、その他、様々な視角から、これまでに明らかとなってきた古代の畿内が説かれていくわけだが、その冒頭にあたって畿内の地理的環境を確認しておこうというのが本章のねらいとなる。言い換えるならば、古代日本の中心地となった畿内の歴史的特質を生み出す一因となった地理的特質を確認すること、それが本章の課題である。

ただし、地理的環境といってもその範囲はきわめて広く、すべてに目配りすることは筆者の手に余る。本章では、「水」(河川)と「木」(植生)という二つの視点から地理的環境を考えることにしたい。というのも、「水」や「木」は人間の様々な活動に関わる要素であり、本講座で今後議論されるであろう歴史的特質をとらえる上で、これらをみておくことは有益になると判断されるからである。

一　水—河川からみた畿内—

（一）主な河川

畿内の主要な平地部は大和盆地・山城盆地・大阪平野となるが、二つの盆地はそれぞれ河川によって大阪平野と結びついている。畿内の政治・社会・文化を考える上で、周囲の山々から流れ出た河川によって結びついているという地理的環境は、外してはならない要因である。

畿内で最大の流域面積となるのが淀川水系であり、現在は八二四〇平方キロメートルにおよぶ流域面積を持つ（図1）。これは全国で第七位の流域面積であり、西日本最大となっている。[1] 西日本で二番目に大きな流域面積を持つ江の川（島根県—広島県）が三九〇〇平方キロメートル、三番目の吉野川（高知県—徳島県）が三七五〇平方キロメートルであることをみれば、淀川水系の流域面積の広さがわかるだろう。

このような広い流域面積のほかに、淀川水系はもう一つの特徴を有している。それは幹川流路の距離が短いことである。現在、琵琶湖—瀬田川—宇治川—淀川—河口部の流れが幹川流路とされているが、その距離は約七五キロメートルに過ぎない。これは流域面積が広い全国上位二〇河川のなかで最短である。ちなみに江の川と吉野川はともに約一九四キロメートルであり、淀川の幹川流路よりも二・五倍以上の長さを

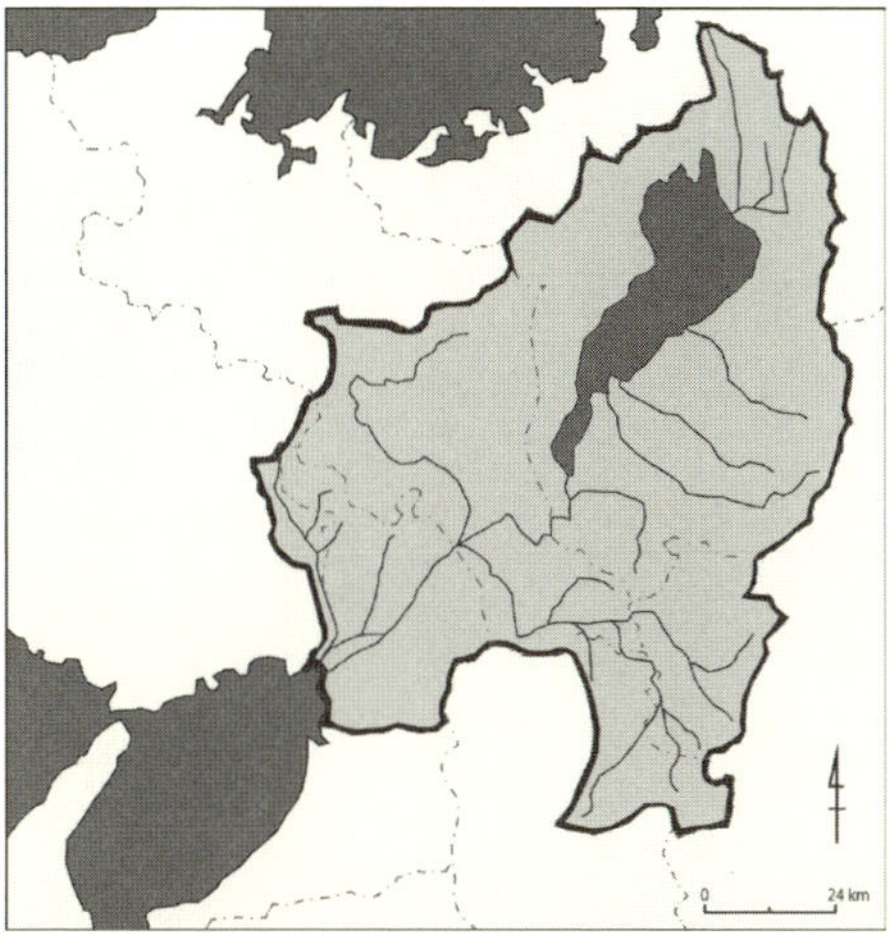

図１　現在の淀川水系流域図
海岸線・湖岸線・流路・府県境は現在のものである。

持つ。

幹川流路が短いにもかかわらず流域面積が広いとは、支流の発達していることを示しているに他ならない。木津川や桂川（大堰川・保津川）といった河川がその代表で、これらがさらに支流を数多く有することで結果的に広大な集水域を有するようになっているのである。このような支流の多さは、水運網によって各地が結びつきやすくなることにつながっている。

淀川水系と並んで重要な水系が、幹川流路延長六八キロメートル、流域面積一〇七〇平方キロメートルの大和川水系である。大和盆地を流れる大小の河川は、最終的にすべてが大和川にまとまっていく。大和国の西端にある山地の狭窄部を経て河内国に入り、河内国南部を北流する石川などを合わせた後、瀬戸内海に流れ込んでいる。

ただし、瀬戸内海に直接流れ込むようになったのは、周知のように江戸時代の大和川改修工事による流路変更の結果である。古代において大和川は上町台地を貫流してはおらず、河内国に流れ込むと北流し、分流を繰り返しながら河内国中部に展開していた草香江に注いでいた。草香江は上町台地から東側に展開した滞水域で、その東端は生駒山麓にまで到達していた。『万葉集』には大伴旅人の「草香江の入江にあさる　葦鶴の　あなたづたづし　友なしにして」（『万葉集』巻四〈五四五〉）という、葦の生える入り江の風景をモチーフとした歌が収載されている。

瀬戸内海に直接流れ込んでいなかったという点では、淀川水系も同じである。淀川も下流部は分流していたと想定されるが、その多くは草香江に一度流れ込んだ後に瀬戸内海に向かうという流路であったと思われる。

淀川水系には、草香江のような滞水域が上流域と中流域にも存在した。上流域は言うまでもなく琵琶湖である。琵琶湖は、多くの中小河川が流れ込む一方で、流れ出す河川は瀬田川が唯一であるという特徴を持つ。瀬田川はその後、山間部を流れ山城国へと至るが、その頃には宇治川と名称を変える。この宇治川が山間部を抜けて山城盆地に入ったあたりに、淀川水系中流域における巨大な滞水域である巨椋池が形成されていた。巨椋池についても、柿本人麻呂による「巨椋の　入江響むなり　射目人の　伏見が田居に　雁渡るらし」（『万葉集』巻九〈一六九九〉）にあるように、やはり入江として理解されていた。また、巨椋池のなかにはいくつかの島が存在し、槙島や向島というように地名が付されていた。ただし、池自体は近代の干拓事業の中で消滅してしまったため、これらの島は、地名としては名を残すものの、現在、島にはなっていない。

（二）　水域からみた畿内の広がり

淀川水系の流域面積を旧国のレベルで確認すると、琵琶湖の集水範囲は近江国のほぼすべてとなる。また木津川およびその支流の上流部は伊賀国をほぼすべて含みこんでおり、河川の結びつきという点でみれば、近江国や伊賀国は畿内との結びつきがきわめて強い地域となる。古代三関の鈴鹿関・不破関・愛発関が畿内に接して設置されておらず、伊賀国と近江国との「外」側に位置している点も、伊賀国と近江国の位置づけを物語る一つの要素である。実際の交通路は水運のほかに陸運があり、山地部を通過する街道も重要な役割を果たすが、特に上流域から中下流域への木材をはじめとする物資の輸送については、後述のように水運が大きな役割を果たした。

同じ淀川水系のなかでも、桂川上流部は丹波国となる。丹波国もまた畿内と河川で結ばれる地域ではあるが、近江国や伊賀国と異なり、丹波国のすべてが淀川水系に属しているわけではない。たとえば、摂津国を南下して瀬戸内海に流れ込む武庫川の上流域も丹波国に入っている。その他の丹波国の主要河川は日本海側に流れ出るものであり、丹波国内には日本海側と瀬戸内海側との分水嶺が存在する。これらの分水嶺は両側を区分する自然の境界線となる一方、他の地域と比較すれば、それほど急峻な地形というわけではなく、二つの方向に注ぐ河川流域はむしろ日本海側と畿内を結ぶ動脈として利用された側面が強い。

これに対し、大和国の大和盆地以南の山地部を流れる河川については、大和盆地・山城盆地・大阪平野といった畿内の主要平地部に到達しないという点で、畿内の他地域とは異なる水域環境を有している。

その代表は大和国に端を発し、中央構造線に沿って西流する紀の川だろう。古代史にたびたび登場する吉野は、紀の川上流部にあたる吉野川左岸の山地内にあたり、地形上も景観上も大和盆地とは大きく異なる環境にある。ただ、吉野の存在がまさに示しているが、決して平地部の動向と隔絶していた場所ではなく、連動して歴史が展開する地域であった。また、文献上としては畿内の範囲が初めて記される『日本書紀』大化二年正月一日条には、畿内の南端が「以来紀伊兄山」とあり、紀の川沿いの兄山がポイントとして挙げられている。その後、国の領域によって「畿内」の範囲が画定されるようになり、紀伊国は畿外の南海道として位置づけられることになったが、紀の川沿岸地域については、畿内との関係が維持されていくことになる。

大和国の吉野川流域よりもさらに南部には、熊野川の上流にあたる十津川が流れる。大和国から紀伊国に流れ込む点では紀の川と同じであるが、紀伊半島南西部に河口を有し、瀬戸内海ではなく、太平洋に注ぐ河川となっている。このような流路の方向に加え、河口の直前まで平地がほとんどなく、急峻な山地を流れる渓谷をなしている点も、大きな違いである。吉野川流域の口吉野に対して奥吉野とも呼ばれるこの流域は、神武東征における熊野上陸と大和盆地への北行という神話の舞台として著名ではあるが、古代史においてそう多く登場する場所ではない。自然環境の大きく異なるこの地域は、畿内主要部の日常的な動向と密接に連動した生活・生業が展開していたというよりも、その異質性ないし（畿内からの）隔絶性が際立つ地域であった。たとえば中世における熊野詣や南朝の動向といったこの地域を舞台とする動きも、この畿内から離れた異なる環境であったことが意味を持っていたととらえることができるだろう。言わば、畿内からいちばん近い異環境としての役割が与えられたのである。

このほか、和泉国には和泉山脈に端を発し瀬戸内海に注ぐ河川が見られる。これらは丘陵・台地を浸食しつつ海にそそぐが、河川距離はいずれも長くはなく、また浸食作用が新しく流路自体は単線的なために、いくつもの支流があつまって広い流域を作るまでには至っていない。

（三）　古代の池溝工事

水田耕作や日常的な生活に際して、水は不可欠の要素となる。畿内の平野部には集水域の広い河川が流れ、巨視的にみれば、水の利用がしやすい環境にあった。しかし、個別の地域の状況に沿ってみれば、丘陵上や段丘上では河川からの取水が困難で生活・生業に不適当な場所も多く、また一方で、氾濫原では常に洪水の危険にさらされていた。水とどのように付き合っていくか。それは古代のあらゆる側面に関わる重要な事項であった。畿内においても、洪水対策としての築堤工事や、利水対策としての池溝工事が、いくつか確認されている。

表1は、『日本書紀』に記述された主な池溝を示したものである。畿外の所在であることが明らかな池溝は省略しているが、その数は少なく、多くが畿内に位置している。そして、所在地が判明するものをみると、大和国と河内国とに集中していることがわかる。これは池溝の記事がみえる天皇の活動地との関係もさることながら、大和国や河内国に池溝工事を必要とする丘陵・段丘が多く存在するという地理的な側面が多少なりとも関係しているとみてよいだろう。

池溝設置が特に多くなされた地域の一つが河内国南部である。和泉山脈から続く丘陵部には「大溝」が、また開析谷や傾斜地には、低部に堤を作って溝をためる構造の池が作られていった。

『日本書紀』の記述としては最初に登場する依網池も、その一つである。依網池は江戸時代の大和川付け替え工事によって池の中央を大和川の新河道が通過し、大きく改変されてしまった。現在、池は残っておらず、往時の姿を偲ぶことはできない。ただ、地形条件や地質調査、また文明年間（一四六九〜

一四八七）に描かれたと伝わる「依羅池古図」（大依羅神社蔵）などの分析により、そのおおよその姿が明らかにされている。(2)その成果によれば、依網池は上町台地につづく段丘の東端に位置するが、段丘がゆるくたわみ込んだ地点に当たるため東部の氾濫原との境界付近に崖は存在せず、南と西が高く東北に向かって緩やかに傾斜している地形となっている。このような地形の場合、東側から北側にかけてのみに堤防を築けば貯水が可能となる。実際「依羅池古図」に描かれた池でも、東側と北側の東半分にのみ堤防が記載されている。

「依羅池古図」は水面のほぼ全域にヨシが表現され、中央やや北寄りにハスないしジュンサイが描かれている。これらの植物の生育条件より、(3)一五世紀代の依網池は深いところでも一～二メートル程度の浅い池であったことが判明するが、古代においても、地形条件や土層の堆積状況からみて、その水深はそれほど深くなかったことが推定されている。(4)また、『日本書紀』や『古事記』にみえる依網池の記事にも、「蓴《ぬなわ》」、すなわちジュンサイが登場する。(5)依網池は崇仁天皇や応神天皇といった時代の記述にみられるが、それがそのまま依網池の築造年代を示すわけではなく、そのため記事の利用自体も慎重になるべきであるが、記紀編纂期の依網池の景観から想像された風景としてとらえるならば、この「蓴《ぬなわ》」の記事は湖沼の水平方向そして垂直方向の景観構造を復原する貴重な資料の一つとなる。

（四）　狭山池

古代の畿内に作られた溜め池のなかで、最も規模が大きいとされるのが河内国丹比郡の狭山池である。狭山付近の池溝開発については、『日本書紀』崇神天皇六十二年七月条に「詔曰、農天下之大本也、民所二恃以生一也、今河内狭山埴田水少、是以其国百姓怠二於農事一、其多開二池溝一、以寛二民業一」という記事がみえる。また『古事記』垂仁天皇段にも「作二狭山池一」という記事が確認される。(6)

狭山池の築造については、歴史地理学の段丘開発史の観点から六世紀末から七世紀初頭の開発だという推定がなされてきた(7)。その後、ダム化工事に伴う発掘調査が実施されたことで、築造やその後の改修の状況が具体的に理解できるようになった(8)。それによれば、北堤は築造から現在に至るまで一一度も嵩上げがなされていたが、その最下層（第一一層）、すなわち狭山池当初の北堤は、対応する木樋が年輪年代測定法によって六一六年の伐採と判明したことから、七世紀前半の築造であったことが明らかとなった。これは、段丘開発史の観点からの推定ともほぼ一致する結果である。もちろん、こうした大規模開発がなされる以前に、より小規模な土木工事がなされていた可能性を排除すべきでないことは言うまでもない。

発掘調査によって明らかとなった狭山池の築造時期は、およそ推古期に相当するが、文献上も推古期にはいくつもの池溝の築造が確認されている（表1）。しかも依網池のように、崇神や仁徳といった時期と推古期との二度にわたって築造記載がある池溝も見受けられ、推古期の事跡を過去に遡って記載した結果ととらえられている(9)。これに従えば、狭山周辺の開発記事が崇神期に登場していたのも、このような記載法に準じたものとなる。

狭山池について記した文献資料としては、このほかに『行基年譜』に引用された「天平十三年記」がよく知られている(10)。そこには行基が関わった橋梁や池溝などが列記されているが、池一五か所の一つに「狭山池　在二河内国北《（丹比カ）》郡狭山里一」とみえるのである(11)。発掘調査では、これに関わると思われる堤防修築も見つかっており（第一二層）、築造時の堤跡である第一一層の上に、高さ〇・六メートル、幅一一・六メートルの嵩上げが確認されている(12)。

その次の改修層にあたる第一〇層では、約三・五メートルの嵩上げと大幅な拡幅という、大規模な改修がなされたことが判明した。これにより、築造時に比べて基底部幅は約二倍、高さは一・五倍となり、最大貯水量も八〇万立方メートルから一七〇万立方メートルへと二倍以上になった(13)。このような大規模な改修があった背景として考えられているのが、天平宝字六年（七六二）に起きた狭山池の決壊である。

表1 『日本書紀』にみえる主な池溝（註2①をもとに作成）

池溝名	所在地	記載年・月
依網池	河内	崇神六二・一〇
苅坂池		崇神六二・一一
反折池		崇神六二・一一
高石池	河内	垂仁三五・九
茅渟池	河内	垂仁三五・一〇
迹見池	大和	垂仁三五・一〇
坂手池	大和	景行五七・九
韓人池		応神七・九
剣池	大和	応神一一・一〇
軽池		応神一一・一〇
鹿垣池		応神一一・一〇
厩坂池		応神一一・一〇
栗隅大溝	山背	仁徳一二・一〇
和珥池	河内	仁徳一三・一〇
感玖大溝	河内	仁徳一四・一一
磐余池	大和	履中二・一一
石上溝	大和	履中四・一〇
高市池	大和	推古一五・冬
藤原池	大和	推古一五・冬
肩岡池	大和	推古一五・冬
菅原池	大和	推古一五・冬
栗隅大溝	山背	推古一五・冬
戸苅池	河内	推古一五・冬
依網池	河内	推古一五・冬
掖上池	大和	推古二一・一一
畝傍池	大和	推古二一・一一
和珥池	河内	推古二一・一一

＊畿内以外であることが明らかな池溝は省略した。

この決壊と修造を記述した『続日本紀』同年四月条には、「丁巳《八日》、河内国狭山池隄《堤》決、以㆓単功八万三千人㆒修造」とあり、延べ八万三千人が修造作業に携わったことがうかがえる。この延べ人数が妥当かどうかは置くとしても、第一〇層の状況からみるかぎり、きわめて大規模な事業が展開したことだけは間違いない。

狭山池は、その後も建仁二年（一二〇二）の重源による改修や、慶長一三年（一六〇八）の豊臣秀頼の命による改修など、幾たびも改修が繰り返された。そのような狭山池の歴史の全体像は、現在「大阪府立狭山池博物館」で見ることができる。

二　木―植生からみた畿内―

（一）畿内の植生

畿内における人間活動の中心である平地部は、その周辺に丘陵や山地を持つ。現在、平地部にはまとまった森林はほとんどなく、寺社境内地等にわずかにみえるくらいである。それらの多くも近代以降の人間活動と大きく関わって形成されたものであることが知られ[14]、それらの景観を過去に単純にさかのぼらせることはできない。

平地から見える斜面地・山地については、住宅等の開発によって森林被覆がみられない場所がある一方、京都盆地を取り囲む東山・北山・西山の各山地や大阪平野南部の和泉山脈など、森林におおわれた斜面地も多く存在する。しかしながら、それらの森林の多くもいわゆる天然林ではない。旧畿内域のなかでまとまった天然林としては、大和国南部の大台ケ原や大峰山脈の標高約六〇〇メートル以上の場所にあるブナ林が知られるが[15]、それ以外の場所にみられる森林の大部分は、スギ・ヒノキを中心とした人工林であったり、またアカマツや落葉広葉樹林による二次林であったりと、人間の活動の影響を色濃く

受けたものである。(16)

畿内（近畿地方）の植生の変遷については、花粉分析や考古資料、文献資料の分析によって、数千年前から現代までの大きな動向、およびその地域的な差異の一端が浮かび上がってきている。(17)その成果によれば、畿内の平地部では周辺地域や標高の高い場所よりも早い時期、およそ一五〇〇年前から一二〇〇年前ころの間にアカマツ林の増加が確認されるという。もとより人間の生活それ自体が一五〇〇年以上前からすでに確認されることは言うまでもないが、周囲の植生環境に大きな影響を与えるほどのレベルで人間活動がなされるのは、平野の場合、いわゆる古代の時期にあたるということになる。そこには、人口の増加など、人間活動の量的な増加が想定できる。たとえば、長岡京域での花粉分析の場合、古墳時代の層準からアカマツを含むニヨウマツ類が増加し始め、長岡京期にはニヨウマツ類が顕著に現れるようになることが知られる。(18)また、京都盆地や周辺の複数箇所の調査を総合した結果として、京都盆地では長岡京期にアカマツが増加し始め、平安時代中期以降にアカマツの優勢な森林が形成されたという推定が出されている。(19)

（二）窯業と森林

このように、森林景観は人間活動と関わりながら形成、変化していく。森林資源の具体的な利用としては、たとえば建築部材としての利用、薪炭材としての利用、そして食材としての利用などが挙げられる。

薪炭利用が人間の生活に大きな関わりを持つことは言うまでもない。なかでも、生業として火力が重要となった窯業地域では、窯の設置などが周辺の森林景観に大きな影響を及ぼすと考えられてきた。

たとえば、畿内最大の須恵器生産地である陶邑では、一九七〇年代という早い時期に、須恵器窯跡から出土した木炭片を実体顕微鏡で分析して樹種を特定する作業が行われた。(20)燃料に利用された樹種は周辺の植生環境の推測に寄与するとされたわけである。その結果、陶邑で須恵器生産が始まった頃に利用されていた窯跡では主に広葉樹が燃料に使用されていたこと、また次第にアカマツの利用が増え、七世紀中ごろになるとアカマツが主たる燃料となる窯跡が出現すること、その一方で同時期の窯のなかには広葉樹の木炭片のみが出土する事例もあることなどが明らかとされた。七世紀中ごろ以降の異なる性格の燃料利用がみられる点については、窯が集中する地区ではアカマツの利用、窯が疎な地区では広葉樹の利用といった地区ごとの差異として理解できるため、窯の周辺の植生を利用して燃料としていた可能性が高く、窯の集中度は燃料の利用量に関わるため、植生への影響が大きくなると論じられている。

実体顕微鏡による分析では、可視的に確認できる遺物に依存したものであったが、近年は各地層に含まれる花粉を分析して、同時代に存在した樹種の種類をより広く詳細に分析することが主流である。須恵器窯跡近くでなされた花粉分析の結果として、たとえば京都盆地の北端に位置する深泥池《みぞろがいけ》の調査を挙げることができる。(21)

京都盆地の北部山稜の北に位置する岩倉・幡枝地域一帯は、須恵器・瓦生産地として知られ、周囲には多くの窯跡が確認されている。(22) 深泥池は岩倉・幡枝窯跡群の南端部付近にあたり、実際に深泥池の東岸の窯跡では七世紀前半の須恵器生産が確認される。この年代は、周囲の窯跡群のなかでも最も古い操業とされる一群に含まれるものである。(23) また、深泥池北岸のケシ山炭焼窯では同じく七世紀前半に白炭生産を行っていたことが知られるが、そこで利用された炭の実体顕微鏡による分析では一点を除いてすべてがコナラと分析されている。(24)

深泥池に堆積した土壌から採取した花粉分析の結果をみると、この周辺では三四〇〇年前から一三〇〇年前までカシ類やナラ類が優先する森林であったが、一三〇〇年前頃からはニヨウマツ類の増加がみられる。(25) これは燃料としてコナラが利用されていた事実とも整合的であり、また窯の操業にあたって人間が周囲の森林を伐採した結果、ニヨウマツ類が増加した、という解釈を成立させうるものとなっている。ただし、ニヨウマツ類の花粉が圧倒的な量を占めるわけではなく、カシ類やナラ類が依然として多く検出されることから、窯の操業は周囲の森林を大規模に改変させるほど連続的ないし大規模なものであったわけではなかったと想定されている。[26]

実際、大きくとらえれば岩倉・幡枝窯跡群とひとくくりにできるような窯業地域ではあるが、岩倉・幡枝窯跡群における窯の設置場所を細かく見ていくと、七世紀代のなかで時期ごとに変化しており、深泥池東岸・南岸地区、深泥池北岸（ケシ山）地区・幡枝地区、木野地区と、五〇〇〜一〇〇〇メートルの間隔で北上していっている。これらの地区の須恵器生産に関して言えば、工人は基本的に同一と推定されており、[27]異なる工人集団が新たな場所に入り込んだのではなく、在地の工人集団が地域内で主要生産地を変えながら操業を続けていたと考えられる。つまり、窯の移動は工人たちの判断に基づいたものであった可能性が高く、操業の最適立地を選好していくなかでの移動であったと思われる。

窯業の場合、原料となる陶土の獲得と並んで燃料となる薪炭の確保が立地場所の選択に一定程度の影響を及ぼす。薪炭確保という側面について、上記の植生復原の結果と合わせて考えれば、当初はカシ類やナラ類が占めていた窯周辺の植生を燃料として利用していたが、それらを伐採し尽くす頃には陶土や燃料を確保できる近隣地区に窯を移動させて、操業を維持していた姿を想定できるだろう。[28]陶土が採掘された場合、土質は不可逆的な変化となるが、燃料による薪炭採取の場合、植生はたとえ一時期アカマツ林になったとしても、その状態が継続する事態とはならず、一定期間をおいてカシ類やナラ類が再び優位な環境になったのだと思われる。

なお、木野地区に位置する京都精華大学の構内窯跡の燃料材の分析結果によれば、八世紀代はカシ類が多い一方で、九世紀代の窯ではアカマツを含むマツ属複維管束亜属が多い。[29]少なくとも七世紀から八世紀にかけては、岩倉・幡枝窯跡群の窯では広葉樹が燃料として選択されていたことがうかがえる。これは陶邑における窯跡非集中地区での燃料利用形態に類似していると言える。九世紀になると、岩倉・幡枝一体での須恵器窯は減少し、地域の特徴を平安京域への瓦提供地と変化させていくが、その変化の前後で燃料がカシ類からマツ属複維管束亜属に移行していることになる。

話を深泥池に戻しておこう。深泥池での花粉分析結果によれば[30]、周辺で窯業の操業がみられた七世紀代よりも、一一世紀代になってからのほうが、むしろニヨウマツ類の増加が顕著であり、また継続性がみられる。このような植生へと変化した背景として、上賀茂社の荘園経営等に伴う開発圧や周囲の集落の人口増加の影響が推定されている[31]。すなわち、燃料を大量に使用する窯業の盛衰よりも周囲の人口推移のほうが、植生への継続的な影響という点では顕著に現れることになる。

さらに付け加えるならば、この地域における次なる植生の変化は今から二〇〇年ほど前であり、その時点でニヨウマツ類が圧倒的に優位となった[32]。これは、江戸時代の京都およびその周辺での人口増大に伴う薪炭利用の増加が大きな要因であるとみてよいだろう[33]。

(三) 荘園図に描かれた山と植生

古代荘園図に描かれた範囲のなかには、山地が含まれる場合もある。しかし、山地が表現された図がある一方で、山地が省略された図も見受けられ、山地へのまなざしは地図により異なっている。このような違いを生む背景には、現実に耕作されている熟田を集中的・固定的に把握する日本の班田制の構造的特質がある[34]。古代荘園図の主題が、基本的に田地とその広がりだったことは間違いない。実際、古代荘園図のうち山や丘が描かれているのは「東大寺領摂津職島上郡水無瀬荘図」(天平勝宝八歳〔七五六〕、正倉院宝物〔東南院古文書〕)など一〇点を数えるが、たとえば「越中国射水郡須加開田地図」(天平宝字三年〔七五九〕、正倉院宝物)ではきわめて簡略な表現でしかなく、荘園図の主題たる田地と比較してその表現に重きが置かれていなかったことは明らかである。

ただそのなかにあっても、水無瀬荘図のように、山の稜線に樹木が表現されるなど、単なる山の記号表現に留まらない内容が含まれる図もある(図2)。山に樹木が表現される事例は他にも見受けられるが、

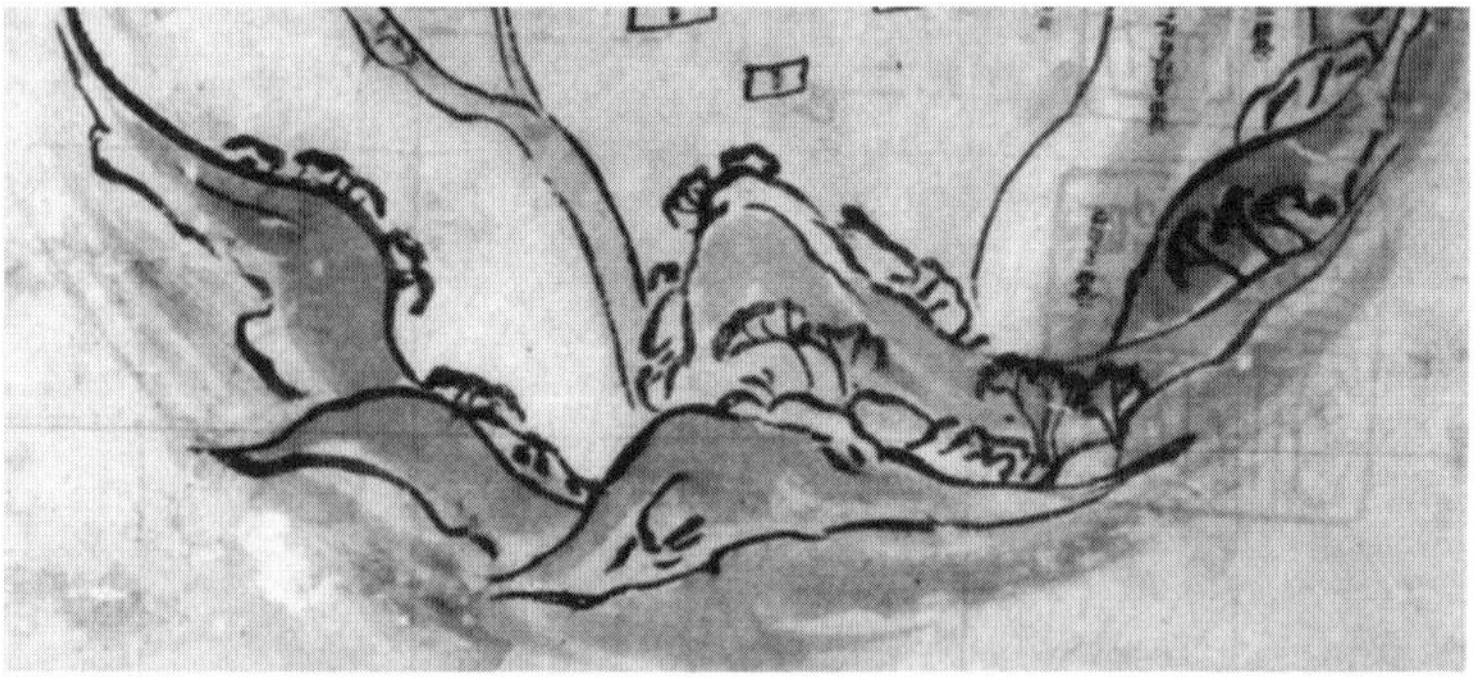

図２　「東大寺領摂津職島上郡水無瀬荘図」（部分）
（天平勝宝8歳〔756〕、正倉院宝物〔東南院文書〕）

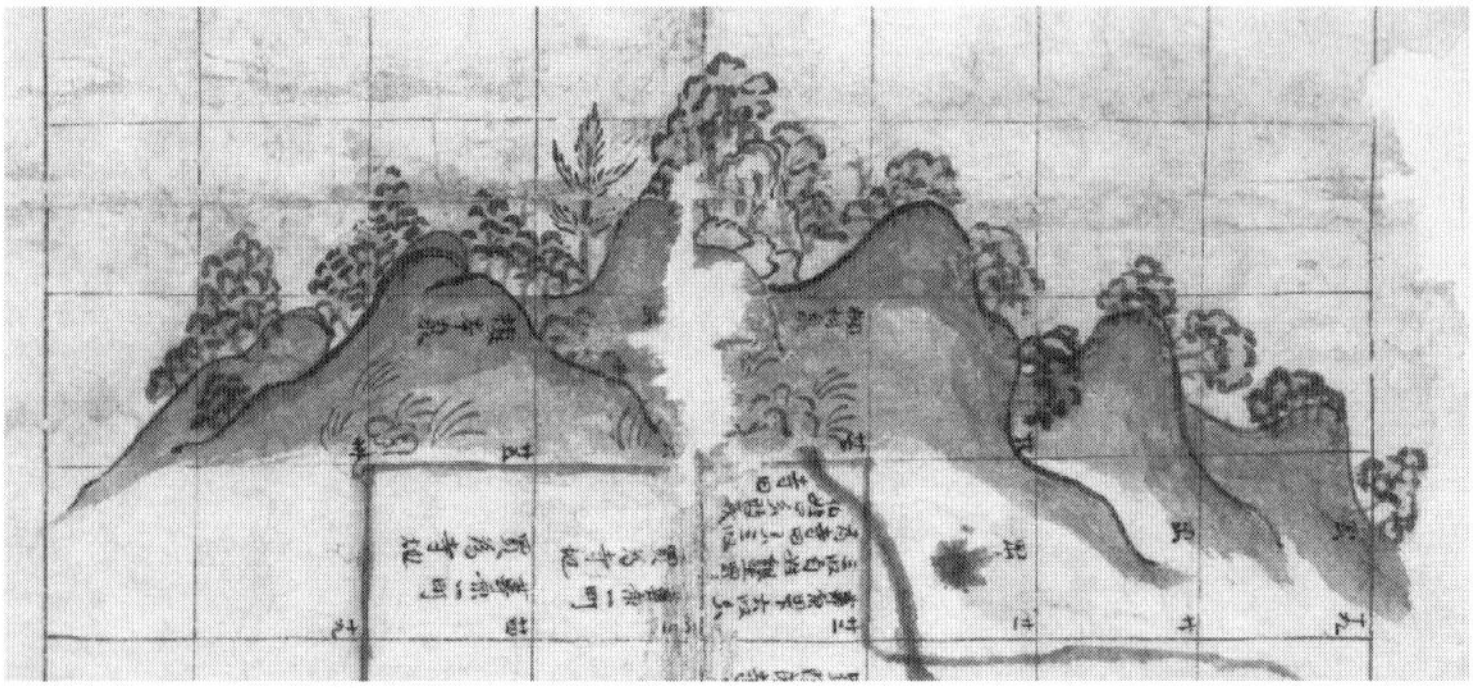

図３　「越前国坂井郡高串村東大寺大修多羅供分田地図」（部分）
（天平神護2年〔766〕、奈良国立博物館蔵）

それらの植生表現の意味するところについては十分に理解が進んでいないのが現状である。(35)

この点を検討するのに有効と思われる二つの議論を紹介しておこう。一つは同じ古代荘園図研究のなかで展開された山の描写に関わる指摘である。「越前国足羽郡糞置村開田地図」（天平宝字三年〔七五九〕・天平神護二年〔七六六〕、正倉院宝物）や須加開田地図、また「越中国砺波郡伊加流伎開田地図」（天平宝字三年〔七五九〕、正倉院宝物）などに描かれた場所の現地比定を実施するための検討の過程で、近代的測量のような正確さという意味では決してないものの、これらの荘園図に描かれた山麓線や山の表現が現地の「印象」を的確に伝えていると評価しうるものと論じられた。(36)この議論は、現地の景観の「印象」をよく表現された図がある可能性を示している点、またその「印象」の内実を検討するという課題を提示している点で重要なのだが、議論の構築の際に取り上げられたのは山の位置やかたちであり、そこに表現された樹木については注意深く論じられることはなかった。

もう一つは、江戸時代に描かれた絵図の山地表現についての指摘である。従来、江戸時代の絵図に描かれた山は、絵画的な側面が強く、簡略に表現された背景に過ぎないと考えられていたが、他の資料とも合わせながら彩色や樹木表現が分析されることで、草地やまばらに樹木が残るはげ山の広がっていた江戸時代の山地を適切に描写している場合があることが明らかにされた。(37)

これらに、先述の花粉分析の進展による植生史の変遷についての理解も加味すると、古代荘園図のなかには現地の山の樹木の生育や植生についての「印象」をよく表現している場合がある可能性を指摘できる。そのような点をふまえた時、たとえば畿内の平野部とその周囲の山地を表現した水無瀬荘図に、マツないし一種の広葉樹が山稜に疎に描かれ、山腹は薄緑色で面的に塗られている状況を、簡略な背景描写に過ぎないと一蹴することは難しくなるだろう。水無瀬荘域の周辺がどの程度、人間の手によって開発されていたかという点を理解する重要な資料となる可能性があるのである。

山腹が単色で塗られる事例は、ほかに「越前国坂井郡高串村東大寺大修多羅供分田地図」(天平神護二年〔七六六〕、奈良国立博物館蔵)(図3)など、いくつも確認できる。高串村図では山稜にはマツのほか、いくつかの広葉樹と針葉樹が、そして山腹には草高のある植物も表現されている。この山地表現は海岸砂丘を指すことが知られているが、そうであるならば遷移が進んだ植生となっている状況を読み取ることが可能である。この地域は全体に低湿な沼地が広がっており、高串村供分田のその後の資料が一切ないことから、早くから退転したと推定されている。(38)これらの状況を敷衍すれば、荘園図作製時点において、砂丘部での人間の下草刈りなどがなく、砂丘地の土壌化によるマツ以外の樹種の成長が認められると想定してもそう間違っていないだろう。

（四）杣の分布

山地を含む山川藪沢については、雑令に「山川藪沢之利、公私共之」と定められているように、特定の目的がない限り公私共利の地であり、国家や王権のみならず、百姓による利用が認められていた。(39)

山地利用の一つに材木の切り出しがある。とりわけ宮都や寺院などでの大規模な工事では多量の材木が必要とされ、そのために材木を確保する山地が必要であった。公私共利の山地のなかで、このような特定の目的にかぎって材木の用益権が認められた場所が杣《そま》である。畿内には宮都や大寺院が集中しており、王権や諸寺の利用する杣が周囲に存在した。たとえば八世紀の造東大寺司の場合、伊賀・近江・丹波・播磨の材木を利用し、また西大寺・大安寺の場合は伊賀・近江・丹波に加えて大和国の杣を利用し、木材伐採・製材作業事務所としての山作所を置いていた。

杣となった場所のうち、よく知られているのは、近江国の田上山《たなかみやま》だろう。田上山については、『万葉集』巻一〈五〇〉に載る「藤原宮之役民作歌」と題された歌に「…石走る　近江の国の　衣手の　田上山の　真木さく　桧のつまでを　もののふの　八十宇治川に　玉藻なす　浮かべ流せれ　其をとると…」と詠まれており、藤原宮の造営に際して、田上山からヒノキを切り出し、宇治川を流していたことが明らかとなる。その後、木津川をさかのぼり、泉津で揚げた後、大和国との国境をなす丘陵を陸路で越え、再び大和盆地の水運を利用して、藤原宮まで運んだのだと思われる。

また、聖武天皇の皇子である安積皇子が天平一六年（七四四）閏正月一三日に恭仁の地で亡くなったことに対して大伴家持が詠んだ歌の一首に「我が大君　天知らさむと　思はねば　おほにぞ見ける　和束蘇麻（杣）山」とあり、木津川支流の和束川流域が杣であったことがうかがえる。(40)

表2　杣の地域的分布（註41をもとに作成）

国名	郡名	杣数
近江国	甲賀郡	4
	高嶋郡	1
	栗太郡	1
伊賀国	名張郡	1
	伊賀郡	1
	不明	1
丹波国	船井郡	1
	不明	1
大和国	山辺郡	1
播磨国	不明	1

奈良時代の東大寺、西大寺、大安寺に関わる杣の分布を郡別に示すと表2となる。[41] 近江・伊賀・丹波といった淀川水系の上流に位置する国が杣に当てられることが多く、とりわけ近江国甲賀郡は当時、材木供給の中心地であったことがわかる。

このように、杣としての役割を担っていた地域のなかには、古代・中世にかけて材木供給地としての役割を持続させた地域もある一方で、材木供給という性格はありつつもむしろ農村的な地域へと変化していった地域があることが明らかにされている。[42] 前者の例としては近江国高島郡が挙げられ、平安後期にいたっても摂関家などの杣が多くあり、なかでも朽木荘は中世を通じて材木供給を継続的に行ったことが知られる。畿内の北側、すなわち、山城・若狭・近江・丹波の国境地帯には、そのような地域が多く、山林資源の持続的利用がなされた地域と位置づけることができる。これらの地域は、たとえ山城国と接する地域であったとしても、水運という点でみれば琵琶湖（近江）や大堰川（丹波）を経由して畿内に運び入れる必要があった。また山地が比較的急峻で、材木を簡単に切り出せる環境になかったという点、また耕地への転換が大規模に進むような地勢であったわけでもない点も、考慮に入れる必要がある。

それに対して、畿内の東側に位置する地域、すなわち先に挙げた田上山をはじめ、近江国甲賀郡、伊賀国名張郡などの地域は、後者の例に該当する。これらの地域は、水運が発達し、奈良時代から盛んに利用されていたことに加え、奈良・京都に近いことから、山林資源の再生産スピードを超える過剰な利用が進んだ。中世において杣の機能が皆無になったわけではないが、平安後期には山林ではなく耕地を中心とする地域構造へと転化したのである。[43]

おわりに

本章では、「水」(河川)と「木」(植生)という視点から、古代の畿内の地理的環境を概観した。たとえば「木」で取り上げた杣が水系に沿った分布をしているなど、「水」と「木」の要素は互いに関連している。すなわち、本章で取り上げた視点は、それぞれが個別に存在するのではなく、複雑に絡み合うものである。それは本章では扱わなかった他の視点にも当てはまる。たとえば「木」の項では窯業を事例に挙げたが、これなどは「土」や「火」といった要素にも深く関わるものと言える。そもそも、地域のなかには「土」「火」「水」「木」といった多様な要素が存在するのであり、絡み合うのは言わば必然である。

そのような絡み合いに不可欠となるのは「人」という要素である。しかし、本章では「人」からの視点については、極力少なくするように配慮して記述した。というのも、本稿は講座の一部であり、講座内には専論的な論考も数多く並んでいる。そして、「人」からの視点はまさに他の論考の多くが得意とするものである。そのため、むしろ本章では「水」や「木」といった視点からとらえる方が、全体のなかにおける役割としては適切ではないかと判断したためである。本講座で以後展開される古代の畿内における様々な歴史的展開に関する議論を理解する導入として、本章の内容が少しでも役立てば幸いである。

註

(1) 総務省統計局「日本の統計二〇一五」ttp://www.stat.go.jp/data/nihon/index1.htm(二〇一五年六月二五日最終閲覧)。

(2) ①日下雅義 一九八〇『歴史時代の地形環境』古今書院。②同 一九九一『古代景観の復原』中央公論社。

(3) 大滝末男 一九八八『水草の観察と研究(改訂増補版)』ニュー・サイエンス社。

(4) 前掲註2①②に同じ。

(5) 『日本書紀』応神天皇十三年九月条。『古事記』中巻。
なお、『日本書紀』にはジュンサイよりも浅い場所に生育する「菱」も描写されている。

（6）血沼池（茅渟池）、高津池の築造も同記事に記されている。

（7）前掲註2①②に同じ。

（8）①狭山池調査事務所 一九八八〜一九九九『調査報告書』昭和六二年度〜平成一〇年度、狭山池調査事務所。②同 一九九八『狭山池 埋蔵文化財編』。③大阪狭山市史編さん委員会 二〇一四『大阪狭山市史 第一巻 本文編 通史』大阪狭山市役所。

（9）代表的なものとして、舘野和己 一九七八「屯倉制の成立—その本質と時期」『日本史研究』一九〇、一-三〇頁。

（10）井上光貞 一九六九「行基年譜、特に天平十三年記の研究」竹内理三氏還暦記念会編『律令国家と貴族社会』（のち井上光貞 一九七五『古代仏教思想史研究』）。

（11）大阪狭山市史編さん委員会 二〇〇五『大阪狭山市史 第五巻 史料編 狭山池』大阪狭山市役所。なお、『行基年譜』には、天平三年に狭山池院と尼院を造営したとも記録されている。

（12）前掲註11に同じ。

（13）大阪府立狭山池博物館 二〇〇一『常設展示案内』大阪府立狭山池博物館。

（14）①鳴海邦匡・小林 茂 二〇〇六「近世以降の神社林の景観変化」『歴史地理学』四八—一、一-一七頁。②小椋純一 二〇一二『森と草原の歴史—日本の植生景観はどのように移り変わってきたのか』古今書院。

（15）深町加津枝 二〇〇一『地域性をふまえた里山ブナ林の保全に関する研究』（東京大学学位請求論文）。

（16）なお、落雷や自然火災等の自然環境変化によっても自然植生は影響を受ける。しかし、それらの影響は長期的なスパンでとらえれば一時的と言えるものであり、二次林として持続するためには、森林への恒常的な関与が必要であり、人間活動が背景にあったととらえられる。

（17）高原 光 一九九八「近畿地方の植生史」安田喜憲・三好教夫編『図説日本列島植生史』朝倉書店、一一四-一三七頁。

（18）植村善博・松原 久 一九九七「長岡京域低地部における完新世の古環境復原」桑原公徳編『歴史地理学と地籍図』ナカニシヤ出版、二一一-二二一頁。

（19）前掲註17に同じ。

（20）①西田正規 一九七六「和泉陶邑と木炭分析」大阪府教育委員会『陶邑Ⅰ』財団法人大阪文化財センター、一七八-一八七頁。②西田正規 一九七八「須恵器生産の燃料について」大阪府教育委員会『陶邑Ⅲ』財団法人大阪文化財センター、一三二-一三六頁。

（21）①Naoko Sasaki and Hikaru Takahara, 2011 Late Holocene human impact on the vegetation around Mizorogaike Pond in northern Kyoto Basin, Japan: a comparison of pollen and charcoal records with archaeological and historical data. *Journal of Archaeological Science*,

38-6, pp.1199-1208. ②佐々木尚子・高原　光・湯本貴和 二〇一一「堆積物中の花粉組成からみた京都盆地周辺における「里山」林の成立過程」『地球環境』一六—二、一一五－一二七頁。

(22) 京都大学考古学研究会 一九九二『岩倉古窯跡群』京都大学考古学研究会。

(23) ①京都市埋蔵文化財調査センター編 一九八五『ケシ山窯跡群発掘調査概要報告』愛仁苑「京都ヴィラ」。②山田邦和 一九九〇「京都市深泥池東岸窯址の須恵質陶棺」『古代文化』四二—五、四四－四六頁。および前掲註22に同じ。

(24) 岡田文男 一九八五「木炭の樹種」京都市埋蔵文化財調査センター編『ケシ山窯跡群発掘調査概要報告』五八頁。

(25) 前掲註21①に同じ。

(26) 前掲註21②に同じ。

(27) なお、瓦の作製技術など、新たに外からもたらされる技術ないし工人集団がいた点についても、同時に想定されている。前掲註22に同じ。

(28) 陶土の入手についての側面は考慮していない。実際の窯の移動は複数の要因が重なったものであったと思われる。

(29) 山口慶一・千野裕道 一九九〇「マツ林の形成および窯業へのマツ材の導入について」東京都埋蔵文化財センター編『東京都埋蔵文化財センター研究論集　Ⅷ』八五－一一四頁。

(30) 前掲註21①②に同じ。

(31) 前掲註21②に同じ。

(32) 前掲註21②に同じ。

(33) 前掲註14②に同じ。小椋純一 一九九二『絵図から読み解く　人と景観の歴史』雄山閣出版。

(34) 吉田　孝 一九八三『律令国家と古代の社会』岩波書店。

(35) 金田章裕 一九九六「古代荘園図の表現法とその特性」金田章裕ほか編『日本古代荘園図』東京大学出版会、九一－一一四頁。

(36) ①金田章裕 一九九三『古代日本の景観—方格プランの生態と認識』吉川弘文館。②金田章裕・田島　公 一九九六「越中　a越中国砺波郡東大寺領荘園図　石粟村・伊加流伎（伊加留岐村）・井山村・杵名蛭村」金田章裕ほか編『日本古代荘園図』東京大学出版会、四四九－四七二頁。

(37) 前掲註14②に同じ。

(38) 櫛木謙周 一九九六「越前　c閲全国坂井郡高串村東大寺大修多羅供分田地図」金田章裕ほか編『日本古代荘園図』東京大学出版会、四二九－四四七頁。

(39) 水野章二 二〇一一「古代・中世における山野利用の展開」湯本貴和編『里と林の環境史』文一総合出版、三七－六二頁。

(40) この時の家持がイメージした和束杣は、基本的に恭仁京建設に利用されたものと思われる。ただし同年閏正月一日には、聖武天皇が都を恭仁と難波のどちらにするかを臣下に問うという、よく知られた出来事が起きており、また前年十二月には平城京の大極殿等を恭仁京に移す一方で、紫香楽宮造営によって恭仁京の造作を停止してもいた。

(41) 西山良平 一九七七「奈良時代『山野』領有の考察」『史林』六〇―三、三五〇―三八六頁。

(42) 前掲註39に同じ。

(43) なお、本章では詳しくは述べないが、水野論文が説くように、古代から中世の杣の変化と荘園の関係については、重要な論点となっている。前掲註39に同じ。

畿内制とウチツクニ

西本昌弘

はじめに

中国では古くから天子の王城周辺の地を畿内と定め、畿外や蕃夷と区別する領域区分法が行われていた。畿内の畿は「さかい」をさし、畿内とは天子の支配力が直接に及ぶ「さかいのうち」を意味した。隋唐でも畿内制が実施されたが、日本では大化改新のさいに畿内制が制定され、その後、律令制下の畿内制に継承されていった。

この畿内制については、日中両国の制度比較を中心に考察したことがあり（西本一九九七ａ）、改新の詔にみえる畿内の四至に関しても、私案を提示したことがある（西本一九九七ｂ）。しかし、その後の研究の進展によって、とくに畿内四至に関する私見は大幅に見直す必要が出てきた。本稿では、現時点における畿内制についての考え方を示してみたい。

一　中国の畿内制と日本の畿内制

(一) 日本律令制下の畿内制と中国の畿内制

儒教の古典である『尚書』禹貢、『周礼』夏官大司馬などによると、中国では天子の王城を去る五百里以内の地、すなわち王城の周囲方千里の地を甸服・王畿・邦畿などと称し、王権膝下の地として特別視する考え方が存在した。中国における畿内制の展開については、かつて曽我部静雄氏の研究が通説の位置を占めていた(曽我部一九六八)。すなわち曽我部氏は、畿内制は秦・漢以降実施されず、北朝の北魏・東魏・北斉ではじめて実施され、隋では煬帝以降、唐では玄宗以降にのみ畿内制が行われたという。また中国の畿内制には、千里方形の地域を四至によって画する北魏の平城型と、首都を囲繞する数郡をもって構成される東魏・北斉の鄴型の両型式が存在したとする。

私はかつてこの曽我部説を批判し、秦漢から唐にいたる歴代王朝のほとんどすべてが畿内を設定していたこと、北魏平城の畿内も司州管下の数郡によって構成されており、王城の周囲を四至のみで限る理念的な王畿が現実に採用された徴証はないことを指摘した(西本一九九七a)。その後、東洋史家の専論が発表され、礪波護氏は曽我部説を批判して、北朝の畿内制を方千里のものとする見方に疑問を呈するとともに、唐前期と武周朝に畿内制が存在したことを明らかにした(礪波一九九二)。また大櫛敦弘氏は、秦および前漢の畿内はたんなる直轄領をさしたが、王莽の新代以降、首都圏一帯の政治的中心地としての畿内が存在したと論じている(大櫛二〇〇〇)。曽我部説はいまや克服されたものと考えてよく、少なくとも後漢以後、また隋唐代を通して、王城周辺の複数の郡を特別行政区とする畿内制が存在したとみて問題ないであろう。

こうした中国の畿内制が七世紀に日本に受容された。以下、養老律令や国史にみえる日本律令制下の畿内制を、中国の畿内制と対比しながら考察してみたい。

第一に、日本律令制下の畿内では、調の半免(賦役令調絹絁条)や庸の全免(同歳役条)など税制上の優遇策がとられていた。こうした優遇策は隋唐には存在せず、日本独自のものとみられがちであるが、唐の陸贄『陸宣公奏議』巻一、奏草に、

王畿は四方の本也、京邑はまた王畿の本也。其の勢や当に京邑をして身の如く、王畿をして臂の如く、四方をして指の如くすべし。……其の賦役は則ち近を軽くして遠を重くする也。其の恵化は則ち近を悦ばして以て遠を来らしむ也。

とあるように、唐代にも王畿は国家の根本であるから、その賦役は軽くすべしという認識があった。また、『魏書』には「畿内鰥寡・孤独・不能自存者」(高祖紀上、太和六年四月条)、「京畿百年以上」(粛宗紀、神亀元年正月壬申条)、「畿内鰥寡・孤独・貧者」(食貨志、太和一一年)などへの賜物の記事がみえ、京畿の老者・疾者等に対する賜物が行われていた。畿内の高年や鰥寡・孤独・篤疾・不能自存者に対する賜物・優恤は、日本律令制下においても行われており、『続日本紀』以下の国史に頻出する。

第二に、中国の畿内は力役負担の重い地であった。『唐六典』戸部郎中員外郎や『新唐書』食貨志一によると、唐の畿内は京城県・軍府州とともに「重役之地」とみなされ、畿外への楽住が禁止されている。これに対して、庸を全免された日本律令制下の畿内は「軽役」の地と考えられがちであるが、賦役令集解、丁匠赴役条の穴記は、「在京営造」にはまず「畿内人夫」を取るべきで、歳役のない畿内にも雇役を課すことは自由であったと述べている。実際、宮都や山陵の造営には畿内から頻繁に人夫が徴発された。『類聚三代格』巻六、大同三年二月五日官符は、「畿内諸国」は庸負担なく軽役の地であったが、「臨時差科」が繁多なため「百姓困弊」が激しいと指摘している。「臨時差科」とは中央的力役としての雑徭をさす(吉川一九九六)。中国の畿内が「重役の地」であったのと同様、日本律令制下の畿内も力役負担の重い地であった。それゆえに政府は平常は畿内の民を優遇して、その疲弊を防いだのである。

第三に、中国の畿内は本来、周代封建制下における天子の直轄領であって、天子への供御の地および官人の采邑地とされた。その伝統は後世の畿内にも継承され、唐でも「凡そ名山大川および畿内県は、

皆な以て封ずるを得ざれ」とされた（『唐六典』巻二、司封郎中員外郎）。官人の采地は隋唐では職田と呼ばれたが、唐の京官の職田は武徳令や開元二五年令では京城から百里以内の地に支給された（百里内で不足すれば百里外に支給）（大崎一九四三）。日本律令制下の畿内にも天皇への供御地としての性格が濃厚に認められる。畿内には「供御造食料田」「供御稲田」としての官田（大宝令では屯田）が置かれたが（田令集解置官田条・職員令集解宮内省条）、天皇位に付随するこうしたミタ（官田・屯田）は、大化前代からの畿内に分布しており（吉川聡一九九六・二〇一七）、新嘗祭にはこの畿内官田の稲粟が供せられた（延喜宮内省式）。また、日本の職田は畿内と畿外に一対一もしくは二対一の比率で支給された（高橋一九七〇）。

第四に、王権膝下の地たる中国の畿内は地方監察の面においても重要視された。漢は畿内の監察官として司隷校尉を置いたが、以後これが多くの王朝に踏襲され、隋の司隷台や唐の京畿按察使に至った。『唐会要』諸使中、黜陟使によると、貞観八年（六三四）、一六道に黜陟使を派遣したが、畿内道について「此の道の事、最も重し」とされている。日本律令制下においても、畿内は地方監察の面で特別視された。政府は畿内・七道に巡察使・問民苦使などを派遣したが、畿内には必ず使者を派遣する一方で、畿外には使者を遣さず、国司に事を委ねる例が多かった（『続日本紀』天平六年四月壬子条、同宝亀七年八月庚午条）。また、班田収授のさいにも、畿外では国司がこれにあたったが、畿内には「使を遣して校班」（延喜民部式上）とされている。

第五に、中国において畿内と畿外を分けることは礼制の問題であって、秦漢代に遡る制度であった。『周礼』や『礼記』に畿内の規定がみえることはそのことを端的に示しており、礼制の根幹たる爵も畿内を一つの単位として制定されていた。日本においても律令制下の畿内は祭祀儀礼をとり行うさいの一つの単位となっており、新嘗祭は官田の置かれた畿内から稲粟を供す国郡を卜定して行われ（延喜宮内省式）、相嘗祭では畿内と紀伊にのみ官幣を奉り（延喜臨時祭式下）、祈雨はしばしば畿内の諸社・諸寺・名山大川を対象にして行われた。日本律令制下の畿内も礼制の秩序と無関係ではなかったと考えられる。

以上、日本律令制下の畿内は、①税制上や民政上の優遇が存在し、②宮都・山陵の造営などの力役負担が重く、③天皇の供御地であり、④必ず監察官が派遣され、⑤礼制と関わる地域区分であったなど、王権膝下の地として最重要視された。こうした特徴は中国の畿内にも認められるもので、日本律令制下の畿内制が中国の畿内制の原則を基本的に踏襲していることは明らかであろう。

日本の畿内制に関する記事は、天武・持統朝に遡って確認することができる。まず、京畿の老者・疾者等に対する優恤は、持統四年三月丙申条や同四年四月癸丑条などにみえる。次に、天武紀一四年一〇月甲申条によると、泊瀬王・巨勢馬飼・判官以下の計二〇人を「畿内の役」に任じた。この時期、使者を畿内に遣して都すべき地を視察させるなど、都城・宮室の選定・造営の動きが活発化するので、「畿内の役」に任ずとは、こうした造営事業を管掌することを意味しよう。ここでも畿内を対象に「役」が課されているのである。さらに、「供御稲田」としての畿内官田の歴史は古く、大宝令以前の畿内屯田にその淵源をもつ。天武元年六月甲申条によると、菟田吾城に到った大海人軍の従駕者に「屯田司舎人」土師連馬手が食を供している。このほか、班田収授や祈雨にさいして、畿内には直接使者を派遣して事にあたらせるが、畿外諸国には使者を派遣せず、国司等に委ねるという方式が、持統六年六月条や同六年九月条にみえている。以上から、天武・持統朝の畿内制も、律令制下の畿内制や中国の畿内制の原則をよく踏まえていることがわかる。

(二) 大化の畿内制

孝徳紀大化二年正月甲子朔条の改新詔の第二条には、

其の二に曰わく、初めて京師を修め、畿内・国司・郡司・関塞・斥候・防人・駅馬・伝馬を置き、及び鈴契を造り、山河を定めよ。……

凡そ畿内は、東は名墾の横河より以来、南は紀伊の兄山より以来、（兄、此を制と云う、）西は赤石の櫛淵より以来、北は近江狭狭波の合坂山より以来を、畿内国と為す。

とあり、京師とともに畿内・国司・郡司・関塞・駅馬・伝馬などを置くこと、および畿内の四至が定められている。ここに記された畿内の制は、近江令の規定であるとか、天武朝の歴史的事実を示すものなどと考える説があったが、近年では孝徳朝のものと認める見解が定説となっている。

ただし、大化の畿内制の内実については、内部の国が成立する以前の、四至による単一の畿内国であったという見方が有力である。しかし、「畿内・国司」を「畿内国の司」と読むべしとする関晃説への支持は減っているので、四至畿内国説の根拠の一つは揺らいでいる。関氏は「境界によって区劃された行政区域が大化前代にあったとは考えにくく」、改新の詔の時期には「まだ明確な境界も国名も定まっていなかった」とみた（関一九九六・一九九七）。しかし、国造制下においてすでに大倭・河内・山背は区別されているので、大化前代に国名が定まっていなかったというのは暴論であろう。国境に関しても、山や川など自然の境界がある程度機能していたと思われる。『日本書紀』推古一五年（六〇七）是歳冬条に、

倭国に高市池・藤原池・肩岡池・菅原池を作り、山背国に大溝を栗隈に掘る。且つ河内国に戸苅池・依網池を作る。亦、国毎に屯倉を置く。

とあるのは、七世紀初頭に倭・山背・河内などの国が存在した証拠である。

改新の詔の時期に令制国が未成立であったとしても、大化前代からすでに大倭・河内・山背など国造制下の国が存在したのであるから、大化の畿内をこうした内部の国の区分を取り払った単一の畿内国と考えるのは、あまりに素朴すぎて不自然なのである。関氏は大化の畿内が四至によって明示されていることに注目し、「畿内の区域は国の区劃に基づいて定められたのではなく、その範囲はある意味はじめから自明のことだった」とみるが、この畿内四至が「自明」のものであったのかどうかは、改めて検討を要する問題である。畿内の四至については、のちに詳しく考察することにしたい。国郡が成立していても、四至によって領域を表示するのは、古代・中世の土地売券などに一般的に認められることである。

『唐六典』巻三、戸部郎中員外郎は、唐の関内道の範囲を四至によって、「東は河を拒て、西は隴坂に抵り、南は終南の山に拠り、北は沙漠に辺る」と示しているが、関内道の内部はもちろん京兆府・華州・同州・岐州などの一府二一州に区分されていた。

さて、大化の畿内制に関して、もう一つ問題となるのは、四至で示された畿内の中心は大和なのか、難波なのか、ということである。大化の畿内の中心は大和とする論者が多い（津田一九四七、八木一九六〇、長山一九七〇、服部一九七五）なか、その中心を難波とみる論者も少なくない（原一九八五、鬼頭一九九二、木下一九九二、吉本一九八五a）。とりわけ金田章裕氏は、難波長柄豊碕宮（前期難波宮）を中心にして半径五〇キロの円を描くと、大化の畿内の四至はいずれもその円周付近に位置するということを示した（金田二〇〇二）。大化の畿内の四至は難波長柄豊碕宮を中心としたものと考えてよいであろう。

二　畿内政権論とウチツクニ

関晃氏は改新の詔にみえる畿内の分析をもとに、大化の畿内制は中国の畿内制とはかなり違ったもので、改新によって新支配層を形成した中央豪族の古くからの居住地域を、特別区域たる畿内として定めたもので、畿内ブロックの全国支配という側面を改新運動にみてとることができるとした（関一九九七）。こうした認識を受け継いだ早川庄八氏は、古代国家形成史を畿内政権が畿外の諸豪族を徐々に服属させてゆく過程ととらえ、律令制導入後も畿内と畿外は、人民の課役負担や官僚の登庸において截然と区別されており、畿内と畿外の首長が対峙する場は「外交」の場であったと論じた（早川一九八六）。さらに大津透氏は、大化前代の畿内をウチツクニ、畿外を四方国とし、四方国では国造制が実施され、服属儀礼に伴う贄・ツキなどの貢納や采女・仕丁の原形となる人身貢献を行ったが、一方のウチツクニは大和王権の支配地であり、いわゆる国造は存在せず、民衆は王権の直属民として不断に徴発されたとする（大津一九九三）。関氏の畿内制論はこのように、早川・大津両氏によって、大化前代の人民支配や収取制度とも関わる畿内政権論・ウチツクニ論として発展していった。

しかし、かつて批判したように、実際の人民支配や収取制度の点において、大津氏のいうほど明確な畿内・畿外の二重性が存在したのかどうかは、律令制下においてさえ疑問であり、ましてやそれが大化前代に遡るとする点については、説得的な実証はなされていないと考える（西本一九九七b）。そのことは早川説や関説に関しても同様で、畿内政権論には史料にみえる実態と整合しない点が多すぎると評される（伊藤二〇〇八）ゆえんである。少なくとも大化前代の歴史過程を、畿内ブロックが畿外ブロックを服属させてゆく過程とみるのは、地域的に固定化された静態的な史観に立つもので、必ずしも実態を正確に把握した見方とはいえないであろう。筑紫・吉備や尾張・毛野などの勢力が大和・河内の勢力と連合しつつ、あるいはのちに大和・河内などに拠点を移しながら、五・六世紀以降の列島の歴史を切り開いてゆくことは、『日本書紀』や『新撰姓氏録』の記載からも想定できることであろう。

大津氏は、『日本書紀』の古訓などが「畿内」「中国」「封畿」「王畿」などをウチツクニと読んでいることから、大化前代にウチツクニという実態が存在していたとする。また鬼頭清明氏も、大王家の本拠地が畿内であり、畿外がそれを経済的に支える名代・子代の設定地域であるという構造は、大化前代に遡るとして、それをウチツクニ制と称した（鬼頭一九九二）。しかし、名代・子代はのちの畿内にも置かれていたので、これを畿外に限定する鬼頭説には同意できない。大津氏や鬼頭氏が依拠する『日本書紀』の古訓ウチツクニは、次の通りである。

①神武天皇の軍勢が東のかた膽駒山を踰えて「中洲《うちつくに》」に入らんとした（神武即位前戊午年四月条）。
②神武の軍勢は熊野から「中洲《うちつくに》」に趣かんとした（神武即位前戊午年六月条）。
③辺土いまだ清《しずま》らずといえども、「中洲之地《うちつくに》」には風塵なし（神武即位前己未年三月条）。
④「畿内《うちつくに》」には事なく、ただ海外の荒俗のみ、騒動いまだ止まず（崇神一〇年一〇月条）。
⑤蝦夷は「中国《うちつくに》」に住ましめ難し。故に「邦畿之外《とつくに》」に班《はべ》らしめよ（景行五一年八月条）。

⑥国郡に長を立て、県邑に首を置く。これを「中区《うちつくに》」の蕃屏と為す（成務四年二月条）。
⑦「邦畿之内《うちつくに》」すら尚給《つ》がざる者あり。況んや「畿外諸国《とつくにぐに》」をや（仁徳四年二月条）。
⑧秋津《あきづしま》は赫赫にして、誉は「王畿《うちつくに》」に重し（継体七年一二月条）。
⑨百済の聖明王が釈迦仏像などを帝国に伝え奉り、「畿内《うちつくに》」に流通させんとした（欽明一三年一〇月条）。

このうち、⑤の「中国」や⑦の「邦畿之内」はのちの畿内と同様の範囲を示すものかもしれない。しかし、①は神武の軍勢が膽駒山（生駒山）を越えて「中洲」に入らんとしたとし、②は神武の軍勢が熊野から「中洲」に赴かんとしたとあるので、ここの「中洲」は大和のことである。また、④の「畿内」は「海外の荒俗」と対句にされており、すぐあとの崇神一一年四月条に四道将軍が「戎夷」を平らげたとあるから、「畿内」とは倭国の支配地内をさす。⑨に仏像などを「帝国に伝え奉りて、畿内に流通せしめん」とある「畿内」も倭国の国内のことにほかならない。このように『日本書紀』の「畿内」は必ずしも後世の畿内と同じ範囲をささず、「ウチツクニ」と読まれた漢語にもいくつかの異なる意味が存在した。したがって大津氏や鬼頭氏のいうように、「ウチツクニ」という実態が大化以前の古くからあったことを論証するのは難しいと思われる。

『日本書紀』の欽明紀以前にみえる「畿内」「邦畿」などの用語は、いずれも編者による文飾と考えられるもので、五世紀や六世紀に畿内制が存在していたことを証すものではない。筧敏生氏が指摘するように、「畿内」の語が成立する以前に「ウチツクニ」という和語・制度が存在していたのではなく、「畿内」という漢語に対応する語として「ウチツクニ」が選択・創出されたとみるべきである（筧一九九五）。

さて、畿内地域論については考古学からのアプローチも古くから行われてきた。佐原真氏は、弥生中期から後期にかけて、畿内南部（大和川水系）と畿内北部（淀川水系）の差異が少なくなり、一つにまとまってゆくが、両者の差異は最後まで失われていないと説いた（佐原一九七〇）。近年では白石太一郎氏が、五世紀まで大和と河内が一体的に王権の基盤としての役割を果たしたが、六世紀以降、継体朝の成立とともに、淀川流域が王権に参画し、その後、平城遷都により、王権の中核は大和北部に重心を移していったと論じた(白石二〇〇六)。

畿内の有力者層が古墳時代を主導したとする川西宏幸氏は、畿内における大型古墳の消長を追跡し、前期から中期をへて後期に至る畿内政権が、大和東部・河内南部・和泉北部などの各地域に中心を移していったとした(川西一九八八)。近年では下垣仁志氏が、佐紀陵山型の前方後円墳の分布から、四世紀後葉に畿内制的な領域意識があったとし(下垣二〇〇五)、太田宏明氏は、横穴式石室の画一性の推移に注目しながら、畿内政権の支配構造のあり方に迫っている(太田二〇一一)。こうした考古学者による畿内制の議論は、早川氏・大津氏ら文献史家のいう畿内政権論と重なる部分があるが、両者の間には大きな相違があることも見逃してはならない。

考古学者のいう畿内政権は、大型古墳なり横穴式石室なりに現れた畿内地域のまとまりや、畿内地域内部における政権の主導地域を分析するための概念であり、畿外地域は比較の対象として意識されているとはいえ、畿内の有力者層が全体として畿外の有力者層を支配したという視点では考察されていない。こうした両者の相違点は十分に自覚される必要があろう。のちの畿内地域が考古学的にまとまりのある地域として一体化してゆくとしても、それは畿内が王権膝下の特別地域として認定されたことを意味しない。森岡秀人氏が高度な政治性抜きの「プロト畿内」「原畿内」の枠組みの詮索は今後も必要と述べているように(森岡二〇一五)、考古学研究にあっては、畿内制成立後の王畿の問題に過剰にとらわれることなく、大倭・河内・山背などの政治勢力論・地域間連携などの問題を解明するために、研究がさらに深められることを期待したい。

三　大化の畿内制の四至

前述のように改新詔の第二条は、東は名墾《なばり》の横河《よこかわ》、南は紀伊の兄山《せのやま》、西は赤石の櫛淵《くしぶち》、北は近江の狭《さ》狭波《さなみ》の合坂山《おうさかやま》より内側を畿内と定めている。大化の畿内制は内部の国が成立する以前の、四至によって限られた単一の畿内国であるとする見方が有力であるが、前述したように私はその立場をとらない。国造制下の国から令制下の国への過渡期にあたっているが、大化の畿内制は大倭・河内・津・山背などの国によって構成されるものであったと考える。

関晃氏は畿内の範囲が四至で示されているところから、その範囲ははじめから自明のことだったと説いた。しかし、それが「自明」のものであったかどうかは、畿内四至がどのような地点を選んで設定され、どのような経緯で決定されたのかを検討することなしに、断案を下せるものではない。畿内の四至に指定された名墾の横河・紀伊の兄山・赤石の櫛淵・近江の狭狭波の合坂山の四地点は、現在のどこに比定することができ、どのような性格の場所と考えられるのか。以下、研究史を批判的に検討しながら、そのことを論じてみたい。

(一) 名墾の横河

畿内東限の名墾の横河は、三重県名張市の名張川にあてるのが通説である。古道が名張川を渡る地点については、夏見のあたりとみるか（中一九七四）、瀬古口付近とみるか（足利一九八五）で意見が分かれている。ここは大和・伊賀両国の境界からは東に約六キロ離れている。私はかつて壬申紀にみえる「息長横河」は息長川の別名をもつ天野川そのものではなく、天野川の一支流たる梓河内川に沿う地域に想定されるので、名墾の横河も名張川そのものではなく、その一支流か支流に沿う地域名とみる方がよいとし、名張市矢川を横河に比定した（西本一九九七b）。これに対して門井直哉氏は、かつては宇陀川が名張川と呼ばれ、これと合流するまでの名張川は支流とみなされていたとして、現在の名張川を名墾の横河に比定して問題ないとする（門井二〇一二）。門井氏の指摘は説得的なので、私は矢川説を撤回し、通説の名張川説を支持することにしたい。

『江家次第』巻一二、斎王帰京次第によると、伊勢から帰京する斎王は、一日目に多気川、四日目に名張横川、五日目に和爾川でそれぞれ禊を行った。『春日社記』によると、神護景雲元年（七六七）に春日神を鹿島から春日に勧請するさいに、伊賀国名張郡夏身郷の一瀬河にて御沐浴を行ったとある。この一瀬河とは名墾の横河のこととみてよいだろう（中村一九八三）。名墾の横河は東国から大和へ入るさいの境界と認識され、禊など境界祭祀を行うべき場所であったことがわかる。

天武紀元年六月甲申条には次のようにある。壬申の乱のさい、吉野から東国へ向かう大海人皇子の一行は、菟田郡家の頭《ほとり》や大野をへて隠郡《なばり》に至り、隠駅家を焚いた。このとき一行は「天皇、東国に入ります。故、人夫諸《もろもろ》参赴《もうこ》」と叫んだが、一人として来集しなかった。横河に至らんとするとき、黒雲がわき起こったので、大海人皇子は親《みずか》ら式をとって占いを行い、ここから伊賀郡に向かった。以上の記事より、隠駅家から名張の横河に至る付近が「東国に入る」べき地であり、旅の行方を占うなど、境界祭祀を行う地であったことがわかる。隠駅家は名張市箕曲（福永一九七二）や名張市中村付近（中二〇〇四）に比定されており、そうすると、隠駅家と名墾の横河はきわめて近接した場所にあったということになる。

名墾の横河は大和・伊賀の国境からは東に約六キロ離れているが、隠駅家にも近いこの地が「東国に入る」べき場所と認識されていたことは注目されよう。大化の畿内四至は国境ではなく、畿内から畿外へ出たところ、逆にいえば畿外から畿内へ入る直前の駅家に近い交通路上の要地で、境界認識の存在した地であったとみるべきなのである。

(二) 紀伊の兄山

畿内南限の紀伊の兄山は、和歌山県かつらぎ町の背山（背ノ山）にあてるのが通説である。これに対して山尾幸久氏は、『万葉集』の「背の山を越える」という表現はかつらぎ町背山にはふさわしくないとして、大和・紀伊国境の真土山を兄山にあてる考え方を提唱し（山尾一九九三）、私もこれを支持したことがある（西本一九九七b）。しかし、門井直哉氏が批判するように、「背の山を越える」という表現は兄山＝背山説でも問題なく理解できるので、私も旧説を撤回して、通説に従うことにしたい。

改新詔の畿内の南限が真土山ではなく、兄山であることは、この畿内が難波宮を中心として構想されたものであることを示唆する。飛鳥など大和南部の王宮を起点とするものとすると、大和と紀伊の国境は真土山であり、『万葉集』巻四、五四三番の笠金村の歌に「紀路に入り立ち　真土山　越ゆらむ君は」と歌われるほど、紀路の入口にあたる境界と認識されていたため、畿内の南限は真土山と記されるはずである。改新詔の畿内四至が難波を中心とするものか、大和（飛鳥）を中心とするものかについては、長く議論されてきたところであるが、畿内の南限が紀伊の兄山とされていることは、大和中心とみるよりも、難波中心とみることの妥当性を示していると思う。

それでは、難波宮から紀伊へ至る古道はどのようなルートを通っていたのであろうか。足利健亮氏によると、難波に都があった孝徳朝・天武朝・聖武朝の一時期の南海道は、難波京から大道をまっすぐ南下し、草部をへて和泉国府に至ったのち、和泉の海岸を南下して、孝子峠を越えて紀伊に入ったという（足利一九八五）。足利氏は、都が奈良盆地にあった時代には、五條市から真土山を越える道、長岡・平安遷都以降は、山崎から南下して紀見峠を越える道となり、弘仁二年（八一一）に紀伊三駅が廃止されると、一時、孝子峠越えの道が復活したが、このルートは紀伊国府を通らないなどの不都合が生じたために、翌年から雄山峠越えの道が南海道となったと論じている。

しかし、平安初期に孝子峠越えの道が紀伊国府を通らないなどの理由でわずか一年で廃止されたとすると、同じ孝子越えの道が孝徳朝などの難波宮の時代に用いられていたとは考えられない。難波宮の時代の南海道が和泉の海岸部を南下して孝子峠を越える道であったとするのは根拠薄弱であろう。また、大化の畿内制にともなう南海道が孝子峠越えの道を想定していたとすると、畿内の南限には楠見や加太などの地名があがっているはずである。しかし、畿内四至の南限は兄山（背山）なのであるから、ここを通るルートを復原する必要があろう。

そこで旧説を掘り起こしてみると、かつては鍋谷峠（標高六五七メートル）によって和泉山地を越えるルートが官道として注目されていた。すなわち井上通泰氏は、『延喜式』の萩原駅を伊都郡笠田《かせだ》町の大字萩原にあて、延喜当時の駅路は和泉の日部《くさべ》駅（堺市草部）から一つは今の小栗街道により雄山峠を越え、一つは今の父鬼《ちちおに》街道に沿って鍋谷峠を越えて萩原駅に到ったとした（井上一九四一）。また芦田伊人氏は、紀伊国の往昔の官道として大和高市郡より紀ノ川沿いに賀太駅に至る道、鍋谷峠により葛城山脈を越えて萩原駅に通じる別路、雄山峠を越えて旧名草駅に至る道の三つを想定している（芦田一九四二）。さらに木下良氏は、足利説の紀見峠越えは南海道駅路としては回り道になるとして、蔵王峠（標高五五三メートル）越えでかつらぎ町妙寺付近に出たと考えた（木下一九九二）。なお藤岡謙二郎氏は、弘仁年間の南海道は紀見峠経由か紀見峠よりも西方の峠経由で萩原駅に至ったと述べているが（藤岡一九六九）、ここにいう紀見峠西方の峠とは蔵王峠か鍋谷峠をさすものと思われる。

このように、かつては和泉方面から父鬼街道に沿って鍋谷峠を越える道が注目されていた。鍋谷峠越えの道はそのまま伊都郡の萩原駅に通じているが、この萩原駅はかつらぎ町背山の東北に接しているからである。大化の畿内四至のうち南限は紀伊の兄山であったが、難波宮から和泉を南下して鍋谷峠を越える道が、畿外に出たところに兄山が位置するところから、ここが南限と定められたのではないか。

井上・芦田説に対しては、和泉・紀伊を結ぶ南海道に二路・三路が併存していたとは考えられず、標高六五七メートルの鍋谷峠に官道が通過していたというのは無理な解釈であるという批判がある（磯貝一九七八、梅原一九七七）。たしかに、紀見峠（四三八メートル）、雄山峠（一八四メートル）、孝子峠（一〇六メートル）などと比べると、鍋谷峠は険路といえる。しかし、難波宮から紀伊の兄山に至るには、鍋谷峠越えの道が最短距離のルートであった。奈良の平城京から難波へ出る場合、日下越え（四五五メートルの暗峠越え）が用いられたのも、これが最短ルートとして便利であったからであろう。

和泉から紀伊・河内・大和へ伸びる古道のルートから考えても、鍋谷峠越えの重要性が浮かび上がる。大化五年（六四九）三月、謀反の疑いをかけられた蘇我倉山田石川麻呂は、難波から茅渟道を通って倭国境まで逃げた（『日本書紀』）。この茅渟道については、大和から河内の南部（喜志・平尾・黒山）をほぼ東西に走り、堺市関茶屋付近から和泉市府中付近に至った道とする直木孝次郎説が通説である（直木一九八七）。しかし最近、和田萃氏説（和田一九九五）を発展させた遠藤慶太氏がこれに異論を唱えた（遠藤二〇一四）。直木氏は石川麻呂が逃れた茅渟道は、追手の大伴狛や蘇我日向らが通った道と同じと考え、茅渟道を黒山や丹比坂を通過する道とみなしたのであるが、遠藤氏は両者は別の経路を通ったとみた方がよいとし、茅渟道は難波から南へのちの小栗街道を進み、和泉府中あたりへ向かう道、もしくはさらに和泉府中あたりから方向を変えて槇尾川を遡る道であろうとした。石川麻呂はこの道を通って河内に抜け、水越峠を越えて大和に入ったとみるのである。

槇尾川に沿って和泉寺跡・坂本寺跡（禅寂寺）・池田寺跡（明王院）・和泉国分寺（安楽寺跡）があり、これらの古代寺院は交通路に沿って造営されたものと考えられること、河内国石川郡から水越峠（五一三メートル）を越えて大和に入れば、葛城山東麓をへて軽街《かるのちまた》にある斎槻《いわいつき》（今来大槻）に至ることなどが、その傍証としてあげられている。遠藤説は説得的であり、茅渟道は難波から茅渟の中枢部（和泉府中付近）へ向かう道であった可能性が高い。和泉府中から槇尾川沿いの道を東南に進み、和泉国分寺のある国分町で南へ方向を変えると、仏並・大野・父鬼をへて鍋谷峠を越える道へと続く。一方、難波から槇尾川流域に至るルートとしては、和泉の日部《にきた》駅から南下して和田・国分町をめざす父鬼街道の存在も注目される。草部と和田の間には行基の布施屋と関わる伏屋の地名が残されている（藤岡一九六三）。難波から紀伊の兄山をめざす道としては、鍋谷峠を越えるこの父鬼街道が最短ルートであった。

以上を要するに、難波長柄豊碕宮の時代の南海道は、難波から和泉府中へ進み、ここから槇尾川沿いのルートで国分町を経由、鍋谷峠を越えて、かつらぎ町の背山・萩原駅へ出るルートか、あるいは日部駅から父鬼街道のルートで鍋谷峠を越えるルートのいずれかであったと考えることができる。大化の畿内四至の紀伊の兄山は、まさに難波から紀伊へ至る最短の交通路上に沿う地点であり、畿内から畿外へ出た最初の駅家である萩原駅にも近接する場所であったということになる。

（三）赤石の櫛淵

畿内西限の赤石の櫛淵は、摂津・播磨国境付近の須磨から明石にかけての地域に求められる。具体的な比定地としては、①播磨・摂津の国境にあたる鉢伏山《はちぶせやま》南麓の境川河口付近（吉田一九〇〇、足利一九八五）、②神戸市須磨区一の谷から垂水区塩屋町に至る海岸（兵庫県一九七四）、③明石付近の川（原一九八五）、④明石市大久保町八木付近の海岸部（吉本一九八五ａ）、⑤明石海峡（大津一九九三）、⑥神戸市西区押部谷町細田の住吉神社の前面を流れる明石川上流の奇淵《くしぶち》（木下一九九二）などがあげられている。木下良氏は畿内四至のうち三地点は国境外にあるのに、赤石の櫛淵だけがまさしく国境に比定されているのは不適切であるとして、③の明石付近の川説に共感を示した。木下氏の指摘は①境川河口付近説の問題点をついたものといえよう。赤石の櫛淵は「赤石」を冠しているところからみて、須磨や塩屋・垂水付近ではなく、現在の明石付近に求めるべきであると思う。

赤石の櫛淵の位置比定は山陽道ルートの復原と不可分の関係にあり、①は鉢伏山の南麓を通るルート（間道として多井畑峠越えルート）、④は伊川谷ルート、⑥は難波から有馬温泉を経由するルートを想定している。しかし、④⑥のルートを山陽道とみなすのは迂回路にすぎる点に難点があり（足利一九八五、西本一九九七ｂ）、山陽道は海岸線に近い①のルートをとって、須磨から塩屋・垂水を経由し、舞子の浜沿いに明石に至ったとみた方がよい。このルートは明石市西新町付近で明石川を渡るので、名墾の横河の場合と同様、明石川河口部に近いこの付近が赤石の櫛淵であったと考えることができる。

ところで、『明石市史』をみると、Ⓐ押部谷村細田の住吉神社社頭を流れる明石川に奇淵がある、Ⓑ

大久保町八木の海岸を櫛淵という、Ⓒ『嘉吉軍談』の蟹が坂合戦の条に、伊予守義雅は垂水の浜から烏崎をへて櫛淵から五百余騎で寄手の後へ襲いかかったので、広瀬出雲守らが二百余騎で明石の櫛淵伊弉諾神社の森蔭から応戦したとある、という三つの事実が紹介されている。前述した諸説のうち、④の八木海岸説はⒷ、⑥の奇淵説はⒶを踏襲したものであるが、気になるのは残るⒸの事実であろう。Ⓒは中世・近世史料に書き残された「櫛淵」の実例と思われるからである。これに近い記事としては、『嘉吉太平記』の「広瀬出雲守頼康、……二百余騎ニテ明石ノ浜伊弉諾ノ社ノ森陰ヨリ鬨ヲドット上ケ」があり（明石市教育委員会一九八五）、「嘉吉軍談」の「明石の櫛淵」がここでは「明石ノ浜」と書かれている。「明石の櫛淵」が「明石ノ浜」と同意であることを示すものといえよう。

ただし、「嘉吉軍談」という書物を私は実見していない。嘉吉の乱を記した軍記物には『嘉吉記』『嘉吉軍記』『嘉吉乱記』『嘉吉物語』『赤松記』『赤松盛衰記』などさまざまな書名があるが、それらには同名異書や異名同書の類が多く、後世に増補されたもので、歴史史料としての価値は高くないという（熱田二〇〇五）。これら『嘉吉軍記』などの軍記物にも一通り目を通したが、『明石市史』が引く「嘉吉軍談」と同じ記事を見つけることはできなかった。したがって、「嘉吉軍談」が明石の浜付近を「明石の櫛淵」と書いているのは注意されるが、この記事の評価については今後の課題としておきたい。いずれにしても、赤石の櫛淵という地名からみて、また古代山陽道のルートからみて、これが明石川河口部に位置した可能性は高いと思われる。

赤石の櫛淵が明石川河口部に求められるとすると、問題となるのは明石駅家の位置である。現在の通説では、明石駅家は大蔵谷に残る摩耶坂・摩耶谷などの地名を一つの根拠に、明石海峡を見下ろす段丘上にある太寺廃寺の周辺にあったとされる（千田一九七四、吉本一九八五ａｂ）。しかし、太寺廃寺周辺では駅路に関わる小字が確認できず、段丘上では海岸低地を通る道筋から隔離されてしまうなど、いくつかの問題点が指摘されており（武藤一九七八）、明石川下流右岸の吉田南遺跡を明石駅家にあてる説も唱えられている（今里一九八〇）。

明石駅家の位置を考えるさいに、大きな手がかりとされてきた史料は、次にあげる『釈日本紀』巻八所引の「播磨国風土記」逸文である。

> 播磨国風土記に曰はく、明石の駅家、駒手の御井は、難波高津宮天皇の御世、楠、井の上《ほとり》に生ひたりき。朝日には淡路嶋を蔭《かく》し、夕日には大倭嶋根を蔭しき。仍《すなわ》ち、其の楠を伐りて舟に造るに、其の迅きこと飛ぶが如く、一檝《ひとかぢ》に七浪を去《ゆ》き越えき。仍りて速鳥と号く。ここに、朝夕に此の舟に乗りて、御食《みけ》に供へむとして、此の井の水を汲むに、一旦、御食の時に堪へざりき。故、歌作みして止めき。唱に曰はく。
>
> 住吉《すみのえ》の　大蔵向きて　飛ばばこそ　速鳥と云はめ　何か速鳥

明石の駅家に駒手の御井があり、井の上《ほとり》の大楠を伐って、舟を造ったところ、飛ぶように走行したので、速鳥と名付けた。朝夕この舟に乗り、某所に御食を運んでいたが、ある日、御食の時間に間に合わなかった。このため、「住吉の　大蔵向きて　飛ばばこそ」云々という歌が作られたというのである。敷田年治『標注播磨風土記』は、この歌の住吉を明石郡の住吉（郷）、大蔵を大蔵谷にあてた。この解釈がその後も継承されて、明石駅家を明石市の大蔵谷周辺に比定する説が有力化したのである。

しかし、井上通泰氏が批判するように、「スミノエは摂津国の住吉にて、大倉はそこに御食料などを納むる倉」が置かれていたことを示す（井上一九三一）。すなわち、明石駅家から摂津の住吉の大倉（難波高津宮の大蔵をさすか）に向けて、朝夕に御食の水を運ぶ舟が運行されていたが、ある日、供御が間に合わなかったため、速鳥を皮肉る歌が作られたのである。このように解釈しなければ、歌の興趣がわいてこない。「住吉の　大倉向きて」は御食を運ぶ舟の到着先を述べたもので、けっして舟の出発地である明石駅家のことを述べたものではないのである。したがって、「住吉の　大倉向きて」の誤った解釈をもとに、明石駅家を大倉谷周辺に求める通説はその根拠を失うことになろう。

「播磨国風土記」逸文のこの記事はまた、明石駅家が舟運の発着港を兼ねていたことをうかがわせる。讃岐国司として赴任する菅原道真が「播州の明石駅」に到ったことも(『菅家文草』巻四)、ここが海路で讃岐へ向かうさいの要港であったことを示している。『播磨国風土記』賀古郡鴨波里条には、印南の大津江(加古川下流の津)から遡上した舟を、賀意理多《かおりた》の谷より引き出でて、赤石郡の林の潮《みなと》に通わし出だしたとあるが、現在、明石川河口の右岸に船上《ふなげ》と林の地名が連なって残っている。船上は『住吉大社神代記』にみえる船木村であり、住吉大社に神封を寄進し、船司・津司に任命された船木連の拠点である。

また、『万葉集』巻七、一二二九番に「わが舟は明石の湖《みと》にこぎ泊てむ　沖へな放《さか》りさ夜ふけにけり」と歌われた「明石の湖」も林の潮と同じところをさそう。『続日本後紀』承和一二年(八四五)八月辛巳条に、淡路国石屋浜と播磨国明石浜に始めて船と渡子を置き、往還に備えたとある「明石浜」も同地であろう。明石の湖(林の潮)は瀬戸内海航路の中継港であっただけでなく、淡路への航路の発着港でもあったのである(千田一九七四)。山陽道上の重要駅家であり、舟運の発着港をも兼ねていた明石駅家は、明石川河口部のこの林の潮(明石の湖)に設けられていたとみて問題ないであろう。

古代の明石川河口部には砂州が形成され、湾入状の入海が存在していたと考えられている(千田一九七四)。『万葉集』巻六、九四一番には「明石潟潮干の道を」とある。この湾入部こそ港津として最適の場所で、明石川右岸の船上町あたりに明石の湖(林の潮)があったとされる(吉本一九八五b)。赤石の櫛淵の「淵」とは、「川・沼・湖などの水が深く淀んでいる所」(『広辞苑』第五版)をさすので、河口部の湾入状入海は「淵」と呼ぶにふさわしいところといえよう。古代の山陽道が須磨から舞子へ海岸低地を通る道筋であったとすると、明石川河口部右岸の明石市林に「大道町」の小字があることが注目される(藤岡一九六〇)。明石駅家は明石川河口部右岸の船上町・林町付近に存在し、河口部付近の入海状地形を赤石の櫛淵と称したのであろう。以上のように考えて大過ないとすると、赤石の櫛淵と明石駅家とはやはり近接した場所にあったことになる。名墾の横河と隠(名張)駅家の関係と同様の位置関係が、赤石の櫛淵と明石駅家の間にも想定することができるのである。

（四）近江の狭狭波の合坂山

畿内北限の近江の狭狭波の合坂山は、山背・近江国境付近の逢坂山にあてるのが通説であるが、木下良氏は合坂山が行政的には畿外の近江国に含まれると指摘している（木下一九九二）。逢坂山では山の北側に小関越え、南側に大関越えがあり、逢坂関は大関越えルート上の瀬田側に近い関寺（長安寺）付近に設けられていた（『関寺縁起』）。逢坂山の小関越えと大関越えのルートを検討した門井直哉氏は、奈良時代までは山科側に近い小関越えと大関越えの分岐点に逢坂関が置かれていたとした（門井二〇一二）。

畿内四至の北限は「近江の合坂山」ではなく、「近江の狭狭波の合坂山」と記されるので、「狭狭波」の用例を検討してみたい。『古事記』仲哀天皇段は、神功皇后の軍勢に撃破された忍熊王の軍勢が、逢坂まで退却して戦ったが、追い詰められて沙沙那美で敗れたことを述べる。『日本書紀』神功元年三月庚子条も同様の伝承であるが、ここでは忍熊王らの軍勢は逢坂で敗れたのち、狭狭浪の栗林まで敗走し、ここで斬られたという。逢坂から近江側へ下った地を沙沙那美（狭狭浪）と称していることが注意されよう。狭狭浪の栗林は、催馬楽の「鷹の子」の歌詞から、滋賀郡の栗津（今の膳所）の栗栖をさすとされている。欽明三一年七月是月条には、難波津から船を狭狭波山まで曳航した記事がみえる。淀川から宇治川・瀬田川を遡って琵琶湖に出たことを意味するのであろう（千田一九七四）。狭狭波山は逢坂山をさすが、瀬田川を遡って琵琶湖に出るルートを考えると、逢坂山の瀬田側に近い場所を狭狭波山と称している可能性が高い。また天武元年七月条は、大海人皇子側の諸将軍が大和・難波方面から進んで、大津宮付近に会したことを、「諸将軍等、悉く筱浪《ささなみ》に会して、左右大臣及び諸罪人等を探り捕る」と述べるので、筱浪とは大津宮付近をさすものと思われる。

このような用例からみて、「ささなみ」とはいずれも逢坂山の近江側山麓付近をさし、琵琶湖から瀬田川が流れ出す粟津や瀬田の付近をこう呼んでいたことがわかる。その意味では、畿内四至の北限とされた近江の狭狭波の合坂山は、逢坂山の山科側というよりは、むしろ瀬田側を示しているとみた方がよいであろう。東海道で近江路に出た最初の駅家である勢多駅家は、瀬田川の周辺に求められており、瀬田唐橋の約四〇〇メートル東に位置する堂ノ上遺跡をこれにあてる説が有力である（桑原一九七八、内田二〇〇四）。試みに小関越えの長安寺（関寺）から堂ノ上遺跡までの距離を測ると約七キロとなる。したがって、畿内四至の北限においても、近江の狭狭波の合坂山と勢多駅は近接した場所に想定することができる。

以上、改新詔の畿内の四至について検討してきたことをまとめると、以下のようになる。名墾の横河は名張川の渡河点である名張市夏見付近に比定でき、ここは大和から畿外に出た最初の駅家である隠駅に近接していた。紀伊の兄山はかつらぎ町背山に相当し、鍋谷峠越えの道で和泉から畿外へ出た最初の駅家である萩原駅に近接していた。赤石の櫛淵は明石川河口部に求められ、この近くには摂津から畿外に出た最初の駅家である明石駅が置かれていたと想定できる。近江の狭狭波の合坂山は逢坂山の瀬田側に近い地点に比定でき、ここは山背から畿外に出た最初の駅家である勢多駅に近い場所にあたる。要するに、畿内四至はいずれも畿内から畿外へ出たところに設定されており、畿内から畿外へ出た最初の駅家の地に近接していたということができよう。畿外から畿内に入る人々の視点からみると、ここを越えればあと少しで畿内に入るという地点が選ばれて、畿内四至や畿外最初の駅家が設けられているといえる。

畿内四至のこうした共通点に関連して注目されるのは、次に掲げる『常陸国風土記』の記事である。

榎浦の津、便に駅家を置く。東海大道にして、常陸路の頭なり。所以に伝駅使等、初めて国に臨まんとして、先ず口と手を洗い、東面して香島の大神を拝す。然して後に入ることを得るなり。（信太郡榎浦之津条）

東海道は下総国から常陸国に通じていたが、八世紀には常陸路に入った最初の榎浦の津に駅家が置かれていた。榎浦の津は千葉県神崎町対岸の茨城県稲敷市市崎付近に比定される（大脇一九七八）。中央から派遣された駅伝使は、はじめて常陸国に臨むこの榎浦の津の駅家で、まず口と手を洗い、東面して鹿島大神を拝したのち、国内に入ったという。国境を越えるさいの作法や、地域の宗教的権威に対する畏怖の念をうかがうことができる。

畿内の四至を越えるさいにも同様のことが考えられる。名墾の横河、紀伊の兄山、赤石の櫛淵、近江の狭狭波の合坂山のいずれもが、畿内に入る直前の駅家に近接して設けられていたことは前述した通りである。畿外から畿内に入る官吏や使客は、この四至付近で潔斎を行い、畿内の宗教的権威に対して拝礼をささげたのちに、それぞれの国境を越えていったのであろう。畿内

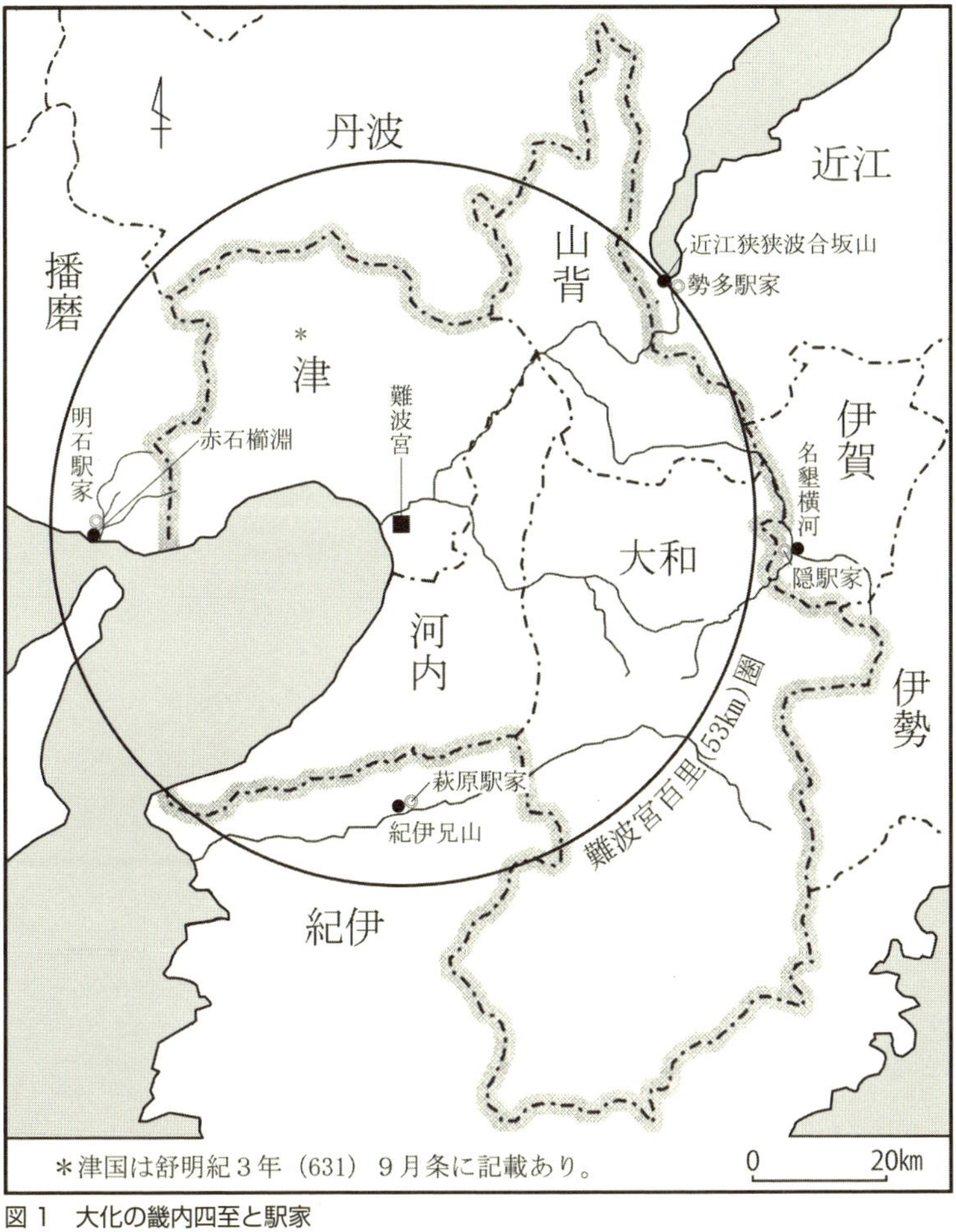

図１　大化の畿内四至と駅家

の宗教的権威とは、大神神社に祀られる大物主神などの神々を想定することもできるが、倭国大王（日本天皇）がその対象となった可能性もある。いずれにしても、改新詔に記された畿内四至は、近接して設けられた駅家とともに、境界を越えるさいの祭祀の場でもあったということになろう。

おわりに

中国における畿内制は礼制に基づく領域区分法で、王城周辺の一定範囲を天子膝下の特別区域として指定したものである。畿内と畿外の区別は律令制下においても、税制や田制の実施範囲の一つの目安ともされた。日本の畿内制もこうした中国的畿内制の特徴をおおむね引き継いだもので、礼制を基盤に律令制を志向した大化改新のさいに導入され、天武・持統朝や大宝・養老令制下に継承された。

大化の畿内制は四至のみで画された単一の畿内国であったが、天武・持統朝に国を単位とする四畿内に変化したとするのが通説であるが、大化前代には国の範囲も名称も決まっていなかったとする関晃氏の理解には従うことができず、大化の畿内制も大倭・河内・津・山背などの国によって構成されていたと考える。大化の畿内四至はのちの四畿内の国境とは一致せず、いずれも国境を少し出た地点で駅家に近いところが選ばれていた。これらは畿外から畿内に入る境界と認識された地点で、畿内の宗教的権威に拝礼をささげるところでもあった。したがって、大化の畿内四至とのちの四畿内の国境が一致しないのは、むしろ当然のことで、大化の段階においても、畿内の境界から一歩踏み出した地点に四至が設定されていたのである。

それでは、畿内の四至はなぜこの四地点に定められたのであろうか。これらが孝徳朝の宮都たる難波宮から東西南北に通じる幹線道路上の通過点であったことは諸氏の説く通りである。注目すべきは、金田章裕氏が図示したように、畿内四至がいずれも難波宮から約五〇キロの円周付近に位置することである。当時の百里が約五三キロであったことを思うと、これらは首都から百里付近に設定されたのではないか。前述したように、唐代には京官の職田は基本的に京城から百里以内の地に支給された。日本の職田も畿内と畿外に一対一か二対一の比率で支給されたから、百里以内という区分は日本においても意識されていたであろう。こうした理由により、孝徳朝の難波宮から幹線道路上を経由して約百里離れた地点で、境界とするにふさわしい場所が選定されたものと考えられる。

境界祭祀が必要な場所は大倭と河内、大倭と山背、河内と山背、河内と津、津と山背などの各国境にも存在した。『延喜式』巻三には畿内堺十処の疫神祭が規定されている。したがって、改新詔に畿内の四至を定めるさいには、大倭・河内二国のみを畿内と定め、ここから四方へ伸びる幹線道路上に四至を設けることも可能であったろう。しかし、難波宮から約百里離れた地点に四至を定めた結果、畿内四至の内部には大倭・河内・津・山背の四カ国が含まれることになったのである。孝徳朝に畿内を設定したさいに、大倭以下の四国が選定されたのは、難波宮から百里以内を畿内とするという原則をあてはめた結果にすぎない。大化の畿内四至は関晃氏がいうように「自明」のものであったのではなく、王城から百里付近という原則に従って、大化の時点に新しく制定されたものとみられる。畿内の範囲ははじめから自明のものだったのではなく、歴史的に形成されてきたものなのである。

参考文献

明石市教育委員会 一九八五『明石市史資料（古代・中世篇）』五。
明石市役所 一九六〇『明石市史』上、三〇-三一頁。
足利健亮 一九八五『日本歴史地理研究』大明堂。
芦田伊人 一九四二「紀伊国」『国史辞典』三、冨山房。
熱田 公 二〇〇五「嘉吉の乱と和坂の戦い」『講座明石の中世史 戦乱に揺れた明石』明石市教育委員会。
磯貝正義 一九七八「紀伊の古駅路について―萩原駅の所在をめぐって―」『郡司及び采女制度の研究』吉川弘文館。
伊藤 循 二〇〇八「畿内政権論争の軌跡とそのゆくえ」『歴史評論』六九三。

井上通泰 一九三一『播磨国風土記新考』大岡山書店。
井上通泰 一九四一『上代歴史地理新考』三省堂。
今里幾次 一九八〇「山陽道播磨国の瓦葺駅家」補記Ⅰ『播磨考古学研究』今里幾次論文集刊行会。
内田保之 二〇〇四「近江国」『日本古代道路事典』八木書店。
梅原隆治 一九七七「紀伊における古代南海道の駅家と駅路」『関西学院高等部論叢』二三。
遠藤慶太 二〇一四「山田寺への道―蘇我倉山田石川麻呂と茅渟道・水分の道―」『史料』二四一。
大櫛敦弘 二〇〇〇「中国「畿内制度」の形成に関する一考察」西嶋定生博士追悼論文集『東アジアの展開と日本』山川出版社。
大崎正次 一九四三「唐代京官職田攷」『史潮』一二―三・四。
太田宏明 二〇一一『畿内政権と横穴式石室』学生社。
大津　透 一九九三「律令国家と畿内―古代国家の支配構造―」『律令国家支配構造の研究』岩波書店。
大脇保彦 一九七八「常陸国」藤岡謙二郎編『古代日本の交通路』Ⅰ、大明堂。
筧　敏生 一九九五「班田収授制と畿内」『名古屋大学文学部研究論集』一二二・史学四一。
門井直哉 二〇一二「古代日本における畿内の変容過程―四至畿内から四国畿内へ―」『歴史地理学』五四―五。
川西宏幸 一九八八『古墳時代政治史序説』塙書房。
鬼頭清明 一九九二「王畿論―中国・朝鮮・日本―」『アジアのなかの日本史Ⅳ　地域と民族』東京大学出版会。
木下　良 一九九二「「大化改新詔」における畿内の四至について」『史朋』二七。
金田章裕 二〇〇二「大津宮と畿内・国土軸」『古代景観史の探求』吉川弘文館。
桑原公徳 一九七八「近江国」藤岡謙二郎編『古代日本の交通路』Ⅰ、大明堂。
佐原　真 一九七〇「大和川と淀川」『古代の日本』五、角川書店。
下垣仁志 二〇〇五「倭王権と文物・祭式の流通」『国家形成の比較研究』学生社。
白石太一郎 二〇〇六「古代史の舞台　畿内とその近国」『列島の古代史』一、岩波書店。
関　晃 一九九六「畿内制の成立」『関晃著作集二　大化改新の研究　下』吉川弘文館。
関　晃 一九九七「律令国家の展開」『関晃著作集四　日本古代の国家と社会』吉川弘文館。
千田　稔 一九七四『埋れた港』学生社。
曽我部静夫 一九六八「日中の畿内制度」『律令を中心とした日中関係史の研究』吉川弘文館。
高橋　崇 一九七〇『律令官人給与制の研究』吉川弘文館。
津田左右吉 一九四七「大化改新の研究」『日本上代史の研究』岩波書店。

礪波　護一九九二「唐代の畿内と京城四面関」東洋史研究会編『中国の都市と農村』汲古書院。

直木孝次郎一九八七「茅渟道」『日本古代国家の成立』社会思想社。

中　貞夫一九七四『名張市史』名張市役所。

中　大輔二〇〇四「伊賀国」『日本古代道路事典』八木書店。

中村英重一九八三「畿内制と境界祭祀」『史流』二四。

長山泰孝一九七〇「畿内制の成立」『古代の日本』五、角川書店。

西本昌弘一九九七ａ「畿内制の基礎的考察」『日本古代儀礼成立史の研究』塙書房。

西本昌弘一九九七ｂ「近年における畿内制研究の動向」『日本古代儀礼成立史の研究』塙書房。

服部昌之一九七五年「畿内とその周辺―（1）政治的領域―」藤岡謙二郎編『日本歴史地理総説』古代編、吉川弘文館。

早川庄八一九八六『日本古代官僚制の研究』岩波書店。

原秀三郎一九八五「大化改新と難波宮」直木孝次郎編『難波宮と古代の大阪』学生社。

兵庫県一九七四『兵庫県史』一、五〇八-五〇九頁。

福永正三一九七二『秘蔵の国―伊賀路の歴史地理』地人書房。

藤岡謙二郎一九六〇『都市と交通路の歴史地理学的研究』大明堂。

藤岡謙二郎一九六三「和泉国府を中心とした古代都市圏の歴史考古地理学的調査」『歴史地理学紀要』五。

藤岡謙二郎一九六九『国府』吉川弘文館。

武藤　直一九七八「播磨国」藤岡謙二郎編『古代日本の交通路』Ⅲ、大明堂。

森岡秀人二〇一五「考古学から見た「畿内」社会の研究について」『古代学研究二〇一五年度拡大例会シンポジウム資料集　古墳時代における政権と畿内地域』。

八木　充一九六〇「大化改新詔の述作について」『山口大学文学会志』一一―一。

山尾幸久一九九三「大化年間の京師と畿内―改新詔の検討その二」『立命館文学』五二八。

吉川　聡一九九六「畿内と古代国家」『史林』七九―五。

吉川　聡二〇一七「文献史学からみた畿内」『古代学研究』二一一。

吉田東伍一九〇〇『大日本地名辞書』三、中国・四国、冨山房。

吉本昌弘一九八五ａ「播磨国明石駅家・摂津国須磨駅家間の古代駅家」『歴史地理学』一二八。

吉本昌弘一九八五ｂ「明石之湖に関する歴史地理学的考察」『歴史と神戸』二四―二。

和田　萃一九九五「今来の双墓をめぐる臆説」『日本古代の儀礼と祭祀・信仰』上、塙書房。

畿内と近国・御食国

今津勝紀

はじめに

ここでは畿内という枠組みについて、王権への食物供献の側面から考えてみたい。

日本古代の王権による統治は「食国之政」とも表現されるが（応神記）、古く本居宣長が指摘するように、「知と聞と看と食と皆通はして、（略）国を治有《たも》ちたまふこと」を意味する[1]。見る、聞く、知る、食すといった表現は、いずれも古代王権による統治の核心を示すものであった。食国のオスはオシモノの食に通じており、食すことから派生しているが、こうした王の食膳への奉仕のあり方は、原始的な王権にとって重要な宗教的・政治的な意味をもっていた。そもそも、神への捧げ物にはさまざまな食材が供されるが、これは人間と神との互酬性によるものであり、神に食物を献じることで人間の生存が保証・実現する関係が背景にあった。こうした関係が転じて、政治的な服属関係を表現する際にも食物供献が行われるようになることは、古く岡田精司が明らかにしたとおりである（岡田一九七〇）。

さまざまな方法で中央化された食物により支えられていた古代王権だが、ここでは王権への食膳奉仕の基本的なあり方を確認することで、その支配構造の一端を明らかにしたいと思う。

一　雑供戸と御厨

　まず天皇への食膳供給の基本的なあり方を確認しておこう。律令制下には、天皇への食膳供給は宮内省が掌った。具体的には宮内省管下の大膳職・大炊寮・内膳司・造酒司・園池司・主水司などがあたるのだが、このうち、大膳職は調雑物の食料品を管理するとともに膳部が官人の食膳を担当し、内膳司では天皇の食膳を担当した。天武天皇の殯宮儀礼で紀朝臣真人が「膳職」について誄をしていること、[2]藤原宮から「膳職」を記した木簡が出土していることから、[3]浄御原令制下までは膳職として一体であったものが、大宝令で大膳と内膳に分離したと考えられている。大炊寮は職員令の規定では「諸国舂米・雑穀分給、諸司食料事」を担当し、諸国から進上された舂米を収納するとともに、諸司の食料のことを掌った。園池司は、同じく職員令に「諸苑池、種殖蔬菜樹菓等事」とあり、蔬菜類の供給を掌った。造酒司はもとより酒を掌るものであり、主水司は氷室の氷を提供するもので、それぞれの官司には、雑供戸・園戸・大炊戸・酒戸・氷戸などの品部が設定されていた。品部は公民の負担すべき負担を免除されるかわりに、それぞれの職務に従事することを義務づけられた集団である。

　ここではさしあたり、大膳職・内膳司から考えてみたい。天皇の食膳に供する食料品のことを贄と呼ぶが、天皇への食料品を恒常的に供給することを義務づけられた集団が畿内とその近国に分布した。右にみたように、大膳職には雑供戸が付属するが、これについて職員令大膳職条義解には「謂、鵜飼・江人・網引等之類」とあり、また同条集解に引く大宝令の官員令別記には「鵜飼卅七戸、江人八十七戸、網引百五十戸、右三色人等、経年毎丁役、為二品部一、免二調雑徭一」と規定されていた。

　官員令別記では、大膳職の雑供戸以外にも官司の配下の品部・雑戸があげられており、その負担に応じて調と役や調と雑徭などの負担が免除されるのだが、雑供戸は、調・雑徭を免除されるかわりに食物を貢納することが義務づけられていた。『日本三代実録』仁和元年（八八五）九月七日条には、「勅、停二廃山城・河内・和泉・摂津等国江長并贄戸㆒、充㆓徭丁各四十人㆒。但和泉国五十人。停㆓近江国筑摩御厨長并調丁㆒、充㆓徭丁㆒」とあり、雑供戸は贄戸としてみるが、この段階で公民の雑徭による負担へと変更された。なお、ここには近江国の筑摩御厨も含まれているが、筑摩御厨で「御厨長并調丁」が廃止されているのは、近江国は制度上畿外であり、筑摩御厨に従事したのが畿内の品部と異なる公民であったことによる。実質的には畿内の贄戸と何ら変わらない贄供給の拠点であり、それぞれ網曳長・江長・筑摩御厨長が指揮をした(4)。この品部から徭丁への変更が延喜式内膳司式での「凡山城・河内・摂津・和泉等国、江・網曳御厨、所㆑請徭丁、江卅人・網曳五十人」という規定へとつながっている。延喜内膳司式の規定では江と網曳が明示されているが、この規定は山城以下の御厨全体にかかるものであったろう。

こうした贄供給の拠点が御厨なのだが、雑供戸（贄戸）はいずれも畿内に置かれた。鵜飼は山背（山城）の贄戸が相当し（『鎌倉遺文』二九五二三）、江人は摂津・河内に設けられたもので大江御厨が相当する（内膳司式、『平安遺文』四八三七）。網曳は和泉の網曳御厨をさす（内膳式、『平安遺文』九五三）。中世には贄供給の拠点は御厨として所領・荘園化し、これらの御厨で贄を供給していた贄人は、蔵人所・御厨子所の配下に組織され、給免田などの特権をもつ供御人と呼ばれるようになる。

これらの御厨からは日次御贄が貢納され、天皇の日常的な食膳に供された。『西宮記』巻一〇（裏書）には御厨子所例が引かれるが、「延木十一年十二月廿日官符、始定六箇国日次御贄」として、山城・大和・河内・和泉・摂津・近江の国々が日毎に進物所・御厨子所に進上する品々がみえており、雉・鳩・鶉・鴨・小鳥・鯉・鮒・鮎・鱸・鯛・鯵・蛤などの多彩な食料品が供給されていたことがうかがえる。御厨から進上された贄は内膳司の贄殿に収められ、調理された後に後涼殿の西庇に位置する御厨子所に進められて、天皇の朝夕の御膳に供された。御厨子所はいわゆる所の一つであり、内膳・内蔵・造酒・大膳及び諸御厨・衛府の御贄を扱った（『西宮記』巻八、所々事）。

ちなみに、平城京左京三条二坊八坪の二条大路の北側溝と南側溝からはこうした御厨からの贄進上に

関連した木簡が出土している。北側溝からは、

網曳司進上　御□《〔贄カ〕》（『平城宮発掘調査出土木簡概報』二四—三五、以下、城）

というものが、また、南側溝からは、

葛野河年魚二百五十隻　四月十九日作（城二二—一三）

という木簡が出土している。二条大路北側溝と南側溝の木簡は、それぞれ藤原麻呂邸にかかるものと光明子の皇后宮にかかるものと考えられるが、内裏の大膳職などから出土した木簡と同様の贄の付札が出土するなど、天皇の家政との関連も認められる。前者の木簡は二片接続の〇九一型式のものであり全体がよくわからないのだが、後者の木簡は上端両側に切り欠きをもつ〇三二型式の完型品で、明らかに荷札である。山背国葛野郡から運ばれた鮎に付けられたものであることは動かない。

この木簡には「四月十九日作」とあり、「作」とあることの意味は判然としないが、四月十九日に葛野河で捕った鮎なのか、その日に進上されたことを示すと考えられる。日を単位に書かれていることから、想像をたくましくすれば、日次御贄であった可能性があるだろう。『侍中群要』には、宇治網代・埴河供御所・葛野河供御所などから毎日鮎が進められたことがみえる（巻二）。

なお四月とあることにも注目したい。というのも、鮎については、『日本後紀』弘仁五年（八一四）二月乙巳条に「勅。水陸之利、公私所レ倶。捕レ之不レ時、物無二繁育一。如今、百姓好捕二小年魚一、雖二所レ獲多一、於レ物無レ用。宜下仰二山城・大和・河内・摂津・近江等諸国一、令上レ加二禁断一。唯四月以後、不レ在二禁限一」とあるように、人々は好んで「小年魚」すなわち稚鮎をとるが用いることもなく無駄となるので、山城・大和・河内・摂津・近江らの諸国は禁断を加えよ、ただし、四月以後は禁ずる限にあらず、との勅が出されている。『日本書紀』神功摂政前紀四月甲辰条でも肥前松浦の女人は、毎年、四月上旬になると年魚釣りをすることが今に至るまで絶えないとみえるように、古代でも一般的に夏四月が鮎の解禁であり、それ以前には資源保護のための漁獲制限が行われていた。この木簡にみえる葛野河の鮎は、そう

した鮎漁の解禁された夏四月の鮎なのである。

このように後者の木簡は、畿内の御厨による贄の鮎の貢納を示す荷札である可能性が考えられるのだが、畿外諸国から進上される調雑物や贄などの木簡とは大きく書式が異なっている。調の荷札は賦役令調皆随近条の規定を援用したものだが、この木簡の場合、国・郡・郷（里）・戸主姓名を記載しない。このことは、この鮎の進上がまさに品部に課せられた義務的負担であったことを反映すると考えられるが、こうした木簡は管見の及ぶ限りこの一点だけである。日次御贄などは、毎日貢進されていたのであり、内裏を含めてその痕跡が多く検出されてもよさそうなものだが、そうしたものがあまり見当たらない。おそらく、通常の調雑物の食料品や畿外の贄などとは異なる貢納形態が取られたのであろう。

この点に関連して、『続日本紀』天平一三年（七四一）一一月庚午条には「始以二赤幡一班二給大蔵・内蔵・大膳・大炊・造酒・主醤等司一。供御物前建以為レ標」とあり、これらの諸司に供御物の前に建てる赤幡が班給されたことがうかがえる。この時よりはじまった供御物に赤幡を建てる制度は、延喜宮内省式にもみえており「凡供奉雑物送二大膳・大炊・造酒等司一者、皆駄担上竪二小緋幡一、以為二標幟一。其幡一給之後。随レ破請替。以二内侍印一印之」とあるので、供御物の前もしくは駄の上に赤（緋）幡が建てられて運ばれたのであろう。幡は、内侍が縫製し墨書押印されたのち、進物所・御厨子所の申請に従って班給され、御贄持へと支給された（『侍中群要』巻二、『西宮記』巻一〇）。おそらく近江国の贄人に放たれた腰文幡とはこうした赤い幡のことであろう。[5]

神武は八咫烏に導かれ、吉野河の河尻で筌を使用して魚を捕る人物に出会うが、「阿陀之鵜養之祖」である彼は、贄持の子と名乗った。大和国の吉野御厨からの贄進上の起源譚でもあるが、伊勢神宮には「御贄持丁」がみえるように（『平安遺文』一六四九）、贄を運ぶことには特別な意味が付与されていたと考えられる。天皇にむけての御贄の荷札木簡が概して丁寧な作りであるように、御贄持と調庸運脚とでは社会的な意味がまったく異なるのであり、具体的には不明だが、おそらく貢納形態そのものも異なるものであった可能性が高いだろう。

二　御食国の贄

延喜式内膳司式には、旬料の御贄が規定されており、月別に上中下旬の三度、もしくは上下旬の二度、吉野御厨・志摩御厨・若狭国・紀伊国・淡路国から、鳩・年魚鮨・火干・蜷・伊具比魚煮凝・鮮鰒・螺・味漬・腸漬・蒸鰒・玉貫・御取・夏鰒・雑魚などが貢納されることとなっていた。旬料御贄が志摩・若狭・紀伊・淡路から貢進されているように、こうした恒常的な贄の貢納は畿内の周辺の近国からも行われていた。

この点に関しては、次の天平勝宝八歳勅が参考になる。[6]

勅　大膳職江人・近江・若狭・紀伊・淡路・志摩等国、久代已来、毎月常貢二供御異味一。（中略）、仍固二紫微中台所願一、為二　太上天皇一並停。自今以後、无二更令一レ貢。亦断二天下諸国養鷹一。因二此方便一。先帝陛下聖霊、往二生花蔵之界一。面奉二舎那之仏一、国土安寧。朕有二此願一、主者施行。

天平勝宝八歳五月廿二日

この史料にみえる先帝陛下とは聖武天皇をさし、聖武天皇の供養のために「供御異味」の進上を停止したものである。こうした仏事に贄を停止することは、『西宮記』巻十（侍中事）に「御修法」に際して、「仰二四衛并近江一、停二止日次御贄一。又仰二陣中所々一、不レ用二魚鳥類一」とあることや、恵美押勝の反乱を鎮圧した直後に、「勅曰。天下諸国。不レ得下養二鷹狗及鵜一以畋猟上。又諸国進二御贄雑完魚等類一悉停。又中男作物、魚完蒜等類悉停、以二他物一替充。但神戸不レ在二此限一。」として、戦没者の供養のために贄・中男作物の進上を一時的に停止したことにみえる。[7] この天平勝宝八歳勅は天皇の食膳に供する贄の貢上を一時的に停止したことを示すものだが、ここにみえる「大膳職江人・近江・若狭・紀伊・淡路・志摩」らの国が「久代已来、毎月常貢二供御異味一」していた。ここに毎月とあることから、これが参河国幡豆郡の御贄付札にみえるような「月料」を示すと考える向きもあるかもしれないが、この勅は、聖武天皇の供養を目的とした贄の貢納の一時的な停止を表現することに主眼があるのであり、この部分を法律用語のように厳密に解釈する必要はない。

この勅にある大膳職江人は、すでに述べた畿内に設置された雑供戸であり、近江国の筑摩御厨では、御厨長が調丁を駆使して贄が調達されていたが、若狭・紀伊・淡路・志摩の諸国に贄戸は設置されていなかった。『古事記』上巻に、速須佐之男命が大気津比売神に食物《おしもの》を乞い、大気都比売が鼻口及び尻から、「種種味物」を取り出でて、種種作り奉ったことがみえるが、そうして奉られる食物が「大御食」であり[8]、こうした畿内の近国で恒常的な食料を供給する国が御食国である。

御食国については、『万葉集』におさめる次の山部宿祢赤人の歌が有名である（九三三）。

天地の　遠が如く　日月の　長きが如く　おしてる　難波の宮に　わご大王　国知らすらし　御食つ国
日の御調と　淡路の　野嶋の海人の　海の底　沖ついくりに　鰒珠　さはに潜き出　船並めて　仕へ
奉るが　尊き見れば

この歌は、大王の統治の永遠を詠い上げたもので、御食国である淡路の野島の海人が、貢納品の鰒珠を潜き出し、船を連ねて奉仕するさまを詠んだものである。淡路国から贄が進上されていたことは、天平一〇年度の淡路国正税帳に「若桝御贄」「正月三節御贄」が計上されていることにも確認できる。[9]また、大伴宿祢家持の詠んだ「御食つ国、志摩の海人ならし、ま熊野の　小船に乗りて　沖辺漕ぐ見ゆ」（一〇三三）という歌は、御食国である志摩の海人が小船に乗って沖をゆくさまを描いたものだが、ここにみえるように志摩国も御食国であった。

志摩国は、『延喜式』・『和名類聚抄』では答志郡と英虞郡の二郡からなるが、例えば、

志摩国志摩郡和具郷御調海藻六斤四月十日（平城宮三—一八九三）

志摩国答志郡和具郷難設里戸主大伴部祢麻呂口　同羊御調海藻六斤　養老七年五月十七（平城宮三—三一九六）

という木簡が出土しており、『和名類聚抄』で答志郡に属する和具郷が志摩郡和具郷としてみえる。また、養老二年の木簡に、

志摩国志摩郡伊雑郷□理里 戸主大伴部小咋調海藻六斤 養老二年四月三日

とあり、伊雑郷が「志摩国志摩郡伊雑郷」としてみえるが（平城宮二―二二四八）、『和名類聚抄』では伊雑郷は答志郡に属しているので、養老年中に志摩郡は答志郡と英虞郡に分離したものと考えられ、令制当初は志摩国志摩郡の一国一郡で構成されていた可能性が想定されている（狩野一九九〇）。おおよそ他の諸国と比較した場合、きわめて小さな国なのだが、これでも独立した一国を構成しており、他の諸国とは大きく性格を異にした特殊な位置づけの国であった。

この点に関連して、例えば、延喜式主計式上に規定する志摩国の調・庸・中男作物は、次のようなものであるが、

調。御取鰒。雑鰒。堅魚。熬海鼠。雑魚楚割。雑魚腊。雑腊。雑鮨。漬塩雑魚。紫菜。海松。鹿角菜。
海藻。海藻根。小凝菜。角俣菜。於期菜。滑海藻。
庸。輪鮑。堅魚。鯛楚割。
中男作物。雑魚腊。

いずれも食料品であり、雑多な品目が規定されていることが特徴である。八世紀の都城から出土する荷札木簡で確認できる志摩国からの調は、いずれも食料品ばかりであり、こうした食料品の貢納が志摩国の本質を示すものであった。

また志摩国の調による食料品の貢納月は四月や六月などのものが認められ、一般的な調の貢納期限が冬十月以降であるのと大いに異なることが注目されてきたが、「島之速贄」などの表現がみられるように（『古事記』上）、志摩国は宮廷へ恒常的に食料を供給する特別な国であった。志摩国の調には御調などと表記されるものもあり、贄が御贄と表記されるのと同様、志摩国からの調は特別なものとして認識され

ており、志摩国の調と贄の互換性が指摘されている（東野一九七八）。

こうしたあり方は若狭国でも同様であり、延喜式主計式上では、

調。絹薄鰒。烏賊。熬海鼠。雑腊。鰒甘鮨。雑鮨。貽貝保夜交鮨。甲蠃。凝菜。塩。

庸。輸米。

中男作物。紙。蜀椒子。海藻。鯛楚割。雑鮨。雑腊。

が規定されていた。若狭国から贄が貢上されていたことを示す木簡は平城宮から多数出土しており、なかには三方郡から貢納されたものもあるが、なかでも遠敷郡青郷からの贄の付札が突出していている。若狭国遠敷郡青郷は、中世には春宮御厨とされる青保にあたるが[10]、それは青郷からの贄の貢納が歴史的前提としてあったからであろう。若狭国では遠敷郡青郷が贄貢納の拠点となっていたのだが、見逃せないのは、延喜主計式では調雑物のさまざまな食料品の進上を規定するが、八世紀段階の実態では、塩を除いて調であることを明記した付札がみられず、こうした食料品の付札はいずれも御贄と表記されていたことで、若狭国遠敷郡青郷を中心として進上される贄は、公民の租税負担を振り替えたものにほかならなかった。ただし、この場合必ずしも税目を限定的に捉える必要はなく、調だけで調達することが不可能な場合などには、当然雑徭も充てられたであろうし、なかには、「若狭国遠敷郡車持郷御贄細螺一堝」というような青郷の近辺のものもみられるので（平城京三－五七二三）、青郷周辺の諸郷の調を振り替えることも行われたと考えられる。

養老賦役令第一条は次のようにあり（本註と一部の品目と輸納量を省略）、

①凡調絹絁糸綿布、並随二郷土所出一。正丁一人、絹絁八尺五寸、六丁成レ疋。美濃絁、六尺五寸、八丁成レ疋。糸八両。綿一斤。布二丈六尺、並二丁成二絢屯端一。（略）②若輸雑物者、a鉄、鍬。b塩。c鰒。堅魚。烏賊。螺。熬海鼠。雑魚楚割。雑鱐。紫菜。雑海菜。海藻。滑海藻。海松。凝海菜。雑腊。海藻根。未滑海藻。沢蒜。嶋蒜。鰒鮓。貽貝鮓。白貝葅。辛螺頭打。貽貝後折。海細螺。棘甲

羸。甲羸。雑鮨。近江鮒。煮塩年魚。煮堅魚。堅魚煎汁。次丁二人。中男四人。並准正丁一人。③其調副物。（中略）④京及畿内、皆正丁一人。調布一丈三尺。次丁二人。中男四人。各同一正丁。

絹をはじめとする繊維製品の正調・調雑物の鉄鍬・塩と鰒以下のさまざまな食料品があげられている。京と畿内諸国は正丁一人あたりの調が一丈三尺で、畿外諸国が二丈六尺であることに比して半減されているが、これは京と畿内諸国が賦役令歳役条で実役一〇日間が規定され、代納物の庸の納入が認められなかったことによる。大宝令の施行以降、畿外諸国の庸は半減されていたのだが、慶雲三年（七〇六）に至って庸の半減が制度的に確定する。[11] すなわち畿外諸国では調二丈六尺と庸一丈三尺が負担となるが、京と畿内諸国では調一丈三尺と庸二丈六尺に相当する実役一〇日が課せられていたのである。京畿内と畿外との税制上の相違は大宝令で成立するが、原則的に京・畿内諸国と畿外諸国との間に大きな負担量の相違はなかった（今津二〇一二）。

また、日本の賦役令に、調の雑物として雑多な品目が含まれることをめぐって、これまでさまざまに議論されてきたが、ここに細々と規定された雑物の食料品は、そこに近江鮒が明示的に含まれるように、畿外諸国の公民の負担により進上されるものであった。畿内で王権に奉仕する食料供給集団は大膳職管下に編成された雑供戸として組織され、畿外ではこうした集団は公民として扱われたことから、調によりこれらは納入されたのである（今津一九九二、渡辺一九九六、俣野一九九九）。税制上こうした負担は調として位置づけられたのだが、王への奉仕が義務づけられた食物であるゆえ、これらも贄・御贄として表現されたりもした。かつては贄の貢納を律令制と切り離して考える向きもあったが、これらはいずれも律令制の枠内で貢納されていたものであった。

なお、『日本三代実録』元慶六年（八八二）十月廿五日甲子条には「志摩国年貢御贄四百卅一荷、令下近江・伊賀・伊勢等国、駅伝貢進上」とみえる。この記事は、志摩国からの年貢御贄四三一荷を近江国の甲賀越えで平安京に駅伝を利用して運ぶことを命じたものだが、このルートがはじめて利用されたのか、駅伝を利用して運ぶことがはじめてであったのか、もしくは両者ともにこの時に定められたのか、にわかに判別しがたい。しかし、『続日本紀』天平二年（七三〇）四月甲子条には「国内所レ出珍奇口味等物。国郡司蔽匿不レ進。亦有下因二乏少一而不上レ進。自今以後。物雖二乏少一、不レ限二駅伝一、任レ便貢進」とあり、駅伝を利用した「珍奇口味等物」すなわち贄の貢納が命じられているので、駅伝による贄の貢納はすでに行われていたと考えられる。平安京以前の平城京と長岡京とでは、木津川の利用の有無はあるが、それ以外に志摩国からの貢納ルートを変更する必要はなかったので、これは甲賀越えで平安京に贄を運ぶことを定めたものであったろう。九世紀になると、こうした贄をはじめとする鷹・馬・相撲人の貢御使は天皇に対する貢納の使者として、公乗すなわち駅馬利用の特権が認められるようになるが（永田二〇〇四）、天皇に貢納される贄は特別な意味が付与されていたのであり、諸国はこぞって「国内所出珍奇口味等物」を交易により調達し、天皇に貢献物として献上したのである。

三　ウチツクニとトツクニのミタ

以上は贄の貢納についてだが、こうした供御物の奉仕のあり方は、雑供戸と同じく品部に設定された園戸・氷戸が蔬菜や氷を奉仕することと共通する。祈年祭の祝詞に高市・葛木・十市・志貴・山辺・曽布の六御県から甘菜・辛菜が供給されたこと、『日本書紀』仁徳六十二年是歳条に闘鶏（都祁）の氷室から氷が貢納されたことがみえる。生鮮野菜や氷は王宮の近隣で調達されるのが古くからのあり方であったと考えられるが、保存の利く食料品はより広い範囲からの調達が可能であった。この点で興味深いのが御田である。

御田は屯田・官田などとも表現される。官田は田令置官田条に「凡畿内置二官田一。大和・摂津各三十町、河内・山背各廿町。毎二二町一配二牛一頭一。其牛令三一戸養二一頭一。〈謂。中中以上戸。〉」とあり、大和・摂津・河内・山背に設置された。田令役丁条には「凡官田。応レ役レ丁之処、毎レ年官内省、預准二来年所レ種色目、及町段多少一、依レ式料レ功、申レ官支配。其上役之日、国司仍准二役月閑要一、量レ事配遣。其田司、年別相替、年終省校二量収獲多少一、附レ考褒貶」とあって、官田は宮内省から田司が派遣され役丁を徴発して耕作にあたらせた。田司に任じられたのは、令集解諸説によると、宮内省が所管する諸司の伴部・使部など雑色人・雑任である。置官田条・役丁条に関する令集解古記によると、大宝令では官田は屯田と表現されており、田司は同じく屯司と表現されていたが、このミタ（官田、屯田）は置官田条古記に「供御造食料田」とあるように、天皇のための供御料田であった。延喜式大炊寮式に「凡供御料稲粟。並用二官田一（下略）」と規定するように、官田で収穫された稲・粟は供御料に充てられた。

この供御料の田は、『書紀』仁徳即位前紀にみえる倭屯田に遡るもので、王位に付属する特別な田に系譜する。仁徳即位前紀の伝承は、屯田司としてみえる出雲臣の祖、淤宇宿祢に対して、額田大中彦が「是屯田者、自レ本山守地。是以、今吾将レ治矣。爾之不レ可レ掌」と弟の大山守皇子が扱うべきものだと言い渡し、屯田の管理権を掌握しようとしたところ、「凡倭屯田者、毎御宇帝皇之屯田也。其雖二帝皇之子一、非二御宇一者、不レ得レ掌矣」と裁定されたものである。この伝承については論ずべき点が多々あるが、ここでは倭屯田が王位に付属する田と認識されていたことを確認しておきたい。

この屯田が官田に引き継がれたわけで、律令制下に官田は大和・摂津・河内・山背に設置されたが、このうち大和の田三十町が倭屯田に由来すると考えられている。延喜式宮内省式に「凡営二官田一者、当国長官専当行事。若有レ遭レ損者、省遣二丞已下一人・史生一人巡検一。其収穫多少及用残数、並省奏聞。其詞曰、宮内省申久、内国今年供奉三宅田合若干町、穫稲若干束、其年以往古稲若干束、惣若干束供奉礼流事乎申給波久登申」として、官田の作柄を報告することがみえるが、ここにあるように官田はウチツクニのミヤケの田であった。ミタには付随してヤ（屋・倉）が設けられたはずで、そうしたミタに付随するヤの在処がミヤケである。

天平二年（七三〇）の大和国正税帳には屯田からの獲稲が計上されているが[12]、それは十市郡・城下郡・

添上郡にみえるので、このあたりに倭屯田は分布していた。岸俊男は興福寺領の出雲庄が倭屯田に系譜することを明らかにし、現在の田原本町千代をはじめとして城上・城下・十市・山辺四郡に散在する千代の地名が、代制に基づく地割制の耕地に由来するとして、なかでも城上・城下・十市三郡の千代の地を倭屯田であると推定した（岸一九八八）。

また近年では二条大路南側溝から、

・従意保御田進上瓜一駄 負瓜員百十六果 又一荷納瓜員八十果

・合百九十六果　丁□伎　天平八年七月十五日国足（木研一二―一〇）

というように、意保御田から駄馬で瓜を運んだことを示す木簡が出土している。意保は大和国十市郡の飯富郷に相当し、現在の田原本町多にあたるが、先の出雲庄の千代に隣接するため、これも倭屯田の一部であったことが推定されている（舘野一九九二）。意保御田からの瓜の進上を示す木簡は、天平八年の七月一五日・一七日・二三日・二四日・二五日・二八日と八月五日のものが検出されており、ほぼ毎日運ばれたとみてよい(13)。ちなみに長屋王邸では「耳梨御田司」が芹・智佐などの蔬菜を進上しており（城二一―九）、天皇の御田が瓜を進上することもありえたであろう。

ミタの穫稲は供御料に充てられるが、延喜式宮内省式に、

凡新嘗祭所レ供官田稲及粟等、毎年十月二日、神祇祐史各一人率二卜部一、省丞録各一人率二史生一、共向二大炊寮一。卜乙-定応レ進二稲粟一国郡甲、卜了省丞以二奏状一進二内侍一。内侍奏了下レ官。官即仰下。

と規定するように、新嘗祭にも供された。新嘗の祭料は、播磨に派遣されたミコトモチの伊予来目部小楯が「大嘗供奉之料」・「新嘗供物」を縮見屯倉などをめぐって弁備するように（『日本書紀』顕宗即位前紀ほか）、古くは大王のミヤケのミタの穫稲が利用されたのであろう。元来は、倭屯田をはじめとするミタの収穫を感謝する「大王の新嘗」であった（佐々田二〇一四）。

新嘗に供奉する国郡の卜定については、『日本書紀』天武五年九月丙戌条に「神官奏曰、為二新嘗一卜二

国郡㆒也。斎忌（略）、則尾張国山田郡、次（略）、丹波国訶沙郡、並食㆑卜」とあるように、天武朝には認められるが、持統朝以降は悠紀・主基国の卜定は、即位後の大嘗に限定された。そのため、律令制下の新嘗は畿内の官田の卜定に限定されるのだが、律令制成立以降の大嘗祭で卜定される悠紀・主基国は、いずれも畿外の諸国である（加茂一九九九）。律令制下には、新嘗祭には畿内の官田、大嘗祭には畿外の悠紀・主基国の抜穂田の穫稲が利用されるというように整備されたわけである。すなわち悠紀・主基国の抜穂田は、いわばトツクニのミタでもあった。

おわりに

律令制下では官田の耕作に役丁を差発することが規定されていたが、御厨・御園・氷室では品部である雑供戸・園戸・氷戸を設置して贄・蔬菜・氷が供給されていた。蔬菜の運搬の実態はわからないが、これらには供御の贄であることを示す赤幡、氷には「氷標幡」が頒布されるように（主水司式）、供御物はいずれも特別な意味をもっていた。御田が王位に付属する田であるように、御厨・御薗・氷室からの供給は王位にあるものに対してなされたと考えられる。こうした王位に付随する貢納・奉仕の関係が成立していたことに留意しておきたい。

また、御厨に系譜する雑供戸は王権の膝下である畿内に置かれたが、畿内近国の贄供給国が御食国と表現されるように、こうした食膳への奉仕の関係は畿内の周辺にも広がりをもった。御厨と同様、ミタは王権に直結する供御物調達の拠点であり、ミヤケが畿外にも広がるように、ミタ・ミクリヤ、さらにミノ・ミソノなどは畿内の周辺に広がっていたであろう。律令制下に悠紀・主基に卜定された国は、いずれも畿内周辺のさほど離れていない国々であり、古くから倭王権との関わりの密接なところでもあった。清和天皇の大嘗祭に際して悠紀国に卜定された参河国幡豆郡は御贄貢納で知られるが、悠紀・主基国に卜定される背景にはこうした事情があったのではないだろうか。地域に即してその実態を明らかにすることは倭王権の形成過程を考える上で重要な意味をもつが、この点は稿を改めて論じることとしたい。

註

(1) 本居宣長『古事記伝』七之巻、神代五之巻（『本居宣長全集』第九巻、筑摩書房、一九六八年）。
(2) 『日本書紀』朱鳥元年九月甲子条。
(3) 奈良県『藤原宮』-(21)。
(4) 『類聚三代格』巻四、延暦一七年六月二五日官符、延暦一九年五月一五日官符。
(5) 『類聚三代格』巻一九、元慶七年一〇月二六日官符。
(6) 『東大寺要録』雑事章　第十之二、雑格課役巻中文。
(7) 『続日本紀』天平宝字八年十月甲戌条。
(8) 『日本書紀』景行十八年三月条。
(9) 『大日本古文書』二-一〇二。
(10) 「文永二年若狭国惣田数帳写」『鎌倉遺文』（九四二二）。
(11) 『続日本紀』慶雲三年二月庚寅条。
(12) 『大日本古文書』一-三九六〜四一三。
(13) 七月一五日（木研一二-一〇）・七月一七日（城三〇-四三）・七月二三日（城二二-一一）・七月二四日（城二二-一一）・七月二五日（城二二-一一）・七月二八日（城二二-一一）・八月五日（城二二-一一）

参考文献

今津勝紀　一九八九「調庸墨書銘と荷札木簡」『日本史研究』三二三
今津勝紀　一九九二「律令調制の構造とその歴史的前提」『日本史研究』三五五
今津勝紀　二〇一二「京畿内の調と力役」『日本古代の税制と社会』塙書房
岡田精司　一九七〇「大化前代の服属儀礼と新嘗」『古代王権の祭祀と神話』塙書房

狩野　久　一九九〇「御食国と膳氏」『日本古代の国家と都城』東京大学出版会
加茂正典　一九九九『日本古代即位儀礼史の研究』思文閣出版
岸　俊男　一九八八「『額田部臣』と倭屯田」『日本古代文物の研究』塙書房
佐々田悠　二〇一四「記紀神話と王権の祭祀」『岩波講座日本歴史2　古代2』岩波書店
舘野和己　一九九二「畿内のミヤケ・ミタ」『新版古代の日本5　近畿Ⅰ』角川書店
東野治之　一九七八「志摩国の御調と調制の成立」『日本古代木簡の研究』塙書房
永田英明　二〇〇四『古代駅伝馬制度の研究』吉川弘文館
俣野好治　一九九九「木簡に見る八世紀の贄と調」『新しい歴史学のために』二三三
渡辺晃宏　一九九六「志摩国の贄と二条大路木簡」『続日本紀研究』三〇〇

畿内政権論

大隅清陽

一　畿内政権論と律令貴族論

今日の日本古代史学界で、畿内政権論と呼ばれている学説は、一九五二年に朝倉書店から刊行された『新日本史大系　第二巻　古代社会』所収の論文「律令国家の展開」において、関晃が初めて提唱したものである。そこにおいて関は、大化改新およびそれに続く律令国家の形成を主導したのは、それまで言われてきたような皇室ではなく、畿内の豪族たちであるとし、また大化改新以後の改革は、天皇の伝統的な権威のもとに結集した畿内豪族が、畿外の地方豪族の権力を回収し、中央＝畿内による全国的な人民支配を強化しようとするものであったとしたうえで、次のように述べている。

全国の支配権は畿内貴族の手に握られ、その支配層の内部には二つの極が対立する。一方は歴史的伝統と律令本来の原理とによって常に専制君主制を指向する皇権であり、他方は結束して全国を抑えることにより権力の基礎を確実化して、さらにその権力を拡大化しようとする貴族の立場である。そしてわが律令体制はこのいずれか一方の原理に貫かれているのではなく、両者の合作によって国家権力の強力な発揚を目指しているものである。すなわち一面では皇権を抑制するとともに他面では貴族相互の均衡を保とうとする。ということは同時に、この体制自体の中に逆に両極への傾斜の契機が蔵されていることをも意味する。したがって天皇の専制君主化と、専権貴族の出現とはともに律令体制にとっては危険であり、二つの極が互に緊張した対抗関係をもって協調するときに、最も理想的な状態が実現される性質のものであった（関一九五二）。

大化改新およびそれに続く律令国家の形成という歴史事象は、関以前の研究においては、その恩師である坂本太郎の戦前の主著『大化改新の研究』（坂本一九三八）が、改新を日本史上初の「王政復古」としていることが示すように、蘇我氏などの豪族の専横に対する皇権の回復、という単純な文脈で語られていた。関自身も回顧しているように、戦前の天皇中心史観においては、天皇の語と朝廷の語はほとんど同義であり、天皇権力は衰えてきていたが、同時に朝廷の支配力は増大しつつあったというようなことは、とうてい考えられるものではなかった（関一九八八）。律令国家の権力構造を、皇室と畿内豪族、両者の合作による畿内政権と畿外の地方豪族との二重の対抗関係として捉え、その中に天皇を位置づけることによって、その全体を、君主制的形態をとった貴族制的支配とみる関の見解は、何よりも、そうした戦前の史観の克服を意図するものであった。

また今日のように、日中の律令制の比較によって彼我の違いを明らかにする研究手法が一般化していない、戦前から戦後しばらくの段階においては、日本律令と中国律令が同一視され、律令に規定される官僚制の整備が、中国の皇帝同様の君主権の強化をもたらしたと安易に考えられる傾向も強かった。さらに一九四七年、カール・マルクスの遺稿『資本制生産様式に先行する諸形態』が我が国でも紹介されると、戦後大きな影響力を持つようになったマルクス主義史学において、日本の古代社会をアジア的形態に属する社会であると規定し、天皇をアジア的専制君主とみて、中国や古代ローマの皇帝と同列のものとして扱う議論が広く行われるようになった。関はこうした議論を「必要な事実の検討や論証の手続き」を欠いた公式主義（関一九八八）であり、「無意識のうちに、皇室の絶対性という旧史学の通念に影響されている疑いなしとしない」(関一九五四)としている。このように、関の畿内政権論は、当初より、戦前の天皇中心史観に加え、戦後のアジア的専制君主論に対する異議申し立てとして提起されたものであった(笹山一九九一)。

関が自らの立論の根拠としたのは、中央政権の地域的な基盤を問う畿内制論と、政権の構成員の政治的な編成を扱う大夫制論であった。「畿内」も「大夫」も、本来は中国に由来する漢語であり、その内実が問われることは関以前にはほとんどなかったのだが、関は、今日の日唐律令制比較研究と同じ発想で、それぞれが「ウチツクニ」、「マエツキミ」という和語に対応する日本固有の制度であることを明らかにし、日本古代独自の権力構造を説明する鍵概念としたのである。

中央豪族・貴族と漠然と考えられてきたものの実体を確定するため、関がまず注目したのが「畿内」という語である。関によれば、日本古代の畿内は、①改新詔の第二条で、東は名張の横河、南は紀伊の兄山、西は明石の櫛淵、北は近江の狭狭波の合坂山という四至で規定されているように、後の国郡制を前提とせず、それ以前から存在したと考えられ、②中国の畿内が京師を中心とし、遷都があれば再設定されるのに対し、日本の畿内は遷都の影響を受けないことから、やはり令制前から存在した可能性が高く、③畿内と畿外との相違は民政上の取扱いに留まらず、その本質は、大化以前からの朝廷構成員の居住区域であったウチツクニを、中国の畿内の名を借りて制度化したものであるという(関一九五四)。

また、関以前の研究では、大化前代の氏姓制度において、朝廷の首脳としてあげられるのは大臣・大連のみであって、その他の中央諸豪族は、伴造あるいはその上級指導者として、世襲の専門職をもって朝廷に仕えていたと説明されるのみであった。これに対し関は、『日本書紀』等における大夫、群臣、公卿等の語の和訓が何れもマエツキミであることに注目し、それが「前つ君」として天皇(大王)の御前に侍候する具体的な職位であり、朝廷の構成員として、二〇数氏の畿内有力豪族から選ばれて、外交・軍事・皇位継承をはじめとする重要政務を合議し、それらを天皇に奏上したり、勅命を宣下したりする参議・奏宣の任にあたっていたとする。また大化前代の大夫は、推古朝の冠位十二階制においては最上位の大徳・小徳の冠位を与えられ、また改新詔の第一条では食封の支給対象とされて律令制下の貴族層の源流となり、またその合議は、太政官での公卿合議に継承されたとしたのである（関一九五九）。

畿内制と大夫制で説明される大化前代の権力構造が、大化改新を経て、律令制にも継承されていることを論じたのが、関の律令貴族論（関一九七六）である。改新詔第一条で食封の支給対象とされた大夫選任氏族は、天智三年（六六四）の甲子の宣で氏上とその民部・家部を確定され、天武一三年（六八四）制定の八色の姓では真人・朝臣・宿禰・忌寸の姓を与えられつつ量的に拡大し、大宝令制において貴族とされる五位以上の位階を持つ官人の出身母体となってゆく。その数は、諸種の徴証に照らして一五〇〜二〇〇氏と推定され、また五位以上官人からなる貴族層は、律令の規定する任用・考選制度や蔭位制などにより同じ階層で再生産されるようになっていた。また、これら律令貴族の利害は、太政官における公卿（左右大臣、大・中納言、参議）の会議によって代弁されていたという。

このように、関の畿内政権論は、大化前代の固有法的な国制を論ずる畿内制論と大夫制論に加えて、日唐律令制比較と共通する視点も交えつつ、それらが律令国家の権力構造の骨格となっていることを主張する律令貴族論の三つの要素からなっていると言えるだろう。

二　氏族合議制と太政官

関が大夫制として捉えた畿内豪族の合議が、令制下では太政官での公卿合議に引き継がれるというシェーマは、同じ時期の他の論者にも共有されていた。氏族制研究で知られる阿部武彦は、一九五四年に発表した論文「古代族長継承の問題について」（阿部一九五四）で、奈良時代の太政官における参議以上は、多治比、阿倍、大伴、石上、藤原、紀、粟田、小野、下毛野などの有力氏族の代表としての性格を持ち、霊亀三年（七一七）に右大臣藤原不比等に加え、その次男の房前が参議になるまでは、一氏族から一名以内で選任され、欠員が生じた場合には、同じ氏族から補充される傾向があることを指摘した。また、関が畿内政権論を公表した前年、竹内理三は「「参議」制の成立」(竹内一九五一a)において、大宝二年(七〇二)の参議の設置を、「新官制に収容しきることのできなかった旧氏族を、新機構による政治機構に参加させるため案出された便法」とし、それを、大宝令制の太政官に有力氏族を結集させるためのものであったとした。関の主張も、こうした研究動向と一体のものであったと思われるが、これ以降、学界では、氏族合議制を前提とした参議制研究や政治史の叙述が多く行われるようになっていった。

一方、こうした議論をM・ウェーバーの支配類型論や、内藤湖南以来の中国貴族制論と結びつけ、太政官制の検討を通して天皇制の本質を考えようとしたのが石尾芳久である。石尾は、唐の三省分立制に象徴される前近代中国の支配構造が、伝統的支配―家産官僚制支配に分類されるのに対し、日本古代の天皇制と太政官制に結実する支配は、カリスマ的支配―名望家支配であるとする。神祇官と別に置かれた太政官は、神政とは無関係な世俗的権力であり、名望家である畿内豪族が結集した最高の合議体であって、世襲カリスマである天皇とともに共同体的な支配団体を形成していたという(石尾一九六二)。石尾のこの問題提起は、八木充(八木一九六三)や井上光貞(井上一九六七)の太政官制研究や石母田正の古代官僚制論(石母田一九七一)をへて、一九七〇年代以降の早川庄八の太政官制・公式令研究へとつながってゆく。

早川の研究は、こうした動向のなかで提起されてきた諸問題を、関の畿内政権論の枠組みのなかで改めて制度史的に検証しようとしたものであるが、関が、天皇と畿内豪族の関係を、ある意味で対等な二極構造としていたのに対し、前述の石尾や石母田の影響を受け、貴族の合議体が天皇権力を制約する側面を特に強調するものとなっていた。早川はまず、「律令太政官制の成立」(早川一九七二)で、大化改新から養老令までの太政官制を、天皇と畿内豪族の関係の変化という観点から位置づけ、さらに史学会でのシンポジウム報告を基とする「律令制と天皇」(早川一九七五)では、公式令3論奏式と、祈年祭を中心とする神祇令祭祀の分析によって、畿内政権論を裏付けようとした。これらのうち、論奏式の検討は、前述の石母田正が、日本の論奏式の定める論奏事項が、唐の奏抄のみでなく発日勅の規定を加えていることから、唐の尚書省に比べ日本の太政官の権限が強化されているとした（石母田一九七一）ことを承けたものであったが、早川はこの考察を更に進め、八～九世紀の法令を、発議の主体が天皇にあるか、太政官または諸司にあるかで四種に分類し、天皇と官僚機構の権限の強弱を明らかにしようとした（早川一九七八a・b）。ただしこの試みに対しては、飯田瑞穂が、法令をその発議主体で分類するのは実際には困難で、また発議主体が確定できたとしても、それが権力の所在を示す訳ではないとの批判を行っており（飯田一九八〇a・b）、現在の学界では、実証的に破綻したと考えられている。

こうした天皇と太政官との二者択一論に対しては、吉田孝が、その主著『律令国家と古代の社会』（吉田一九八三）で、天皇が中国皇帝とは異なる世襲カリスマであり、「姓」を持たないことに注目しつつ、以下のような疑義を呈している。

唐の三省の分立が皇帝権力の自立性を保証していたのに対して、唐の三省を一元化した太政官は、逆に天皇の権力を制約する傾向にあったことは、既に先学の力説したところである。しかし、天皇と畿内豪族層（その権力機関としての太政官）との関係を、単に並列的な権力の強弱の問題に還元してはならない。天皇は畿内豪族のなかで、特定の役割を果たすため共立された首長であり、決して畿内豪族と並立する立場にはなかったからである。もっともこのような首長の性格は、どの王権にも共通するところだが、中国の王朝を創立した皇帝が、戦乱を勝ち抜いて primus inter pares の地位からその権力と権威を形成しなければならなかったのに対して、七世紀の日本の天皇は、すでに特定の世襲カリスマを持った特殊な存在として、畿内豪族の承認を得ていた。中国の皇帝が貴族や農民と同じように「姓」をもち、同姓不婚の礼制の下にあったのに対して、日本の天皇が「姓」をもたなかったのも、日本の天皇の超越的な地位の一つのあらわれであろう。

令制の太政官が常に畿内貴族の利害を代表するものであったかについても、先述の阿部武彦が、霊亀三年（七一七）以降、藤原氏によって、一氏族一議政官の原則が崩されることを既に指摘しており、また長山泰孝は、八～九世紀の参議以上の氏族構成から、藤原氏以外の氏族が没落することを指摘し、それを、律令制の展開・浸透による氏族制の衰退過程として理解した（長山一九八一）。更に倉本一宏は、令制の参議は正四位の位階に対応するとしたうえで、蔭位制の運用の分析によって、氏上が贈正一位を得た藤原氏が、孫の世代を含めて一位～四位の位階を再生産できたのに対し、四・五位の諸氏は、子の世代が五位を継承するのがやっとで、七世紀までの大夫層は、八世紀以降には五位を再生産する程度にまで没落するとした（倉本一九八七）。合議制そのものについても、吉川真司が、唐制における合議のあり方を詳細に検討することによって、少なくとも律令制における合議は、日唐ともに君主権を制約せず、むしろ補完するものと理解できることを示した（吉川一九八八）。こうして一九九〇年代には、令制の太政官における合議が、天皇の君主権を制約していたとする早川の議論の限界が、様々な形で認識されるようになったのである。

三　「五位以上集団」への着目

関をはじめとする氏族合議制論者は、太政官の公卿（参議以上）を大化前代の大夫を継承するものと考えてきたが、そもそもこの前提は正しかったのだろうか。こうした見解の根拠の一つは、前述したように、推古朝の冠位十二階の第一・二階である大徳・小徳にマエツキミの訓があり、またそれが大宝・養老令制の四位にあたるとする黛弘道（黛一九五九）以来の通説であり、近年では虎尾達哉が、参議を三位以上の令制議政官（大納言以上）を補完する四位議政官とする説も提唱している（虎尾一九八二）。八世紀以降の史料上では、実は大夫（マエツキミ）の語は、四位ではなく五位以上をさす用例の方が一般的なのだが、関以来の通説は、これを大夫の地位下落による下降現象と説明してきた。しかし、冠位十二階と令制位階との対応関係については、服飾や葬制の階層区分を指標とし、大徳・小徳を令制の四位・五位に比定する増田美子（増田一九七八）・若月義小（若月一九八二）の主張もある。この増田・若月説は、今日の学界で広く認められているとは言いがたいが、大化前代の大夫層が（太政官での合議ではなく）位階制を媒介にして、令制の五位以上に直結することになる点は重要である。

一方、律令官人制研究においても、一九八〇年代後半以降、「五位以上集団」の特殊な性格が注目されるようになった。令制における五位以上が律令貴族層を構成することは従来から指摘されてきたが（竹内一九五一b）、虎尾達哉は、一九八四年の論文「律令官人社会における二つの秩序」（虎尾一九八四）において、五位以上官人は、官職よりも位階を有することにその本質があり、マエツキミとして天皇に近侍しつつ、六位以下の諸司官人（百官）を領導する存在であったことを明らかにした。吉川真司はこれを「五位以上集団」と名付けたうえで、それが、上日の報告制度や節会・節禄などを通じて天皇と特別な人格的関係を結んでいたとしている（吉川一九九八）。また筆者は、日唐の儀制令における礼の秩序（致敬・拝礼・下馬礼など）の比較から、日本の礼的な秩序には、五位以上—京官・国司の六位以下—郡司など畿外任用者という階層区分が存在し、それは大化前代の臣連（＝群臣）—伴造—国造という階層を継承するものであるとした。また考課令・選叙令の人事システムから、五位以上官人には、大化前代のマエツキミと王権との人格的な結び付きや氏族制的な編成原理が残っており、政務運営や官司編成においても、五位以上集団による政治の領導という構造が様々な側面で見られると主張している（大隅二〇一一）。

多くの論者が指摘するように、関の畿内政権論・律令貴族論は、王権や国家による政治統合の側面よりも、王権と畿内豪族・貴族、畿内と畿外の対抗関係を強調する一方、大化前代の大夫合議の実態を、律令制下の太政官合議と同一視する傾向を持っていた。関が、王権と豪族・貴族の関係を主に対抗の面から捉え、またその歴史的変遷を捨象して、それを固定的・閉鎖的なものと考えたことは、現在の研究状況からすれば、やはり問題とせざるを得ないだろう。

しかしその一方、例えば日唐比較の手法によって日本律令制の特色を検討すると、唐制にはない日本独自の固有法的な政治構造として、畿内制と五位以上集団が浮かび上がってくることも事実であり、畿内政権論の構想自体は、制度分析の枠組みとしては、なお一定の有効性を持っていることは否定できない。筆者自身は、日本の律令制を、氏族制と律令制の二元構造と捉える井上光貞や吉田孝の見解に依拠し、畿内制や五位以上集団を、大宝・養老令制の持つ氏族制的な要素と理解し、またそれらを、王権との対抗関係ではなく、王権による政治統合のための枠組み—広い維持での王権の存立基盤の一つ—として捉えることを提唱している。またそれは、七世紀までの国制の総括でもあった大宝・養老令制においては、単なる遺制ではなく、制度の実効性を支える不可欠の構成要素であったが、同時に、八世紀における律令制の展開＝氏族制の崩壊によって、長期的には解体してゆくものでもあった。その意味で、関が、七世紀以前の畿内豪族と、八世紀以後の律令貴族を単純に同一視したことには問題がある。畿内政権論・律令貴族論は、むしろ、日本の律令制の歴史的展開を、よりダイナミックに捉えるための枠組みとしてこそ評価すべきなのではないだろうか。

四　大夫合議の本質をめぐって

大化前代の大夫合議と、太政官における合議を系譜的にいったん切り離した場合、大化前代の合議の本質はどのように理解され、またそれは、どのように衰退していったと考えることができるだろうか。その全てに答えるのは容易ではないが、ここでは特に、大夫合議の内容に、皇位継承問題が含まれていたことの意味から考えてみたい。

大化前代の王権と群臣の関係について、吉村武彦は「仕奉」（シブ、仕え奉る）という史料用語に注目し、群臣は王権に「仕奉」し、王権はその見返りとして群臣に「職位」（ツカサクライ）を与えるという交換関係にあるとした（吉村一九八六）。また熊谷公男は、ウジの構造についての考察のなかで、令制以前のウジは、王権の任ずるツカサに就き、王権に代々奉仕することで、王権より部（カキ）の領有を認定される存在であったことを指摘している（熊谷一九八九）。これらは、ウジは単なる親族組織ではなく政治組織であるとの津田左右吉以来の見解を、王権との関係から強調したものと言える。一方、畿内政権論・貴族政権論批判の立場に立つ佐藤長門は、大夫＝群臣の地位は王権に任命される他律的・流動的なものであり、したがってその合議は王権を制約しないと述べている（佐藤二〇〇九）。ここでは以下、王位継承のシステムを通じて、王権と群臣の関係を考えてみよう。

岡田精司によれば、六～七世紀の大王就任儀礼は、新大王が宮に設けた壇（後の高御座）に登って即位を宣言し、群臣の拝礼を受けるというもので、その際、群臣は大王に宝器（神璽鏡剣）を奉呈することで大王への推戴を表すものであった（岡田一九八三）。この説を承けた吉村武彦は、こうした即位儀の背景にある王位継承のあり方として、王位継承候補である大兄、太子（ヒツギノミコ）は常に複数存在したため、即位にあたっては必ず群臣の推挙が必要であり、これに対し新大王は、群臣の職位を即位の都度新たに任命していたとする（吉村一九八九）。前述のように、群臣の地位が王権に依存する他律的なものとみる佐藤長門は、この職位任命を日常的な仕奉に対する形式的なものとする。確かに史料上の実例では、前大王の任命した群臣を再任することも多いのだが、そこには実質的な意味は全くないのだろうか。

ここでやはり注意すべきなのは、令制前のウジが、畿内各地に分布する複数の拠点＝ヤケを同族が割拠して管理する多極的な構造であったのと同様に、王権（大王ウジ）もまた、複数の拠点をもつ多極構造であったことである。斑鳩宮などを中心に、六～七世紀の宮を研究した仁藤敦史によれば、大化前代の宮は、大王宮以外に、妃宮（キサキノミヤ）、皇子宮（ミコノミヤ）など複数が存在し、それぞれが名代・子代などの経済基盤を分有するとともに、その経営を通じて、群臣＝大夫層から中下級の伴造層までの豪族と主従関係を結び、政治的に編成していた（仁藤一九九八）。大王にとって、複数の豪族の娘と婚姻をして皇子を儲けることは、自らの権力基盤を拡大してゆくことであったが、豪族たちにとっても、妃宮や皇子宮の経営によって朝廷内での派閥を形成し、また王位継承候補としての皇子を養育することは、その勢力基盤を固めることそのものであっただろう。王位継承争いを勝ち抜いて、自らの擁する皇子が新大王として即位すれば、その勢力の伸長が期待できる。また、たとえその皇子が即位しなくとも、例えば推古三六年（六二八）の王位継承争いで蘇我蝦夷の推す田村皇子（舒明天皇）に敗れた山背大兄王の上宮王家が、皇極二年（六四三）に蘇我入鹿により滅ぼされるまで存続したように、潜在的に即位する可能性のある候補者を、自らの派閥に擁していること自体に大きな意味があった。

多極的な構造をとるウジと、やはり多極的な王族とが、複数の宮を結節点として結びついて派閥を形成していた当時の朝廷においては、皇位継承の候補者が常に複数いることには積極的な意味があり、群臣の合議や推挙による新大王の推戴は、派閥間の利害調整に他ならない。したがって、王位継承争いは、各候補を支持する豪族内の族長位継承争いともリンクしていた。前述した推古三六年（六二八）の王位継承争いで田村皇子を推していた蘇我蝦夷は、山背大兄王を推す叔父の境部摩理勢を滅ぼしているが、もしも上宮王家側が勝利して山背大兄が即位していれば、蘇我氏の族長権も、傍系の摩理勢の系統に移っていた可能性が高い。新大王による群臣の職位任命は、王位継承争いの際の論功行賞としての実質的な意味を持っており、佐藤長門の言うような形式だけのものとは見なせないだろう。実際に、大化元年（六四五）の乙巳の変（大化改新）においては、王統の転換（蘇我氏系の古人大兄から非蘇我氏系の軽皇子＝孝徳天皇へ）が起こると共に、蘇我氏の族長権も、蝦夷・入鹿の本宗家から、傍系（蝦夷の甥）の蘇我倉山田石川麻呂へ移っているのである。

「氏族合議制」や「大夫合議制」という用語を用いると、議論は制度史的な観点に偏りがちになるが、当時の政治は、朝廷での合議以外にも、事前の根回しを含む多数派工作や、密談、暗殺、用明二年（五八七）の物部守屋討滅事件のような合戦など様々な形をとり、「合議」はその表面的な一部にすぎなかった。全体としては、多極的な王権とウジが形成する複雑なネットワークとしての畿内豪族連合があり、派閥間の利害調整の一環として、合議による合意形成を重視する政治がとられていたと見るべきだろう（大隅二〇〇一）。

その一方、律令制の導入によって、集団ではなく個人を単位とする官人制が整備されると、畿内に散在する複数のヤケを一族で管理し、中小豪族を重層的に従えつつ、部を共同で管理していた旧来のウジのネットワークは解体に向かい、位階や官職を父子などの直系親族で継承してゆく、より小規模な親族組織（中世以降の「家」の原型）に分解してゆく。また王権の側でも、七世紀末の持統朝以後、天武・持統系の皇統による直系継承が藤原氏を中心に試みられる一方で、他の天武系皇親による皇位継承権の主張が行われ、またそれが、没落しつつある藤原氏以外の一般氏族の支持も得て、皇位をめぐる熾烈な権力闘争が行われたのは周知のとおりである。ウジと王権の多極的な構造が失われつつあった八世紀以後には、畿内有力氏族による合議を必要としたような政治構造も失われてゆくが、八世紀までは、遷都などの国家的な案件に際して五位以上官人の意見聴取がしばしば行われ、また宝亀元年（七七〇）における白壁王（光仁天皇）擁立が宮中での合議で決まったように、重要な政務には合議による合意形成を必要とするという通念が残っていたことも無視できない。

前節で述べたように、大化前代の大夫集団を制度的に継承するのが五位以上集団であるとすると、太政官における合議は大夫の合議を継承するものではないし、律令には、五位以上による合議は恒常的な制度としては規定されていないことも事実である。律令制における太政官の合議が君主権を制約するものではなく、むしろそれを官僚制的に補完するものであったとする吉川真司の議論は、その後、川尻秋生によっても精緻化されているが（川尻二〇〇一）、前述のように、大化前代の大夫合議は、律令制下とは異なる独自の政治構造を基盤としていたので、律令制における太政官合議の官僚制的な要素や、君主権を補完する機能を指摘したとしても、大化前代の大夫合議や、律令制下におけるその遺制の存在自体を否定することは出来ないだろう（川尻二〇〇二）。大化前代の大夫合議が、氏族制社会に特有の王権とウジの多極構造や、畿内豪族連合としての朝廷における派閥政治に基づくものであったとすると、それは、律令制導入の基盤でありつつも、律令制の展開にともない、畿内のウジと共に衰退してゆく、日本律令制の氏族制的な要素の一環であったことになる。前節で考察した大夫と五位以上集団の関係と同様に、氏族合議制の解体と、その遺制の果たした役割の考察は、日本の律令制の歴史的な展開を考えるうえで、やはり有効な分析手法となると考えられるのである。

引用・参考文献

阿部武彦 一九五四「古代族長継承の問題について」『北大史学』二(一九八四『日本古代の氏族と祭祀』吉川弘文館に所収)。
飯田瑞穂 一九八〇a「太政官奏について」『日本歴史』三八一(二〇〇一『日本古代史叢説 飯田瑞穂著作集5』吉川弘文館に所収)。
飯田瑞穂 一九八〇b「太政官符の分類について」『中央大学文学部紀要』九六(二〇〇一『日本古代史叢説 飯田瑞穂著作集5』吉川弘文館に所収)。
石尾芳久 一九六二『日本古代の天皇制と太政官制度』有斐閣。
石母田正 一九七一『日本の古代国家』岩波書店。
井上光貞 一九六七「太政官成立過程における唐制と固有法との交渉」『前近代アジアの法と社会』勁草書房(一九六八『井上光貞著作集 第二巻 日本古代思想史の研究』岩波書店に所収)。
大隅清陽 二〇〇一「君臣秩序と儀礼」『日本の歴史08 古代天皇制を考える』講談社。
大隅清陽 二〇一一『律令官制と礼秩序の研究』吉川弘文館。
岡田精司 一九八三「大王就任儀礼の原型とその展開」『日本史研究』二四五(一九九二『古代祭祀の史的研究』塙書房に所収)。
川尻秋生 二〇〇一「日本古代における「議」」『史学雑誌』一一〇—三。
川尻秋生 二〇〇二「日本古代における合議制の特質」『歴史学研究』七六三。
熊谷公男 一九八九「〝祖の名〟とウヂの構造」『律令国家の構造』吉川弘文館。
倉本一宏 一九八七「議政官組織の構成原理」『史学雑誌』九六—一一(一九九七『日本古代国家成立期の政権構造』吉川弘文館に所収)。

坂本太郎 一九三八『大化改新の研究』至文堂（一九八八『大化改新 坂本太郎著作集 第六巻』吉川弘文館に所収）。
笹山晴生 一九九一「畿内王権論をめぐって」『学習院史学』二九（二〇一五『古代をあゆむ』吉川弘文館に所収）。
佐藤長門 二〇〇九『日本古代王権の構造と展開』吉川弘文館。
関 晃 一九五二「律令国家の展開」井上光貞編『新日本史大系』朝倉書店（一九九七『関晃著作集 第四巻 日本古代の国家と社会』吉川弘文館に所収、一九八-九頁）。
関 晃 一九五四「畿内制の成立」『山梨大学学芸学部研究報告』五（一九九六『関晃著作集 第二巻 大化改新の研究 上』吉川弘文館に所収）。
関 晃 一九五九「大化前後の大夫について」『山梨大学学芸学部研究報告』一〇（一九九六『関晃著作集 第三巻 大化改新の研究 下』吉川弘文館に所収）
関 晃 一九七六「律令貴族論」『岩波講座日本歴史』三、岩波書店（一九九七『関晃著作集 第四巻 日本古代の国家と社会』吉川弘文館に所収）。
関 晃 一九八八「日本古代社会の基本的性格」『歴史』七〇（一九九七『関晃著作集 第四巻 日本古代の国家と社会』吉川弘文館に所収）。
竹内理三 一九五一ａ「「参議」制の成立」『史淵』四九（二〇〇〇『竹内理三著作集 第四巻 律令制と貴族』角川書店に所収）。
竹内理三 一九五一ｂ「律令官位制に於ける階級性」『史淵』四七（二〇〇〇『竹内理三著作集 第四巻 律令制と貴族』角川書店に所収）。
虎尾達哉 一九八二「参議制の成立―大夫制と令制四位―」『史林』六五―五（一九九八『日本古代の参議制』吉川弘文館に所収）。
虎尾達哉 一九八四「律令官人社会における二つの秩序」『日本政治社会史研究 中巻』塙書房（二〇〇六『律令官人社会の研究』塙書房に所収）。
長山泰孝 一九八一「古代貴族の終焉」『続日本紀研究』二一四（一九九二『古代国家と王権』吉川弘文館に所収）。
仁藤敦史 一九九八『古代王権と都城』吉川弘文館。
早川庄八 一九七二「律令太政官制の成立」『続日本古代史論集 上巻』吉川弘文館（一九八六『日本古代官僚制の研究』岩波書店に所収）。
早川庄八 一九七五「律令制と天皇」『史学雑誌』八五―三（一九八六『日本古代官僚制の研究』岩波書店に所収）。
早川庄八 一九七八ａ「太政官処分について」『日本古代の社会と経済 上巻』吉川弘文館（一九九七『日本古代の文書と典籍』に所収）。

早川庄八　一九七八b「制について」『古代史論叢　中巻』吉川弘文館（一九九七『日本古代の文書と典籍』に所収）。
増田美子　一九七八「冠位十二階の当色について」『服飾美学』七。
黛　弘道　一九五九「冠位十二階考」『東京大学教養学部人文科学科紀要』一七（一九八二『律令国家成立史の研究』吉川弘文館に所収）。
八木　充　一九六三「太政官制の成立」『古代学』一一―二（一九六八『律令国家成立過程の研究』塙書房に所収）。
吉川真司　一九八八「律令太政官制と合議制」『日本史研究』三〇九（一九九七『律令官僚制の研究』塙書房に所収）。
吉川真司　一九九八「律令官人制の基本構造」『律令官僚制の研究』塙書房。
吉田　孝　一九八三『律令国家と古代の社会』岩波書店、三二四-三五頁。
吉村武彦　一九八六「仕奉と貢納」『日本の社会史　四　負担と贈与』岩波書店（一九九六『日本古代の社会と国家』岩波書店に所収）。
吉村武彦　一九八九「古代の王位継承と群臣」『日本歴史』四九六（一九九六『日本古代の社会と国家』岩波書店に所収）。
若月義小　一九八二「冠位制の基礎的考察」『立命館文学』四四八～四五〇。

第2章

支配層の集住

大王・天皇とその一族

告井幸男

はじめに

本節では主に文献史料から、大王一族の畿内集住について概観する。(1) 史料は記紀や、『先代旧事本紀』『新撰姓氏録』などが主なものとなるが、(2) 特に記紀については、津田左右吉による批判（津田一九一九）以来、その史料としての価値についてはいまだ定論がない。津田以後、とりわけ戦後の膨大な記紀研究史を繙く余裕は今はないが、(3) 本節に関する点に限って述べれば、岸俊男の倭屯田に関する研究（岸一九八五）や、稲荷山鉄剣銘文の発見、纒向遺跡の発掘などは、崇神・垂仁朝の歴史的意義を示すものと評価できよう。(4)

崇神朝より前については、記紀ともに殆ど簡略な記事しか載せないが、将来の学問の発達・考古学の発見などによって、あるいは照合・対応させることが可能になるかもしれない。(5) 故に本節でも言及する次第である。

『日本書紀』の暦年に関する研究によれば、雄略朝以降については元嘉暦に基づく何かしらの記録が残っていたようである（岸一九八四、鎌田二〇〇六）。雄略は倭王武であり、鉄剣銘・中国正史などから五世紀後葉の在位とわかる。倭の五王最初の讃については、応神・仁徳・履中の諸説があるが、五世紀初頭の在位と目される。従って、それより一両代遡った神功朝にあったとされる朝鮮半島への出兵は、高句麗好太王碑や『三国史記』『三国遺事』が記す、四世紀後葉における倭と高句麗の新羅・百済をめぐる軍事衝突のことと考えてよかろう。(6) これより前は邪馬台国女王の遣使まで一世紀余り、倭国外交の徴証は見られない。記紀にも景行・ヤマトタケルによる列島統一と、それに続く成務の国県配置など、内政の記事しか見えない。そして景行の前の垂仁朝にはタヂマモリの常世国への遣使があり、墓制の変更が記され（出雲氏族の野見宿禰による埴輪造成）、崇神朝には祭政の変更（オホタタネコ説話など）、四道将軍派遣、古墳の築造（箸墓）などが伝えられる。邪馬台国時代に当たるのではなかろうか。

一年単位での紀年作成は不可能だが、大体右の如く対応するだろうというのが現段階での筆者の立場である。(7)

一　欠史八代

崇神の父でありオホ彦や、タギシ耳以来の皇族反乱を起こしたハニヤス彦の兄弟とされる開化、その父の孝元くらいが、倭国大乱前後ということになろうか。(8) その前に帥升、そして奴国王の時期が位置するが、機械的に世代を当てはめれば、それぞれ数代目、初代より前くらいになる。奴国王の時期は、畿内よりも九州のほうが先進だったことが、考古学からも確かめられている。

イハレ彦（神武）はヤマトに入って、その土地の前領主の娘と婚したとされる。すなわち大物主神の娘たたらイスズ媛（母は摂津三島溝杭の豪族の娘セヤたたら媛）である。イハレ彦たちが来る前に、その地を治めていたのは磯城つ彦であった。兄磯城は誅されたが、弟磯城（名は黒速）は神武に恭順しシキ県主に任じられた。彼らの本拠地は言うまでもなく後の大和国磯城郡であり、三輪山を奉斎して神権政治を行っていた。

いまだ九州時代の旧態を背負っていた庶長子タギシ耳を誅して、ヌナカワ耳がイハレ彦の跡を継いだ（綏靖）。彼のキサキは『古事記』によればシキ県主の祖のカハマタ媛、『書紀』では事代主神の少女（次女・妹娘）のイスズヨリ媛とする。『書紀』は彼の母、すなわち神武のキサキを事代主神の大女（長女・姉娘）のイスズ媛とするので、彼は母の妹を娶ったことになるが、彼の祖父ウガヤもそうであったように、当時は珍しいことではない。

その皇子シキつ彦タマデミ（安寧天皇）は、『古事記』によれば、母カハマタ媛の兄でシキ県主のハエの娘のアクト媛をキサキとした。『書紀』では、事代主神の孫で、カモのキミの娘のヌナソ媛とする。両書で名前は異なるが、前代以往のキサキとの関係は一致している。すなわち、イハレ彦とヌナカハ耳のキサキは姉妹で、ヌナカハ耳のキサキの姪がタマデミの妃である。次のようになろう。

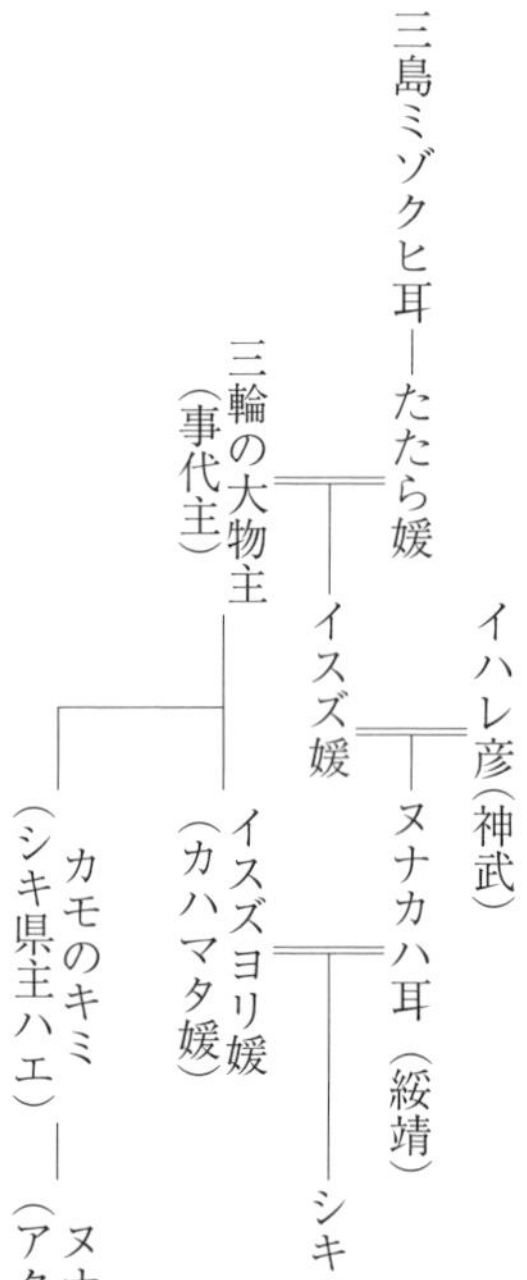

神武に恭順して、初代シキ県主に任じられた弟磯城黒速は、ハエかその父であろう。名前の類似からするとハエかも知れないが、世代から考えると事代主とすべきかもしれない。

タマデミがシキつ彦を名乗ったのは、女系によるものであることはいうまでもないが、彼の末子も実名は不明ながらシキつ彦を称された。その一子孫は、伊賀須知（のち名張郡の郷名）の稲置・名張の稲置・美濃の稲置となっており、ヤマト政権の開拓の手が、磯城から東の伊賀・美濃国（さらに尾張）へと伸びたことがうかがわれる。もう一人の子ワチツミは淡路の御井宮（のち反正が誕生）に坐して、ハエいろね・ハエいろどという二人の娘がいた。姉のほうのハエが孝霊との間にもうけたモモソ媛が、後に三輪山に関わりを持つのも、シキ県主家に出自するものだからであろう。名前ハエもシキ県主家由来かもしれない(9)。シキ県主家は本拠はシキであるが、その勢威は葛城・高市にも及んでいたことが、神社の祭神分布などからうかがえ、また、十市県主はその分家でもあった。彦フトニ〈孝霊〉がキサキとした細媛を、『書紀』は磯城県主大目の娘とし、『古事記』は十市県主の祖の大目の娘としている。すなわち大目は磯城県主であると同時に、十市県主の祖でもあった。後世、中原氏が本姓十市首でありながら、磯城津彦〈但し安寧皇子〉の裔を名乗るのも、このことに源を発する。

第五代孝昭はキサキをそれまでの県主ではなく、尾張氏から迎えた。間に生まれたのが、後の孝安〈ヤマトタラシ〉と兄のアマオシで、兄は春日氏族の祖となる。同氏族はもとは大和添の和邇にいたが、後に春日に移る。小野・粟田・羽栗・山上・吉田など、外交に長けた氏族を多く輩出し、初期にもシホノリ・フルクマ・大ヤダなどが、渡海して半島に渡って活躍している。大和・山城及び近江に支族が多く伸びている。孝安が宮した秋津島は、後に国の別号ともなった。孝昭・孝安父子はともに、宮も陵も葛城である(10)。

孝安、あるいはその次の孝霊の皇子から吉備氏族が出たことになっている。次の孝元の皇子ハニヤス彦は、記紀によれば崇神朝に王族叛乱を起こしている。彼の母は河内の豪族出身で、背後には土器・玉などの手工業による経済力があったようである。ハニヤス彦は山背から攻め入ったが、彼の兄で先帝の開化も春日に宮しており、このころヤマト北部から山背へと、朝廷のさらなる勢威が伸びつつあったようである(11)。彼らの兄弟には他に、阿倍氏の祖オホ彦と武内氏族の祖オシノマコトがいる。

阿倍氏族は十市郡阿倍を発祥の地として、磯城に引田・長田、添に膳・高橋、広瀬に広瀬・古曽部、宇陀に竹田・宇陀の諸氏を残している。また、前述安寧裔の諸氏をついで宇陀から伊賀にも出て、東国に繁栄している。

武内氏族は武内宿禰〈三国史記の于道朱君《ウチスクン》か〉の子らが、巨勢〈高市郡巨勢郷〉・羽田〈高市郡波多郷〉・平群〈平群郡〉・蘇我〈高市郡曾我〉・紀・葛城諸氏の祖となり(12)、そこから更に多くの諸氏が分岐している。

摂河泉や山城にも見えるが、圧倒的に大和が多い。紀氏の祖とされる角は母が紀国造の娘とされ、葛城氏の祖の襲津彦は葛城直（国造・県主）の娘が母と伝わる。いずれも母方の権益を継いだらしい。[13] 本宗家は葛城・平群・蘇我と変遷したが、[14] 巨勢・紀及び波多もその時々に勢威を振るった。

オホ彦と開化の母は物部氏族出身のイカガであるが、オシノマコトの母も同じく物部氏出身で、イカガの姪のウツである。開化は父の死後このウツを娶って、間に崇神をもうけた。開化は他に、丹波大県主の娘竹野（丹波（のちの丹後）及び但馬の地名）媛との間に彦ユムス、和邇氏の娘との間に彦イマス、そして葛城の豪族との間にハツラをもうけている。[15] 中央・地方の豪族との婚姻、そして皇子の扶植がこの後いっそう進むこととなる。

二　前方後円墳体制時代

崇神は初めて磯城上に宮し、次の垂仁・景行もそのあとを追う。いわゆる纏向遺跡の地である。このとき磯城の旧領主である磯城県主家すなわち三輪氏族の祭祀をめぐって、何らかの問題が噴出したようであるが、モモソ姫の活躍もあって解決した。[16] 記紀によると、崇神の兄弟彦イマス（ヨモス・ユムス）の一族（丹波氏族）は、北はヤマトの磯城・春日（佐保）・当麻から山代の筒木・蟹幡・葛野を経て丹波・但馬へ蔓延し、東は近江の蚊野・三上・野洲などを経て、伊勢や美濃の本巣に達し、また、山陰・若狭や三河・甲斐にも一族を拡げている（太田一九二五）。

また、この一族は息長川俣氏族とも深いつながりがある。彦イマスの子丹波道主の母は息長ミヅヨリ（近江三上祝出身）で、同じくサホ彦は川俣公の祖であり、同じく山代大筒木真若の孫が息長宿禰、その子が息長タラシすなわち神功皇后である。また、息長宿禰の子大タムサカの母は、河俣イナヨリである。そして、ヤマトタケルが恐らくこの一族の女性との間にもうけたのが息長田別で、その子が河俣仲彦、その女が息長真若で、応神との間にワカヌケ二俣（継体高祖父）をもうけることとなる。河俣仲彦は杙俣長日古とも書かれ、神功四七年四月紀所引百済記に見える職（織）麻那那加比跪にあたる。(17) 彼は額田部槻本首の祖とあるが、額田部氏は凡河内氏族で三上祝は同族であり、槻本氏は応神裔息長氏族である。

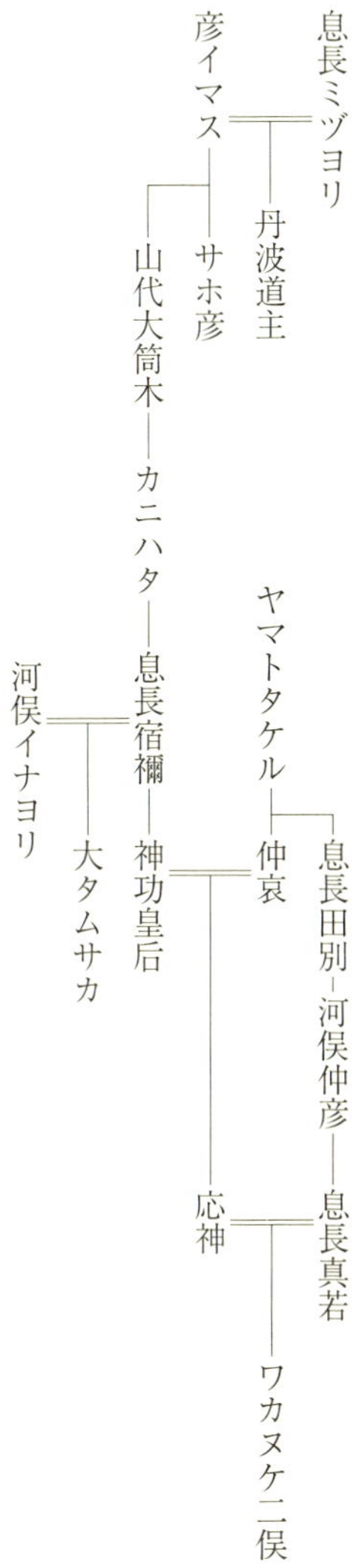

但馬から後の丹後にかけて竹野という地域があり、古く懿徳皇子の子孫が下向したと伝わる。その裔であろうか、丹波県主の娘（竹野媛）が開化と婚したことが、皇別丹波氏族の発祥である。竹野の手前、丹波の桑田・船井から山代の葛野・愛宕にかけてが桑田と呼ばれた地域で、久我耳という豪族がおり、彦イマス・丹波道主父子によるその討伐が、同氏族の発展の要因となったと伝わっている。

彦イマスの子、山代大筒木は名の如く山城の綴喜に宮していたが、丹波の味沢媛と婚し、その間の子カニハタも山城の蟹幡（相楽郡）に居していたが、丹波の遠津臣の娘タカキ媛と婚し、息長宿禰が生まれる。その子が、但馬国造の祖となる大タムサカである。このように山城南部を本居としながらも、丹波とも盛んな交通を代々持っていた。

このような王族の各地への配置の伝承は、(18) しばらく続く。崇神の長子トヨキ入彦は毛野氏族の祖で、子孫は東山道十五国都督となったと伝わる。(19) その他の垂仁の兄弟は伊賀・能登・美濃への派遣がうかがわれ、景行の兄弟は和泉・吉備・佐保・伊賀・近江・三河・越・山城、三尾・羽咋などの豪族の祖となっており、そして成務の兄弟すなわち景行皇子八十王が諸国の別の祖となるにいたって、派遣のピークを迎える。派遣地域は、王の母方氏族の縁によるものも多い。景行・成務が滋賀の高穴穂に宮したのも派遣伝承と軌を一にするものなのだろう。

倭国はこの間、国内の統一事業に意が注がれ、加えて中国が分裂状況にあったこともあって、しばらく中国との国交は絶える。しかし列島各地に前方後円墳という規格化された墳墓が築かれ（都出一九九二）、国内の統一事業が一段落するや、倭は再び外への活動を活発化させる。それはまず半島に向けられた。しかし対高句麗軍事遠征が奏功しなかったため、中国南朝への遣使によるアジア秩序での地位上昇を狙うこととなる。

三　倭の五王時代

この倭の五王時代、伝承上では王族派遣は一段落し、畿内近域への扶植が進む。仁徳の兄弟姉妹すなわち応神の皇子女は、ヤマトの額田や摂津大原、紀伊の荒田、淡路の三原、ヤマトの阿倍、河内の紺口、紀伊の宇野、ヤマトの矢田、山城の宇治などに宮を営んだ。応神も妻父を通じて河内誉田を伝領しており、治世後半には軽（懿徳・孝元も宮していた）から難波の大隅に遷宮する。仁徳も難波の高津に宮したが、仁徳の皇子女も、住吉・丹比・朝妻・日下など河内ないしヤマト北方に宮を設けている。同朝には山城の筒木宮も作られている。後に継体が宮するところでもある。継体の祖である応神皇子のワカヌケ二俣の子女は、ヤマトの忍坂・藤原、河内の田井・田宮などの宮に住していた。

これまでにも神武の庶長子タギシ耳や（五十鈴姫）、開化のように（伊香シコメ）、継母にあたる先帝のキサキを娶る例があったが、同様に先帝の跡を嗣ぐことを周知するものとして、このころから先帝・前帝の皇女をキサキとすることがかなり一般化する。

仁徳は異母妹の矢田皇女を、履中も同じく応神皇女のハタビ媛を、允恭は応神孫の忍坂大中媛を、安康は履中皇女のナカシ媛を、雄略は仁徳皇女のハタビ姫を、顕宗は雄略曾孫の難波小野王を、仁賢は雄略皇女春日大娘を、継体は仁賢皇女（母は春日大娘）の手白香を、安閑も同じく仁賢皇女の春日山田皇女

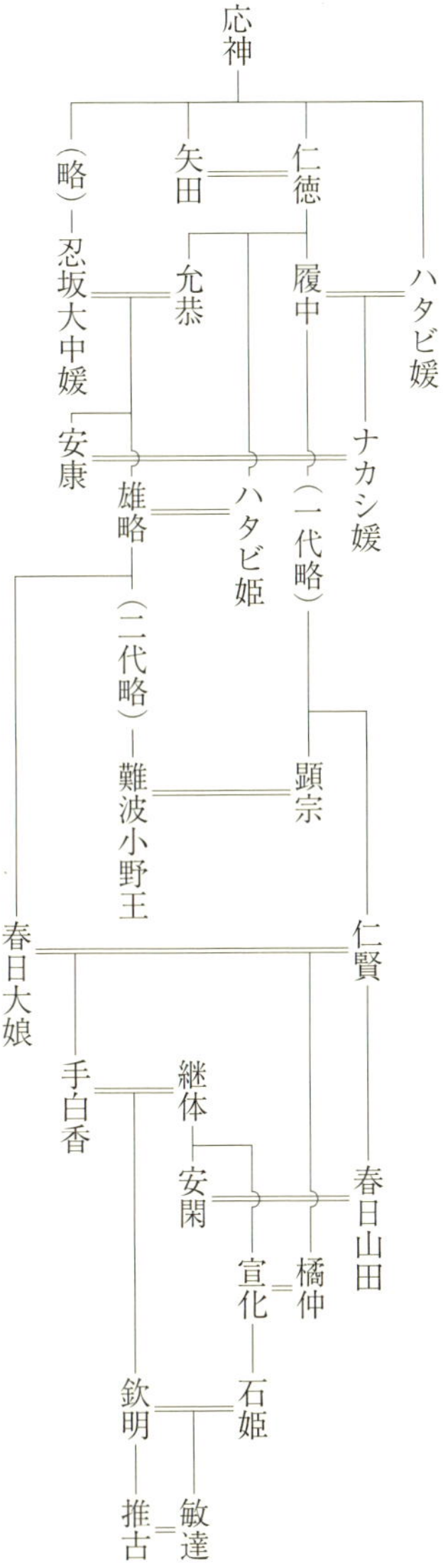

を、宣化も仁賢皇女（母は春日大娘）の橘中皇女を、欽明は宣化皇女の石姫（及び同母妹三人）を、敏達は異母妹の額田部（推古）を、用明も異母妹の穴穂部を、押坂皇子も異母妹の糠手姫を、孝徳は舒明皇女の間人を、といった類である。

継体父子がともに仁賢皇女を、仁賢が雄略皇女をキサキとしたことや、また、光仁が聖武皇女の井上を、光格が後桃園皇女の欣子を皇后としたことなどは、皇統の変化に伴うものとして言及されることが多いが、右に見たように、それ以外の場合でもよく行われている。たとえ父子継承であっても、いわば男系だけでは正統性が不十分な側面が皇位にはあるのである。従って、平城・嵯峨・淳和兄弟が異母妹をキサキとし、醍醐が光孝皇女（宇多の同母妹）為子をキサキとし、朱雀が文献彦太子保明の娘熙子との間にもうけた昌子内親王を冷泉が皇后としたのも同様である。以下、後朱雀・後冷泉・後三条・堀河・二条・後嵯峨・亀山・後宇多・後醍醐・光厳などが、内親王をキサキとしている。中世の皇女・女院その他の女性が所領の伝領に深い意義を有していたことが明らかにされているが（山田二〇一〇、野村二〇〇六）この時期の権益伝領における女性の意味についても考えてみる必要があろう。

先の系図にみえる春日大娘と春日山田は、その名からもわかるように春日（和邇）氏女所生である。仁賢や安閑が、前帝の娘であると同時に和邇氏の所生である女性と繰り返し婚したのは、やはり何らかの政治的意味があるのだろう。これ以前の磯城県主家・物部氏族との重ねての婚姻についても考えてみる必要がある。

応神のホムダ別という称号は、妻の父を嗣いだものであるから諱ではない。彼の名に関しては、気比大神と名を変えたのであって、もとはイザサワケといったという。気比神宮は御食津大神ともされるように、食の神である。であれば、もとはウマシとでもいう名ではなかったろうか。七支刀銘文の「旨」を倭王の名とするなら、三六九年は神功・応神くらいにあたると思われる。神功は新羅遠征の時は、敦賀気比宮から日本海経由で九州に向かっているが、応神が治世後期に難波に遷都してからは、瀬戸内海が使われることが目立ってくる。

次の仁徳が伝わる在位期間からしても、倭讃に当たろう。珍（反正）を讃の弟とするのは、珍が前王の弟と名乗ったのを中国側が讃の弟と判断したもので[20]、履中は在位が短く遣使しなかったという解釈が当を得ていよう。

履中は磐余の若桜（かつての神功の宮）に宮したが、反正は丹比にそのまま宮し、允恭は飛鳥に宮した。同朝には和泉の茅渟宮も頻見する。垂仁皇子イニシキ、あるいは多田《タタ》ネコの父祖にまで遡る地であろう。安康は穴穂に宮し、他の皇子女は軽・長田・境・八釣・橘・岡や難波などの宮に住していた。軽は古くから宮の置かれたところであり、八釣は後に顕宗が宮する。雄略は長谷に宮し、子女は星川や春日の宮に住した。春日は開化が宮を置いて以来、宮のあったところで、古くは春日県主、その後は春日氏族の扶持により長く維持された経営体で、のち春日荘が置かれた。清寧は磐余に宮したが、履中（神功も）以来、多くヤマトに宮が置かれており、特に磐余は以後も継体などが宮し、雄略の長谷も磐余地域に含められる。長谷は後に武烈も住す。

反正（倭王珍）は、自分の他に倭隋ら一三人に平西将軍などの将軍号を仮授して、その任官を宋王朝に希望し認められた。続いて次の済（允恭）は「并びに上つる所の二十三人を軍郡に除」せられたという。

将軍号に加えて郡太守号も授かったのは、中国府官制によるアジア秩序への参入という対外的な、特に半島における地位の確立のみならず、倭国内の支配者階級内においても、中央から地方にわたる身分秩序がより詳細に定められたことを示している。

允恭は盟神探湯によって氏姓を正したと伝わるが、その実、孝元以前の皇別に臣、開化以降（本来は崇神の世代以降の意）に君（公）、神別（天神・天孫）に連、国造には直、伴造に造、村長クラス（県主・稲置、屯倉の官員、小国・伴造など）に首という、いわゆる氏姓制度を確定した（太田一九一七）。これは恐らく、府官制秩序・古墳体制秩序に対応しているのだろう。

武の上表文によれば、済は半島への遠征を企図としていたが、果たさないままに崩じ、ついで兄（安康・興）も亡くなったという。あとを継いだ雄略は、府官制秩序による国際地位の上昇には見切りをつけ、中国の天下とは別に治天下を称し、また、漢氏に直姓、秦氏に造姓を授けたり、近習帰化人を寵用するなど、それまでの氏族秩序を超える専制権力の構築に意を注いだ。

四　飛鳥時代前後

雄略の子清寧は、父によって滅ぼされた履中系の遺児（『梁書』の扶桑国王オケ）を後継に迎えた。彼ら履中系の子女は石上や葛城の忍海、そして高橋や朝妻・橘・春日などの宮に住した。継体は久しぶりにヤマトではなく、河内の樟葉宮に即位した。以後、治世の前半においては、山城の筒木・乙訓などに水陸の便を以て宮して、外交のみならず内政的にも画期的な施策を行った[21]。治世後期には前代までと同様、磐余に宮し、そこで崩じた。彼の子安閑・宣化・欽明は、勾・檜前・磯城島に宮した。欽明は在位中に、難波祝津宮・樟勾宮・泊瀬柴籬宮などに行幸している。欽明の子敏達は、はじめ百済大井に宮したが、まもなくして海部王・糸井王の家地を点定して訳語田に宮した。百済は後に孫の舒明が宮し、訳語田はさらにその孫の大津皇子が住したところである。また、皇后の別業は海石榴市宮であった。敏達皇子で舒明の父の彦人大兄は水派宮にいた。

次の用明は磐余に、その次の崇峻も倉橋に宮した。なお、彼らの兄弟の穴穂部は、香具山や河内の住道にも宮があったらしい。後者は物部氏との関係によろう。前者は後に、高市皇子の宮があった。次の推古は、最初桜井の豊浦に即位したが、しばらくして小墾田宮に遷った。(22) この間、耳成行宮に行幸している。豊浦も小墾田も、蘇我稲目の家のあったところである。厩戸は斑鳩宮に居し、また、近くの岡本宮で講説を行ったりしている。次の舒明は最初飛鳥岡本に宮し、ついで田中宮に遷り、百済宮に崩じている。在位中に有馬・伊予の温泉宮や厩坂宮に幸している。次の皇極は小墾田宮に仮に宮し、間もなくして板蓋宮に遷った。

孝徳は、難波の子代屯倉を壊作した子代離宮や、蝦蟇行宮、小郡宮、味経宮、難波宮、大郡宮などをもうけている。(23) また、皇太子中大兄は、在位末期に飛鳥河辺行宮に遷った。その際に孝徳は、山城乙訓の山崎に宮を造って移ろうとしている。斉明は初め板蓋宮に即位し、飛鳥川原宮に遷り、最終的に飛鳥岡本宮に居した。また、両槻宮・吉野宮などを作った。吉野には古くから行幸のために宮が置かれていたようで、応神・雄略紀に見える。こののち天武・持統・文武・元正・聖武天皇らも行幸する。天智は晩年、大津よりさらに帰化人の多い、蒲生郡の必佐に宮を作るつもりであった。

天武は壬申の乱に際して、吉野宮から嶋宮に移った。ここはもと皇極の母吉備皇女の宮であったところで、後に草壁皇子の宮(岡宮)となる。即位にあたって嶋宮から岡本宮に移り、大極殿を岡本宮の南に営んだ。これが飛鳥浄御原宮である。また、大来皇女の斎宮を長谷にもうけている。天武天皇七年(六七八)春には、天神地祇を祠るに際して、祓禊のための齋宮を倉橋にたてている。在位中には広瀬・吉野・長谷・嶋などに行幸しているが、いずれもすでにあった宮ないし跡地が利用されたであろう。さらに、難波副都・信濃遷都を計画している。

天武の皇子のうち、高市は香具山宮、大津は訳語田舎、刑部は雷山宮、草壁は嶋宮、新田部は八釣宮、弓削は南淵宮、舎人は多武山宮に宮を営んだ。明日香から磐余にかけての地域であり、これまでに触れたものも含めて、いずれも古くから宮室のあったところであろう。

持統は吉野宮に三一回行幸したほか、葛城の高宮、両槻宮に幸し、その間に藤原宮を営造し遷都している。文武も祖母ほどではないが吉野、そして難波・倉橋に行幸し、また、両槻宮を修築している。元明は岡田・春日、難波そして甕原にしばしば行幸し、また、茅渟宮のために和泉監を置いている。元正も吉野・和泉などに幸している。聖武は紀伊からの帰りに所石頓宮に寄っているが、高石・取石のあたりも古くからの禁地である。聖武紀には他に、難波・甕原・和泉(茅渟)・竹原井頓宮・吉野、大和の都祁、山城の玉井・石原、河内の桜井頓宮、薬師寺宮、そして恭仁・紫香楽などの諸宮が見える。孝謙・称徳女帝紀には、知識寺南宮、梨原宮、田村宮・弓削宮、小治田岡本宮、和泉の日根郡深日行宮・同郡新治行宮、丹比、弓削行宮、大和の因幡宮・飽浪宮などが、光仁紀にも竹原井、春日斎宮、田村旧宮など、お馴染みの諸宮がみえる。

春日・飽波・小治田など、この時期になっても古くからの宮地がみえる。飽波は日下などと同じく屯倉も置かれ、後には評ともなった。小治田の来歴は言うまでもない。但し、聖武のころから、必ずしも古くからの朝廷の地ではない、豪族たちの拠点地域への造宮が行われはじめ、この傾向は孝謙朝以降にいっそう強まり、光仁を経て桓武以降の平安時代へと受け継がれていく。例えば竹原井頓宮のあたりは、智識・山下・大里・三宅・家原・鳥坂の各寺があったところで、それぞれ有力な檀越として諸豪族が蟠踞していた(竹内二〇一六)。

筒木は継体の前に磐之媛が、それ以前には開化皇孫が宮を営んでいたらしい。淡路も安寧皇孫がいたと伝え、仲哀朝に屯倉を建てたという。茅渟はイニシキの宮、さらには陶つ耳の居館にまで遡りうるであろう。皇族間の継承、さらには豪族からの継承も多い。岡本―板蓋―後岡本―浄御原宮や、蘇我腹皇族と蘇我氏居館の関係は周知のことであろう。大王家と豪族とを合わせ考え得る必要がある。従って次節では、畿内における古代豪族の分布について述べる。

註

(1)氏祖伝承や、人物名に見える地名などが主な考察対象となる。
(2)本節で触れる記事は著名なものばかりであるので、原則いちいち出典は記さない。
(3)英雄時代論争、国県論争、郡評論争、古事記崩年干支註論、和風諡号論、テキスト批評、祝詞・歌謡論など。
(4)菱田二〇一七も参照。また、北二〇一四は、垂仁紀の記事における「トモ」の語法から、部・物・地の一体性を見出す。
(5)吉川二〇一〇は、武ハニヤス彦の乱と椿井大塚古墳の関連に言及する。
(6)『書紀』編纂者が神功を卑弥呼に充て、紀年を一二〇年ずらし、といったことは、すでに常識に属することであろう。日中韓の史料がそろって肖古王(余句)の名を記す。子の名は七支刀にも見える。津田も「応神天皇の朝が四世紀の後半にあるといふこと」を「動かすべからざる事実」とする。
(7)以下、紙幅の都合で文末に「とされる」「と伝わる」などといちいち記さないこともあるが諒とされたい。
(8)以下、彦・媛・耳・大などの尊称や美称は漢字にしたり略したりし、他の人名要素はカタカナで、「の」「つ(「の」の意)」などの助辞はひらがなで記す。但し叙述の都合上、例外もある。
(9)正確には「ハヘ」である。
(10)このころの他の宮・陵、后妃・皇子も考察する意味があるかもしれないが、今は暫く省略に従う。
(11)孝霊妃にも、春日の女性がいる。
(12)娘に久米と野を称するものがおり、前者の権益は後に蘇我氏に継がれる。後者は応神妃。
(13)武内宿禰の母も紀国造の娘である(角の母の姉)。兄の甘美内の母は尾張連出身で葛城(もと高尾張)を名乗る。
(14)蘇我馬子が「葛城県は元、臣の本居」というのは、その謂である。一つの一族から複数の大臣を出したのは、後の藤原氏を髣髴とさせる
(15)ハツラは竹野別の祖。垂仁妃となった丹波道主の娘にも竹野媛がいる。但馬国造は彦イマス裔。
(16)恐らく前代からの祭政に変革がなされたのであろう。モモソ姫は『書紀』崇神天皇一〇年九月壬子条に「天皇姑」とあり、系図上の位置付けはともかく(実際は大オバ)、崇神と同時代人であった。世代を異にする親族を同名称で呼ぶことは、民俗学上珍しくない。
(17)「ナ」と「タ」は、前者が歯茎鼻音で後者が無声歯茎破裂音であるが、ともに舌端と歯茎による歯茎音で、舌の中央の隙間を気流が通る中線音であり、完全な閉鎖から開放によって生じるという共通性がある。
(18)皇族派遣伝承については議論が多い。近年のものとして北二〇一一。肯定的なものとして原二〇〇二。

(19)ク(ケ)ヌ国の戦後処理のためとも考えられようか。
(20)すでに言われているように、他の蛮夷諸国でも中国正史と本国史書に同様の食い違いの例がある。
(21)反対勢力のためヤマトに入れなかったなどとは考えられない。積極的な遷都政策であったと考えられる。
(22)小墾田宮は、のちに小墾田寺（大后寺）となる（吉川二〇一三）。宮と寺については竹内二〇一六。
(23)難波宮の名称の異同については諸説ある。今はしばらく『書紀』の名称を羅列する。

参考文献

太田　亮　一九一七『日本古代氏族制度』磯部甲陽堂。
太田　亮　一九二五『日本国誌資料叢書　丹波・丹後』磯部甲陽堂。
鎌田元一　二〇〇六「暦と時間」上原真人等編『列島の古代史　第7巻』岩波書店。
岸　俊男　一九八四「画期としての雄略朝」『日本政治社会史研究　上』塙書房。
岸　俊男　一九八五「「額田部臣」と倭屯田」『末永先生米寿記念献呈論文集』奈良明新社。
北　康宏　二〇一一「国造制と大化改新」『史林』九四―二、一－三四頁。
北　康宏　二〇一四「大王とウヂ」『岩波講座　日本歴史　第2巻』岩波書店。
竹内　亮　二〇一六『日本古代の寺院と社会』塙書房。
津田左右吉　一九一九『古事記及び日本書紀の新研究』洛陽堂。
都出比呂志　一九九一「日本古代国家形成論序説」『日本史研究』三四三。
野村育世　二〇〇六『家族史としての女院論』校倉書房。
原秀三郎　二〇〇二『地域と王権の古代史学』塙書房。
菱田哲郎　二〇一七「五、六世紀の手工業生産と王権」『日本史研究』六五六。
山田彩起子　二〇一〇『中世前期女性院宮の研究』思文閣出版。
吉川真司　二〇一〇『京都府の歴史』山川出版社。
吉川真司　二〇一三「小治田寺・大后寺の基礎的考察」『国立歴史民俗博物館研究報告』一七九、三一五－三三八頁。

畿内の古代豪族

告井幸男

はじめに

畿内の古代豪族について、国ごとに歴史的変遷を素描する。紙幅の都合上、網羅的な考察、詳細な考証の明示はできない[1]。幸いなことに、大和の豪族に関する岸俊男氏の古典的研究に始まり、近年の熊谷公男氏の論考に至るまで、おおよその分布は明らかになっている[2]。また、郡郷里単位の状況や、地名・神社・寺院・古墳・遺跡・地勢などとの関係もすでに言及されている。本節では氏族から見た畿内諸国の歴史の素描を試みたい。

夙に太田亮氏が、摂河泉については同種の作業をなされており（太田一九二五）、また、皇別・神別の主な氏族に関しては、その列島全域にわたる氏族分布の状況を示されている[3]。本稿は氏族名称などの術語も含めて（太田一九一七）、氏の議論に負うところが甚だ大きい。

一　和泉国

令制では大鳥郡、和泉郡、日根郡からなる。前二者が一〇郷・式内社二〇余であるのに対し、日根郡が両者より広くありながらも四郷・九社に過ぎないのは、その人口の薄少なことを示している。まさに日根「野」であった[4]。中世以降は和泉郡南部が南郡となって分立し、大鳥・和泉と南・日根の南北二地域に分かれるが、古くは南北の総称として茅渟と呼ばれた。

確認できる最初のこの地域の支配者は、陶つ耳という豪族である。後の大鳥郡に含まれる陶の地域を本拠として、この地域を治めていた。陶つ耳というのは個人名ではなく、陶の支配者・豪族という意味の代々の称号であるから[5]、いつごろからどのくらいの期間、この地を治めていたかはわからない。ただ、記紀などの伝承によれば、神武より一世代ほど前の時期に、その娘が大和三輪の大物主の妻となったという。これを機にこの地は三輪氏に伝えられ、茅渟祇と名乗って[6]、陶つ耳と同様、陶を治所とした。

しばらくは茅渟祇による統治が続いたが、数代を経た大田田根子のとき、大和の三輪本宗家が絶えたため、そちらを継ぐこととなった。代わって茅渟を継承することとなったのが、茅渟別である[7]。

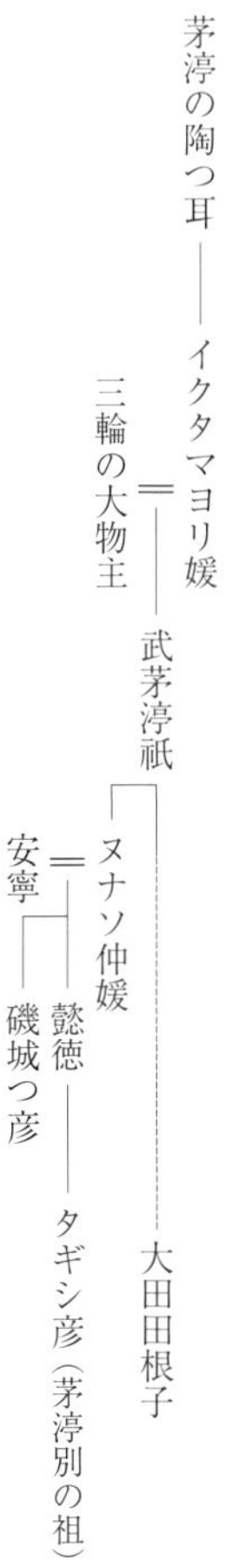

系図から明らかなように、茅渟別は女系で茅渟祇とつながっており、その縁で茅渟を継承することとなった。タギシ彦より前に、ヌナソの所生である磯城つ彦も茅渟に来ていたらしく、日根郡の猪使氏の祖となっている。後世、神直（紀国造）・伯太首神人（カミムスビ系）・長公（三輪氏族）など僅かではあるが、三輪氏族の余映が残っている[8]。主流が茅渟・陶の地から離されたことは痛手であったろう。そもそも大和の磯城県主家のほうも物部氏によって継がれたから、朝廷による三輪氏族の茅渟からの分離政策であった可能性が高い[9]。

しばらくは茅渟別の支配が続いたと思われるが、間もなくして垂仁皇子のイニシキ入彦が国の南端に

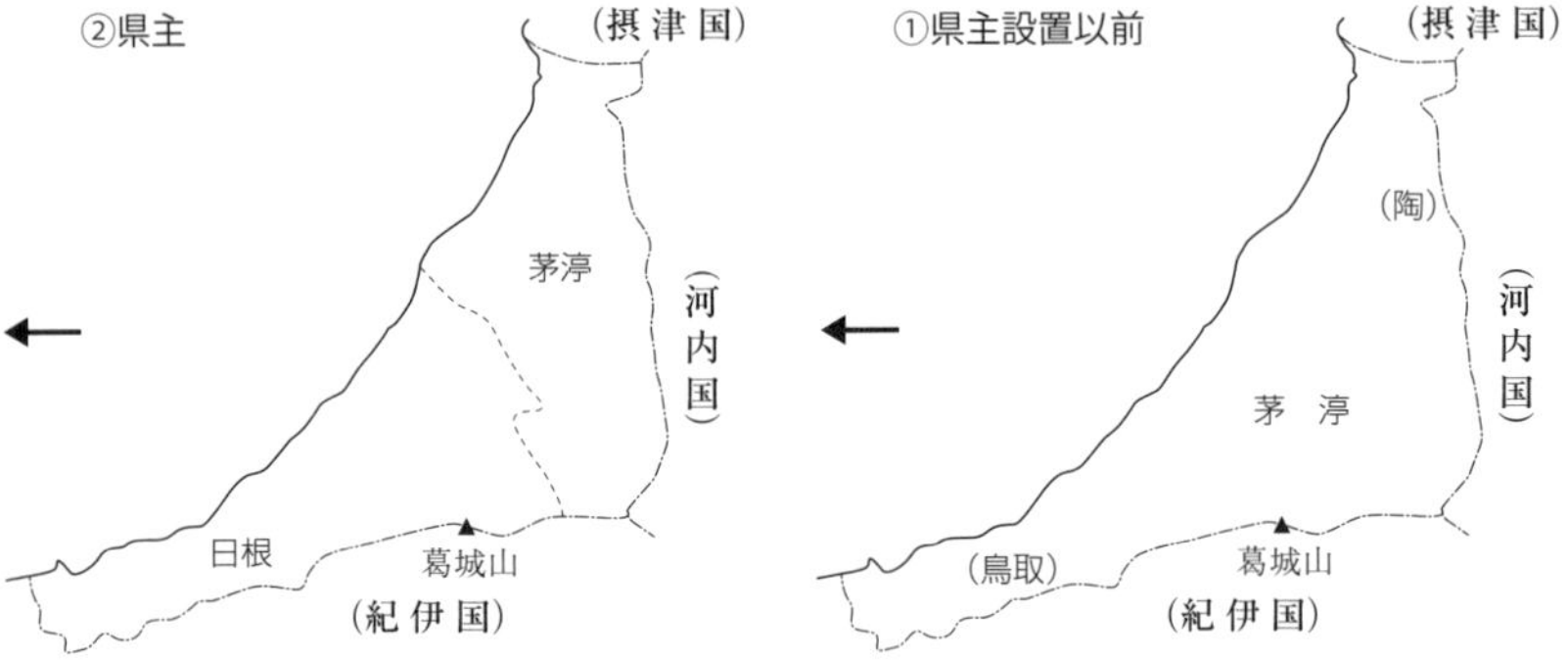

近い、後の日根郡鳥取郷の鳥取菟砥河上宮に居して[10]、高石池・茅渟池の造成や、手工業の育成など、全域の産業の発展につとめたらしい。以後、次第に茅渟別の影が薄くなっていき、遂に後の陶における須恵器窯の操業開始につながる、渡来工人の招来に伴い、朝廷によって県主が設置された。これが茅渟県主で、崇神皇子の豊城入彦を祖とする、いわゆる毛野氏族である。前三者すなわち茅渟耳・祇・別が女系の縁による交替であったのに対して、茅渟県主は朝廷の主導によって皇別氏族が置かれたものだろう。河内の毛野氏族が田辺史など渡来系と関係深いことも一因かもしれない[11]。この氏族は和泉寺から墨書瓦片も出ており[12]、後世には和泉郡領・主帳となっているので[13]、拠地も前三者とは異なり和泉郡に移ったと考えられる。陶の地は朝廷の直轄化が強められたのだろう。

この県主は後の和泉国北半を管轄地域としたため、南に日根県主が置かれた。後に南郡が分立する濫觴である。景行皇子ヤマトタケルを祖とし、播磨風土記によれば泉郡にも拠地があった。後の南郡域であろう[14]。後世、日根郡少領として見える。

五世紀半ば、一時的に根使主が日根を根拠に国全域に勢威を張ったが[15]、雄略によって滅ぼされ、茅渟県主がその一族の半分（和泉郡域所在分か）を負嚢者（後の坂本氏）として賜った。根使主は坂本氏の祖で紀氏の一族であるが、当国は紀伊に北接していることもあり、紀国造及び紀氏、ひいては武内氏族が全国に分布している。恐らく氏

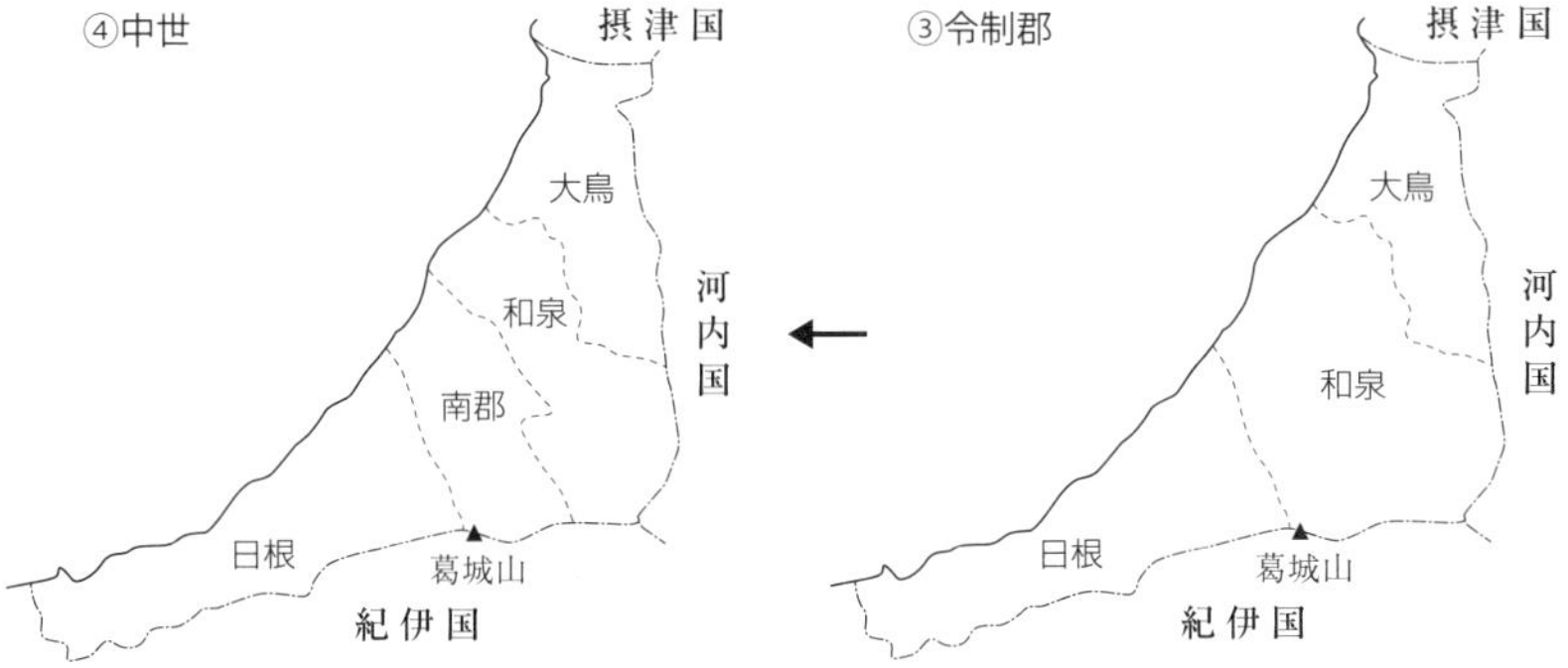

図１　和泉国の歴史的変遷

族形成の初期から当国に繁衍していたものであろうが、根使主滅亡事件によって衰えたため、後世郡領を出すには至らなかった。根使主の人的・物的財で茅渟県主が賜った以外の半分（大鳥郡域所在か）は、大日下部とされて皇后に賜った。このときに伴造として日下部首となったのが丹波氏族の一族で、後に大鳥郡領を出しており、同郡の郷名としても名を残す。次の中臣氏とともに立評氏族であろう。

茅渟県主は和泉郡域のみを治める状況となっていたので、[16] 朝廷の支配のもと、やや在地豪族の空白地域となっていた大鳥郡域には、中臣氏族が進出し、中央政界での活躍とも連動して、瞬く間に郡全域に勢力を広げた。大鳥連・殿来（富木・等乃伎）連・蜂田連・和太連など地名を称するものの他に、評連・民（美多彌）直といった氏が存在する。評連は孝徳朝の天下立評時に評督であったことによるであろうし、民直はその際、あるいはそれ以前からの屯倉の民を掌ったことによろう。なお、中臣氏族は河内枚岡社が氏神で、当郡と隣接する丹比郡に菅生連・狭山連などが存することから、もともと国境を挟んで植民していたものと考えられる。

南の日根郡でも、陶に遅れること約一世紀、いわゆる今来の渡来人が将来されて、拓殖活動が進んだ。その中心的役割を担ったのが新羅系の日根造で、郡北部の賀美郷を本拠に、日根神社（大井堰神社）・意賀美神社（祭神は水神の高龗神）・海会寺などを樫井川河畔につくり、治水灌漑をはじめとする勧農事業をすすめた。[17] 後に評督となり禅興寺（新羅人で金姓の麻蘇邇（恵基）の創建）や白髪社（新羅系の社）を評衙の近くに設けている。[18]なお、旧県主の別公（和気宿祢）も勢威を保っており、並んで郡領としてみえる。立評は両氏族によって行われたのだろう。

この他に当国には、多・出雲（土師氏。百舌鳥古墳群関連）・春日・垂仁裔・物部・大伴・鳥取・カミムスビ系（紀国造氏族を含む）・タカミムスビ系・凡河内[19]・尾張・隼人・フリムスビ系（海神族）・秦・西文・倭漢・漢呉系・百済系・新羅系[20]・高麗系の諸氏族が各地域におり、その分布の理由の明らかなものも多いが、紙幅上割愛する。

当国で特徴的なのは、河内・摂津に源があったり関わりを持つ氏族が少なくないことで、摂津については、血沼壮士と菟原処女の説話なども注意される。また、櫛代造・鳥取・石作造、箱作（日根野地名）など、特定の生産技術と関わった氏族が南方に見られるのも興味深い。さらに粟・淡路社や小豆首、あるいは讃岐など四国などとの関係が推測される氏族がいるのも、当国の地政を示していよう。大鳥神社は阿波国那賀郡に封や所領がある。もとは三輪氏族長公による奉斎だったかもしれない。

当国はもと河内国に属していたが、茅渟宮への奉仕のために和泉監が置かれ、その後いったん廃されるも改めて建置されて分立することとなる。

二　河内国

古くはのちの和泉・摂津国域と一帯で、凡河内と称された。当国域には県が四箇あった。のちの河内・若江・渋川あたりにまたがっては三野県主がおり、カミムスビ系のツヌゴリの子孫アメノ湯川桁を祖とする、いわゆる鳥取氏族である。『古事記』によれば、大田田根古は当地の出身となっており、和泉同様、古く三輪氏族が勢威を張っていたことの名残と思われる。[21]鳥取氏族はもと大県郡鳥取郷・鳥坂郷あたりが本拠で、天湯川田神社・宿奈川田神社を奉祀していた。現天湯川田神社は鳥坂寺（高井田廃寺）の

（塔の）あったところで、孝謙が参詣した六寺のうちである。大和川・大津道・竜田道など水陸交通の結節点かつ、郡堺を見下ろす丘陵に、往時は堂々たる塔が建っており、対岸の片山廃寺の塔ともども、その立地は山崎院・久修園院を彷彿とさせる（竹内二〇一六）。

大県郡を中心に、北の高安、南の安宿に及んでは大県主がいた。凡河内氏族であり、国造設置後に本拠摂津から勢威をのばしてきたものであろう。

国のほぼ中央に位置する志紀・古市から丹比に及ぶ地域には志紀県主がいた。志紀大県主とも言われ、朝威にも迫る勢力を誇ったが、雄略朝に衰えた。南方の石川・錦部は広大ながら四郷・二郷で人口の薄少な地域だが、ここには紺口県主がいた。志紀県主と同族で、綏靖兄の神ヤイ耳を祖とする、いわゆる多臣族である。恐らく三輪氏族のあとに当国を支配したのであろう。

北部の三郡（交野・茨田・讃良）には県主は確認できないが、著名な茨田屯倉が置かれた。管掌した茨田連は、志紀・紺口県主と同族の多臣氏族で、同氏族が当国全域に繁衍していた時期のあったことがうかがわれる。同氏族は、武諸木が景行の西征記事に見える以外はあまり振るわず、そのせいもあって中央本宗家より阿蘇国造家が有力な時期もあり、宣化朝には茨田屯倉を阿蘇君が管掌していた。また、蘇我・物部・阿倍のような中央大夫層を当時は出していなかったため、[22]天皇の直轄性が強くなっていた。茨田連のもとで実務に当たった茨田勝、茨田堤に徴発された新羅系秦姓など、渡来系の人たちがいた。以上、太古の当国は大きく茨田・三野・大県・志紀・紺口の五地域から構成されていた。

丹比郡依羅郷・三宅郷、摂津国住吉郡大羅郷を中心に広がっていた依羅屯倉は、物部氏によって管掌されていた。同氏は伝承によれば、神武より早く畿内に来ており、まず河内に上陸し、そして大和に移ったとする。姻戚のナガスネ彦の拠地である登美が磯城の登美であるならば、物部氏は三輪氏族と縁戚だったことになり、古くはこの二氏族が当国を治めていたものか。[23]後に物部氏が磯城県主家を継ぐのも、古い所以あってのことだろう。

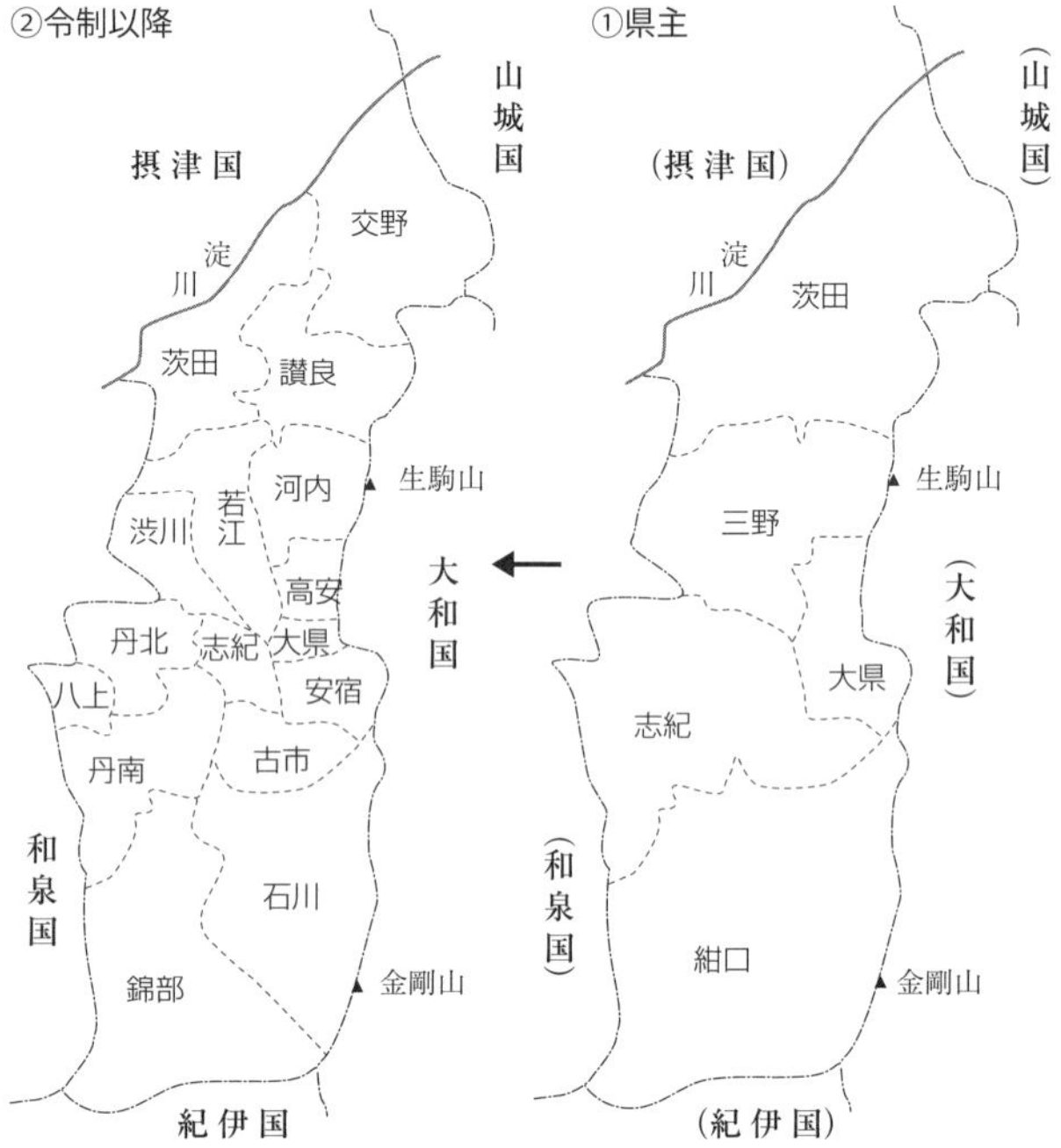

図２　河内国の歴史的変遷

桜井屯倉は河内郡桜井郷にあり、武内氏族で蘇我氏系の桜井臣や桜井田部連（国造同族）が管掌していた。後者の田部管轄に関する文筆能力は、後世明法家を輩出することとなる。(24) 同じく河内郡には大戸屯倉があり、阿倍氏族の大戸首が仕奉した。(25)

当国は、茨田堤や古市・紺口の大溝、古市古墳群など、朝廷主導の開発に多くの渡来人が動員されたため、その後裔が非常に多い。南方の錦部郡は郡郷名に明らかな百済系の他に漢系などもいる。(26) なお、隣接する石川郡は大和葛城と接し、蘇我氏の拠地としても著名であるが、文献上は山代忌寸が目立つ。

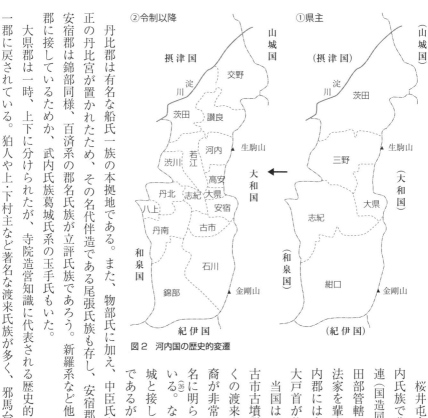

丹比郡は有名な船氏一族の本拠地である。また、物部氏に加え、中臣氏もこの地に繁衍している。反正の丹比宮が置かれたため、その名代伴造である尾張氏族も存し、安宿郡の郷名にも名を残している。安宿郡は錦部同様、百済系の郡名氏族が立評氏族であろう。新羅系など他の渡来人も少なくない。石川郡に接しているためか、武内氏族葛城氏系の玉手氏もいた。

大県郡は一時、上下に分けられたが、寺院造営知識に代表される歴史的一体感が強く、八世紀初期に一郡に戻されている。狛人や上・下村主など著名な渡来氏族が多く、邪馬台国の時代に魏に滅ぼされた、燕の公孫淵の裔を称す赤染氏もいる。[27] 鳥取系の大県氏の他に、百済人和徳の裔の大県史もいる。高安郡は高句麗系の高安氏が郡領として見える。立評氏族であろう。当郡には古族として、タカミムスビ系の恩智神主がいる。

古市郡は西文氏族の本拠である。他に物部氏族、東漢氏族、百済系高丘氏、カミムスビ系県犬養氏などが目立つ。志紀郡は大県主没落後、国造氏族の凡河内氏族が振るい、後に郡領に見える。志紀は四方を諸郡に囲まれており、大伴氏や土師氏、東漢・カミムスビ系など諸氏の扶植が見られる。両郡ともに五世紀の古墳群造営や県主没落などの朝廷政策が、立評氏族登場の画期となっている。

河内郡は渡来系の河内連・忌寸が郡領となっているほか、馬飼部・蔵人・才伎などやはり渡来氏族が目立つ。他には枚岡社を奉祀する中臣氏、大戸屯倉・日下宮の阿倍氏族（大戸首・日下部氏）、桜井屯倉の桜井氏、そして国造同族の額田部氏がいる。北の讃良・交野も渡来氏族が多い。前者は馬飼部が代表的で、後者は百済王・山田氏などの拠地である。[28] 大領も渡来系の茨田勝である。茨田郡は秦氏以外に大窪史など他の渡来氏族も多い。[29]

若江・渋川は比較的皇別・神別氏族のいるところだが、神別はほぼ物部氏につきる。同氏族は志紀にも勢威を伸ばしている。若江には後世まで三野県主が見えるが、それ以外はやはり物部と渡来系が目立つ。

従って、当国の歴史を氏族の面から略述すれば、まず三輪氏族・物部氏族が勢威を張った時代があり、次に神武皇子ヤイ耳の子孫である多臣族が勢力を伸ばした。三輪氏族は三野県主、多臣氏族は志紀県主・紺口県主、及び茨田屯倉の管掌者となり、物部氏族は依羅屯倉を掌った。そして国造同族の大県主がいた。その後、志紀県主の没落や、茨田堤、古市・紺口大溝の開発のため朝廷による渡来人動員があり、[30] 茨田屯倉から讃良・交野が、大県から高安・飛鳥部が、志紀県から古市・丹比が分立し、紺口県は石川・錦部に、三野県は河内・若江・渋川に分かれた。恐らく全郡で渡来系氏族が立評に関わっているであろう。[31]

再三言及した大県郡の鳥取氏族の他にも、[32] 高宮神社・大杜御祖神社（境内に高宮寺）を奉祀し、祭神の天萬魂命・天剛風命の裔と称す高宮神主など、様々な天神氏族がいる。(33)丹比郡黒山郷にいた、秦王室直系の姓を称す秦嬴姓など特徴的な渡来人が少なくない。河内青玉、日下のマクルミなども太古以来の地祇族である。これらを含めた当国の歴史については将来を期したい。

三　摂津国

当国で最も古い豪族は、三嶋溝杭耳である。この溝杭の豪族の娘が三輪氏族と婚したため、他国同様三輪氏族が繁衍しており、大神・鴨・葛城・長・我孫など、ほぼ全郡にその遺跡が氏族名・地名などとして残る。他に物部氏族もほとんどの郡にその遺称がある。

この後、三島の地はカミムスビ系の三島県主の治めるところとなる。三島（のち島上・島下）には、皇別・神別・諸蕃全ての氏族が存す。後世には県主一族のほかに檜隈首が郡領をつとめているが、氏族系統は不明である。また、「こや」「あい」「おおた」などの郷社名から、中臣氏族の有力な拠地だったこともうかがわれる。隣の豊島郡も各種氏族が存している。郡名氏族の豊島連は多臣氏族だが、同氏族は当国には他に当郡の松津首と、三島の舟木氏くらいである。河内茨田からの分住だろう。

東成郡には春日・武内・中臣の諸氏族、そして笠縫・玉作氏などが存するが、五世紀以降は難波吉士など吉士の勢力が強くなる。西成郡も阿倍・物部・大伴・海神の諸氏族がいたが、三宅吉士などの吉士氏族が中心氏族となり、両郡ともに郡領となる。前者では少領に日下部氏（丹波氏族）、主帳に高向氏（渡来系）、後者では津守氏（尾張氏族）が主政にみえる。津守氏は隣接住吉郡からの余勢であろう。

南の住吉には、太古支配していたであろう三輪氏族と海神族が存し、その後住吉津の発展とともに栄えた津守氏、依網屯倉を管掌した依網我孫（丹波氏族）・大網（毛野氏族）が目立つ。我孫は三輪氏族にもいる。津守氏は当郡を代表する郡領氏族である。三輪氏族には他に住道首がおり、中臣氏族にも住道氏、他に東（百済）、藍・太田（三島）の諸氏がいる。和泉大島の中臣氏と一体のものである。物部氏族にも住

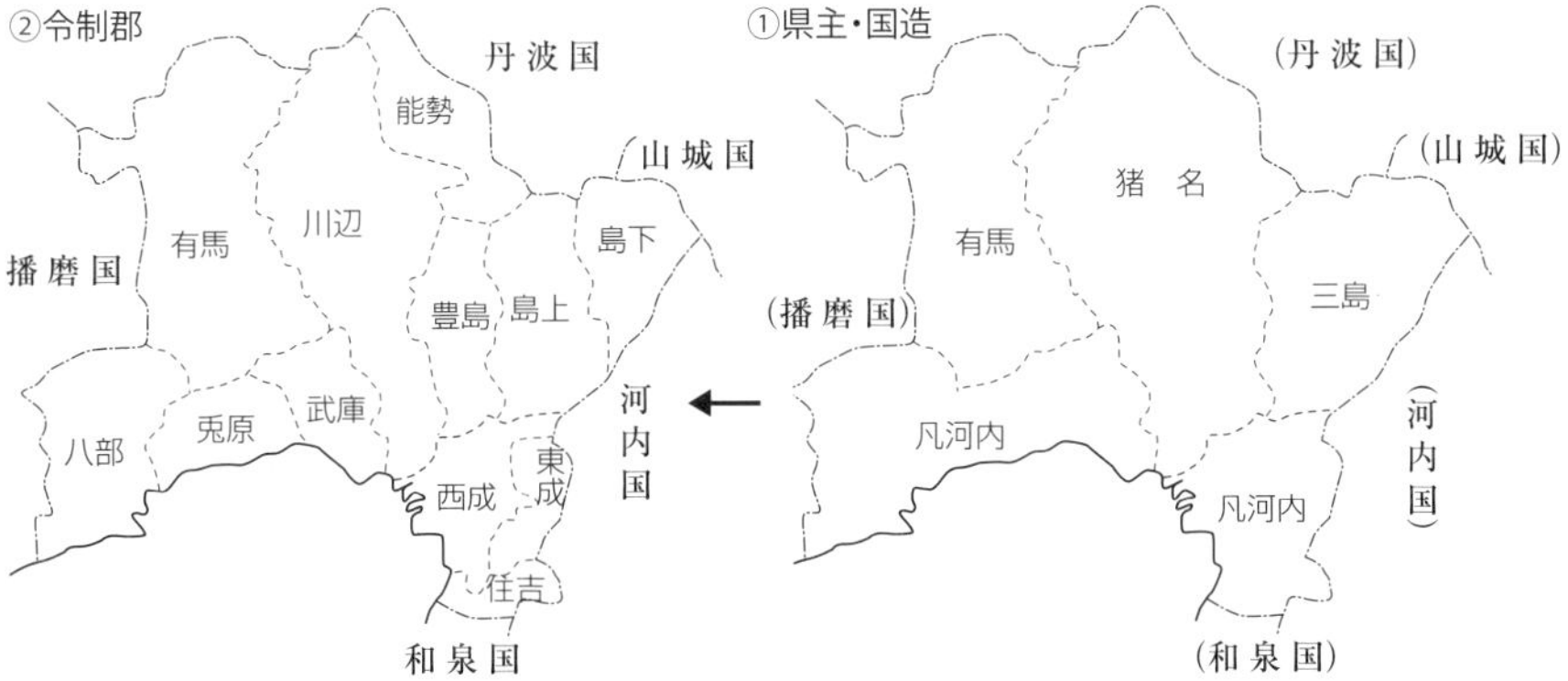

図３　摂津国の歴史的変遷

道物部がおり、配下であろう春日氏族の物部もいた。当郡は当国で唯一といってよい、渡来系氏族がほとんど見えない地域である。

逆に百済郡は、渡来人しかいない。そもそも百済氏のために建てられた郡で、東部・南部・西部の三郷からなる。百済・広井・斯臘・勝・林・志良岐・一（壱）難・船・津などの諸氏がいた。新羅系など、百済以外の渡来人もいたが、百済氏の河内交野移住により郡は衰頽した。

北方内陸部の能勢は管見では渡来系は確認できない。三輪氏族（神人）の後、中臣（椋垣）・物部（野間）などの天神、そして天孫の出雲（贄土師部）などの諸氏族がやってきたようである。皇別氏族は垂仁裔（山部・山守）が見えるのみである。朝廷の貢納・山野政策によって置かれたものだろう。

当国の中央部を海岸線から内陸部まで大きく占める川辺郡は、やはり三輪氏族（大神部・鴨・鴨部祝）・海神族（海部）のあとに凡河内（凡河内直。国造同族）・出雲（出雲連）の天孫二大氏族が来たようである。物部氏族も多く見えるが、氏族としての扶植に加え、為奈部や湯坐に代表されるように朝廷の主導によるものもあろう。猪名部首は渡来系も存し、秦・楊津などの渡来系もいる。他に武内・阿倍氏族などもいるが、概して当郡は朝廷の主導性が色濃い地域で、山林及び河川権益などを目的として、広大な猪名県が置かれていた。後には宣化裔の猪名君（真人）・椎田君・川原君が出る。朝廷の直轄性が遺った地である。

武庫川以西の有馬・武庫・兎原・八部郡には春日・毛野氏族などの皇別氏族が目立つ。兎原郡は凡河内国造の本拠であるので同族の山代直、そして大和国造氏族、出雲氏族などの神別氏族が多い。渡来人でも東漢氏族（蔵人・葦屋・石占など）が目立つ。八部郡も武内・中臣・物部・大伴氏族、そして東漢氏族（長田）など、他郡と異なる特徴がある（当地域については西本二〇一二）。武庫郡も百済系も多いが、丹波氏族の日下部も見える。兎原とその北の有馬に尾張氏族（津守・刑部）が見えるのは、住吉との水運によるものであろう。有馬には秦・吉士も存す。

当国は全域にわたり三輪・物部氏族、渡来系が蕃衍しており、特に渡来系の多さは五・六世紀の二度にわたる、古来と今来の渡来人に対する朝廷政策が影響している。地域によりその理由は各別で、東西成の吉士族は外交政策によるものであり、他の地域には手工業技術者の招聘や、土木工事、屯倉の管掌など様々な事由があった（吉田一九八二）。

四　山城国

太古、この国は南方が山代、北方は丹波・丹後と一体で桑田と呼ばれ、その中に久我という地域（クニ）があり、久我耳を名乗る豪族がいた。山科盆地には独自に許（木・コ）というクニがあった。伝承によれば、大和葛城の鴨氏の一族が北上して、(34) のちの相楽郡岡田などを経由して、久我の地に達した。これが葛野県主で、賀茂社を奉祭していたので鴨県主ともいい、朝廷に主殿として仕えていたので葛野主殿県主ともいう。のちに秦氏が葛野川に拓殖して葛野大堰を開き、松尾大社を奉祭し、葛野寺（蜂岡寺・広隆寺）を造営するなど勢威を振るったため、賀茂氏の居地は分立して愛宕となった。のちに西南の乙訓郡も分立する。乙訓には秦田村などの秦系や石作などの尾張氏族が居住していた。

葛野県主と同様、秦氏も深草などの南部を経由して、葛野に入ったらしい。愛宕には後に春日氏族が栄えるが、やはり久世や乙訓などを経由して北上している。[35]秦長倉氏はさらに丹波の天野にも扶植する。彼らより以前に来た出雲氏族は、逆に北方から、すなわち出雲から山陰経由で但馬、丹波の桑田郡・多紀郡から丹波一宮出雲神社の地などを経て、後の愛宕郡出雲郷に達したらしい。

愛宕郡は、京都盆地・山城の北東部にある。粟田・小野郷には、春日氏族の小野・粟田氏がいた。また、後者（粟田臣・粟田朝臣）とは別に、粟田直・粟田忌寸も見える。国造同族だろう。小野郷は比叡山西麓であるが、東麓の近江国滋賀郡にも春日氏族関連の地名が古代より見える。比叡山を挟んで両坂下に蟠踞していたのであろう。小野氷室・小野毛人墓誌など著名な遺蹟が多い。粟田朝臣は南の鳥部郷にも確認できるが、同郷の先住民族には秦氏がいた。小野郷に鳥部氏もみえる。郡内には客君もいたが、本貫は南方の綴喜郡甲作であろう。

宇治郡は、南北どちらの勢力とも異なる、山階盆地を中心とする独自の地勢を有しており、郡領には古くは宇治氏（物部氏族）、笠臣（吉備氏族）、新羅舎姓[36]、後に宮道氏（日本武尊裔。冒物部姓）がいた。また、主政に神宮部造（三輪氏族系）、主帳に今木連・宇治連（ともに物部氏族）がいる。郷長には道守臣、後世の郷司に藤井氏が見える。古くは物部氏系が強く、宇治宮が置かれてのち、宮道氏などの皇別氏族が配置されたものであろう。宮道氏は後世、物部姓を冒したりもしている。

文字通り奈良山の背にある山背には国造が置かれた。のちに、深草屯倉の置かれた紀伊郡、古くから栗隈県の置かれていた久世郡（久世屯倉）、そして綴喜・相楽などに分かれた。山代国造は凡河内国造と同族で、[37]摂津兎原の本拠地から、河内・和泉そして山代へと分岐したのだろう。同族は更に東進して近江の三上祝、蒲生稲置、菅田首、犬上県主ともなっている。

久世郡は栗隈県主のいたところで、栗隈大溝の開削以来、朝廷の直轄性が高く、奈癸園も置かれていた。橘氏は栗隈王の頃から当地を中心に南山城に勢力を扶植しており、諸兄の井手別業（相楽郡）につながる。当郡は四方を他郡と隣接しているため、石作（乙訓）・宇治など他郡から、また、羽栗など他郡へ

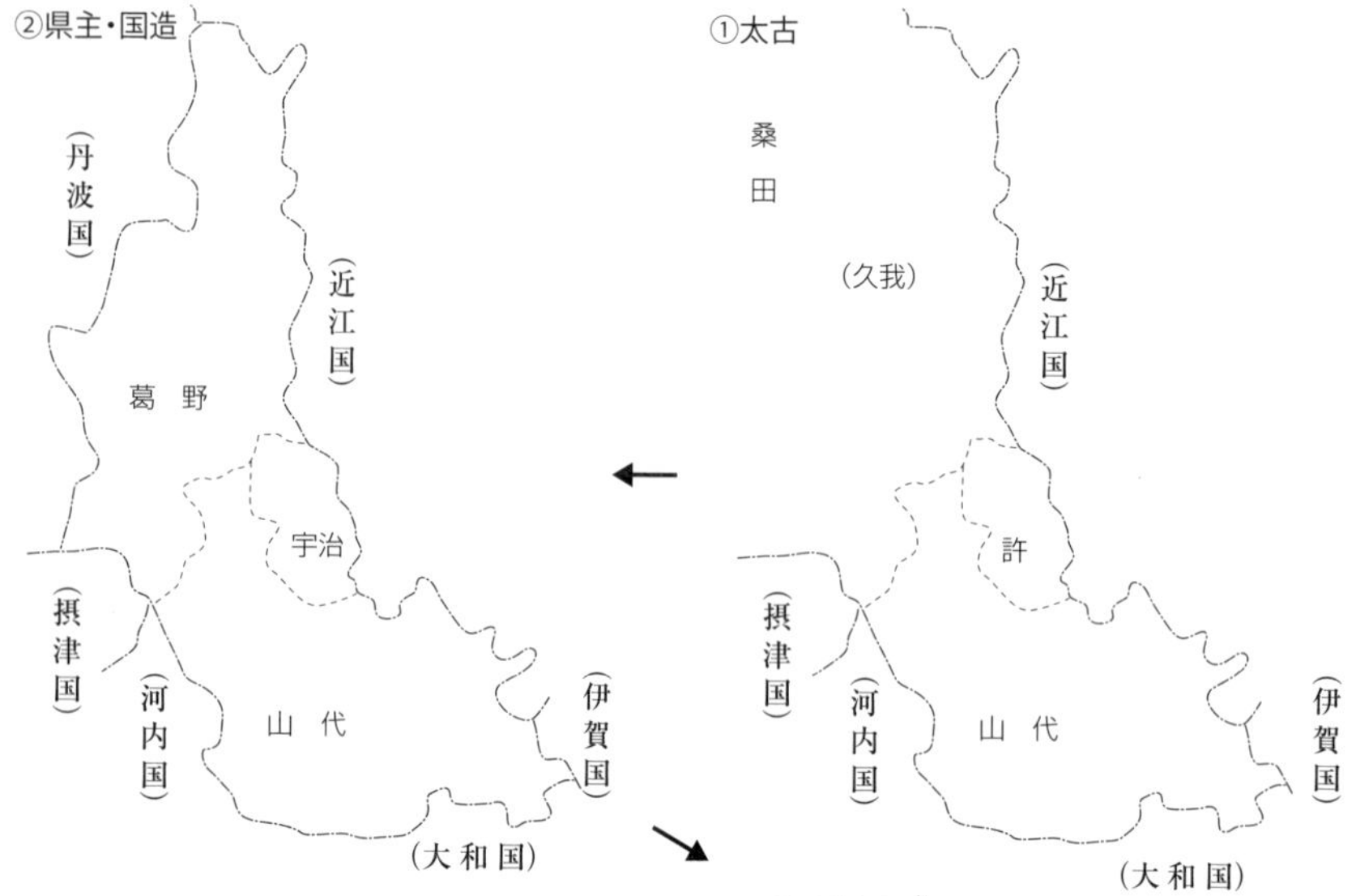

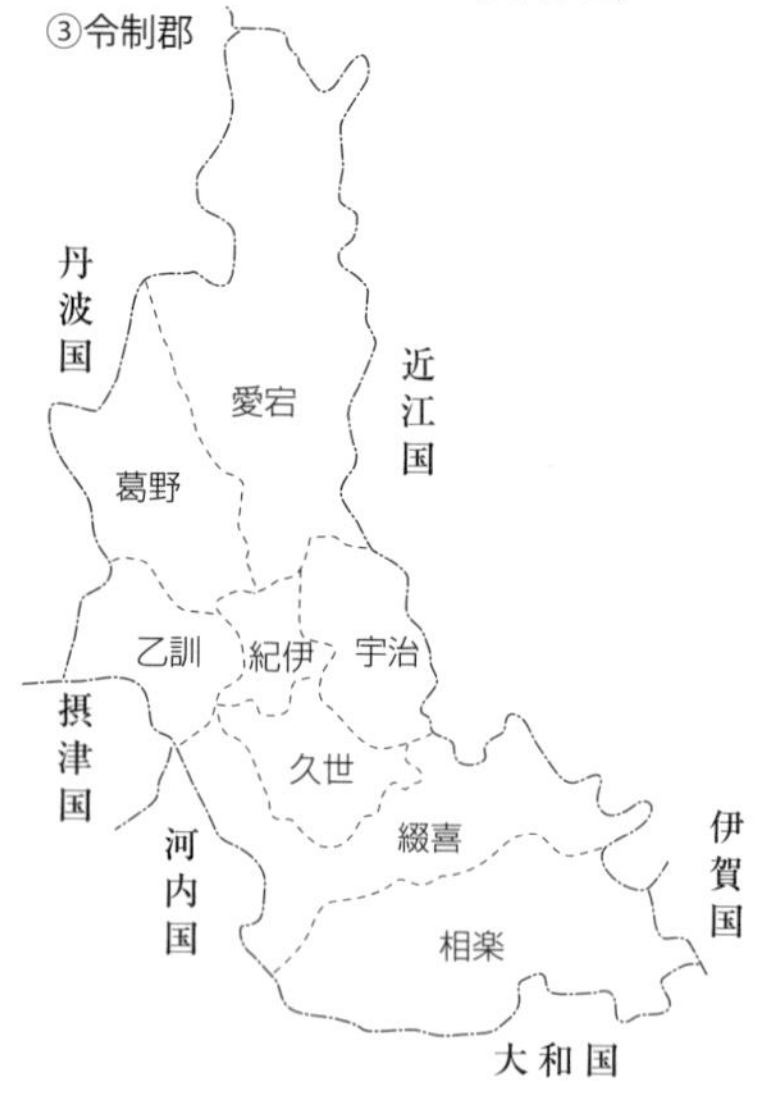

図４　山城国の歴史的変遷

の移住者も多い。

相楽郡には郡令として掃守宿禰がみえる他、稲蜂間氏（首・連・宿禰）がいた。古くは丹波氏族が拓殖し、垂仁朝にはカニハタを称する女性が両三人キサキとなっている。後に秦氏が蟹満寺を建立しているが、丹波氏族の頃から天日矛一族や朱錦氏など渡来系とのつながりが深い土地で、相楽館が置かれ、狛氏も繁殖している。秦氏同様、賀茂氏が北上した際の経由地でもある。古くは安曇（阿津見。海神族）氏のいた痕跡がある。

丹波氏族は綴喜郡域にも扶植したが、当域も高麗系などの渡来人、そして大隅隼人が配置されていた。筒木宮の経営には渡来系の力も与っていただろう。

当国は全域に勢威を振るう秦氏の他にも渡来系がいた。愛宕南部の錦部・八坂郷にはそれぞれ同名の氏族がおり、後者の八坂造の建てた八坂寺の東には、後に菅野氏によって八坂東院が建立された。菅野氏は百済系であり、錦部氏は同族だろう。八坂造は高句麗系だが、南方の綴喜郡多可郷には、もと高麗使主姓で多可連を賜姓されたものや、高史・高の二氏がいる。『延喜式』には高神社もみえる。志磨郷の嶋史も高麗国人の後である。相楽郡の上下狛には、大狛造・山背狛・狛人、狛人野（三輪氏族）がいた。久世郡那羅には、畝原・山村とともに、高麗人が配置されていた。乙訓郡の大原野神社の神主も狛姓で房を通字とし、近世に至る。

特に南部の山代国造支配域においては、朝廷の梃子入れによって分立が進んだのだろう。なお、山代国造山代忌寸には、海部を管掌した族流がいて、山代忌寸凡海姓を称す（もと安曇山背連）。愛宕の珍皇寺を建立したが（角田一九七五）、氏神は変わらず南方の故地にあり、奉幣に行く際には山城国の正税稲三百束が給された。当国南部から西（乙訓）にかけての旧山代国造の領域には、尾張氏族が広く扶植しているのが特徴的である。[38] また、同域には太古には三輪氏族や海神族のいたことが、社名・地名などからうかがわれる。

五　大和国

倭国・葛城国・闘鶏国などがおかれた。葛城は県でもあり、十市・磯城・山辺・曾布（添）・高市とともに六県と呼ばれた。他にも猛田県主などがみえる。添・葛城・磯城は令制以降、上下にわかれた。十市はもと磯城から分立し、また、葛城から忍海が分立した。

層富には新城戸畔が滅ぼされた後、中臣氏族の添県主がいた。当郡の春日は古くは、春日県・春日国とも呼ばれ、県主がいた時期もあった。開化の率川宮以来、春日宮が後世まで置かれていた。和邇（春

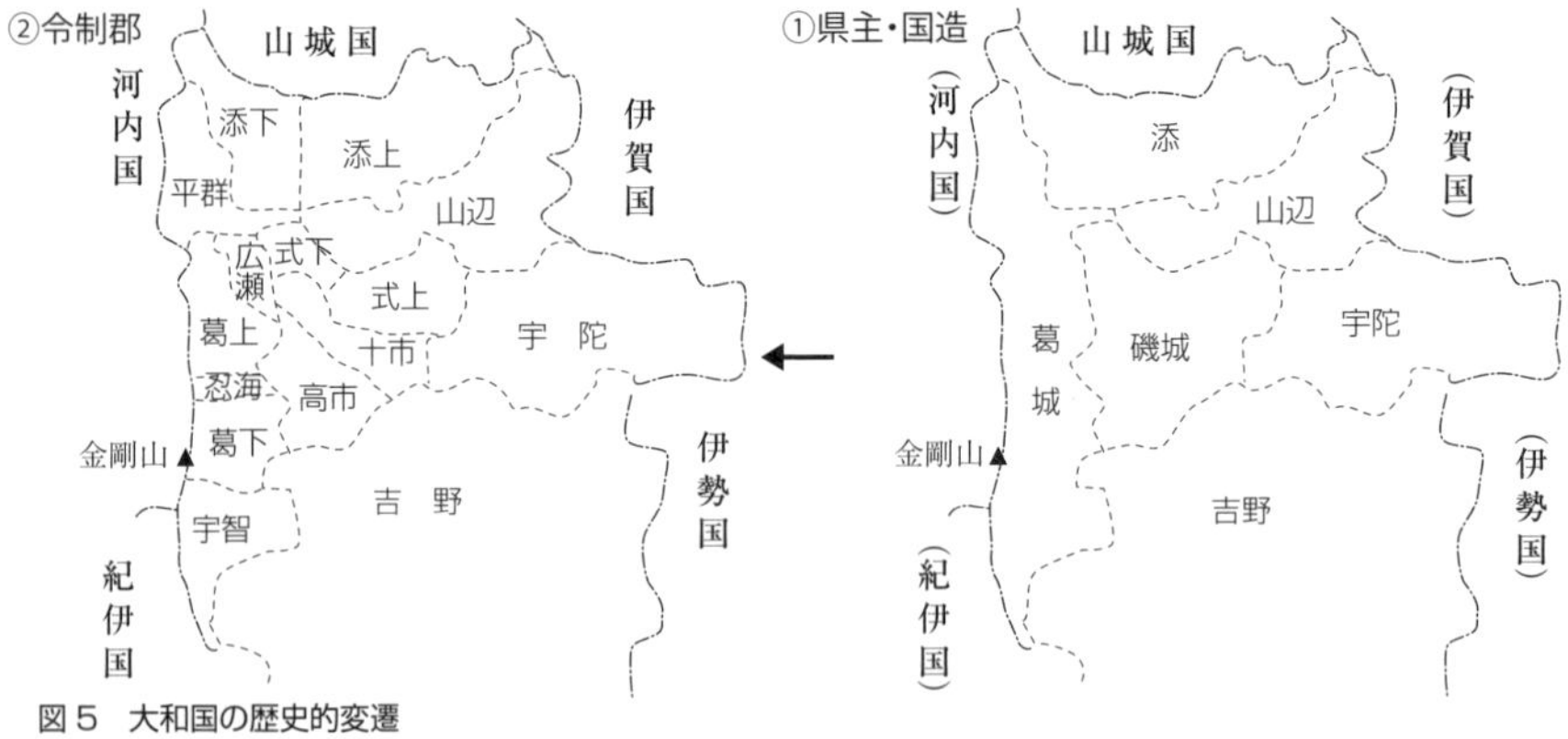

図５　大和国の歴史的変遷

日）氏族が後に移ってきて本拠としたところである。山城に南接する当国最北部の郡である。

添上郡司には、春日・倭漢・物部氏族などがいる（藤井二〇〇四）。添下郡は、擬大領三尾公（垂仁裔）・擬主帳薦口造（百済系）・副擬大領染部連・副擬主帳良・郡老大石林（百済系か）などがみえる。

葛城は当国西部に、河内と紀伊の境界線に沿って南北に長い地域で、後に平群・広瀬・忍海・宇智が分立する。もと高尾張といった。国造はタカミムスビ系の葛城直である。後に同氏に代わって、[39]葛城氏を本宗家とする武内氏族の拠地となる。葛上郡高宮や桑原には、葛城襲津彦が新羅から連れてきた漢人などがいた。行基は高宮寺の徳光から具足戒を受けたとする。葛城氏の後、本宗家は平群・蘇我と移り変わる。巨勢・紀・羽田なども同族である。同郡牟婁は孝安の室秋津島宮の地とされる。上下鳧は、賀茂君（積・朝臣。三輪氏族）の拠地で、山代葛野賀茂氏の旧地でもある。

忍海郡は、もと葛城国であったが、のち葛上・葛下郡に挟まれる位置で分立した。園人郷は、葛城円が献上した屯宅を朝廷が園としたところで、園人首・苑部首（ともに百済系）などがいた。当郡には、忍海を関する渡来系氏族が多い。また、飯豊天皇が角刺宮をおき、忍海部が奉仕した。伴造は丹波氏族である。

有智郡阿陀には、古く神武東征時に贄持がおり、鵜養の祖となった。阿多隼人の居地でもあったらしい。のち阿太別（和気氏族）がいた。同郡資母は坂合部首・連（阿倍氏族）がおり坂合部郷となる。

平群郡飽波は、もと飽波評（郡）で、のちには飽浪村とも見える。聖徳太子の飽浪葦墻宮などの離宮が置かれた。飽波漢人・飽波村主（倭漢氏族）の拠地である。飽波評君もいた。当郡は平群氏（武内氏族）の本拠地である。額田には、諸国の額田部が奉仕した額田宮があり、額田連・額田村主などがいた。道慈（本姓額田氏）によって、額田氏の本願である額田寺（のち額安寺）が建てられた。広瀬郡城戸には、押坂彦人皇子の水派宮があった。平群・広瀬は旧葛城国の北端で、山代に近接する。

磯城は、磯城県主及び倭国造の本拠地であるが、崇神朝に朝廷によってその勢力は低下させられたと伝わる。城上郡には、郡司・雑任に、大和（国造）・大野・大神・子部（尾張氏族か）・内蔵・私造などがみえる。長谷には雄略の朝倉宮が置かれ、諸国の長谷部が奉仕した。忍坂には継体の宮が先祖代々あり、舒明陵がもうけられた。

城下郡の郡司には大和国造・室原がいた。磯城郡には中央豪族・中小豪族・渡来系など全てが集住している。まさに首都たるにふさわしい。

十市郡は、もと六県の一つ十市県で、磯城県主から分かれた十市県主がいた。物部氏は垂仁朝の大連十千根のときに、名の通り十市に進出したのであろう。彼の母は磯城県主家出身で、同母弟が（新）磯城県主の祖である。飫富は、多臣（神武裔）の拠地である。有名な安麻呂や楽家多氏はこの裔である。

高市郡はもと高市県で、県主は凡河内氏族である。古く久米県もあったが、垂仁朝以降には高市に併合されたらしい。久米は朝廷直轄軍を管掌していた久米氏の拠地である。屯倉もあった。檜前あたりを中心に渡来系をもとに今来郡が設けられたこともあったが、のちに統合された。当郡は長期にわたり代々宮都が置かれた地である。八釣に武烈、檜前に宣化が宮し、推古の小墾田宮・豊浦宮なども営まれ、令制では国府が置かれた。巨勢は巨勢氏（武内氏族）の拠地で、波田も武内氏族の波多臣の拠地であり、応神裔の波多公もいた。檜隈は倭漢氏の居住地で、同氏は次第に高市郡全域に繁衍し、もとは高市県主が任ぜられていた郡司も、次第には倭漢氏に独占されていった。雲梯には河俣神社があり、川俣公（丹波氏族）がいた。

山辺郡は、もと山辺県と都祁国の地域で、山辺県主は尾張氏族である。のち垂仁裔の別（公姓）もいた。後世には真人姓も見える。都祁国造は多臣族の都祁直であったが、允恭朝に稲置姓に貶された。都介郷には氷室が置かれ、次第に朝廷の直轄化が強まった。同郡星川には、星川氏（武内氏族。波多臣族）がいた。石上神社は物部氏、布瑠氏（春日氏族）の拠地である。仁賢の宮も置かれた。

吉野と宇陀は広大で、人口過疎な地域である。吉野郡大領の吉野連は、もと吉野首で井光の子孫である。国栖と呼ばれる人々がいて、国栖別当が管掌していた。宇陀は神武に恭順した弟猾が猛田県主となり、子孫は主水部として仕えた。のち阿倍氏族の宇田臣・竹田臣に代わられた。同郡伊福に伊福部連（尾張氏族）、浪坂に村君（春日氏族か）、多気に多気氏（『大同類聚方』）、笠間には忍阪氏（倭漢氏族など）がいた。

六県主は、天神（葛城・添）・地祇（磯城・十市）・天孫（高市・山辺）で、倭国造は地祇（珍彦）、都祁国造は多臣族で、いずれも古い氏族である。春日県主は不明であるが、恐らくサホ彦の外祖父の出身氏族と思われ、春日・佐保のあたりは、サホ彦討伐に活躍した彦クニブクの子孫である春日（和邇）氏族が勢威を伸ばした。同じく活躍した阿倍氏族や、次の世代の皇別氏族である葛城・蘇我氏族（葛城・高市）、そして物部氏（磯城・十市）や倭漢氏族を中心とする渡来系が、県主に代わって各地域に勢威を張っていった。

おわりに

諸国に共通するのは、概ね昔からの地祇族（玉や耳、彦・祇など）がいたところに、三輪氏族、そして天神氏族、物部氏族がやってきて、続いて天孫氏族が、それから皇別氏族が広がっていくという歴史である。これは姓氏録などからわかる氏族分布より帰納的に導かれるが、記紀伝承と対応するのは何らかの歴史の反映だろうか。

後世にも、尾張王・漆部伊波・藤原豊成・文室宮田麻呂・藤原魚名、東大寺・大安寺などの別業・倉庫・荘園などが湾岸にあったが、古くも著名な大伴金村（住吉宅）の他、諸氏が倭の本拠とは別に摂河泉あるいは山代に、土地・宅・民その他の動産・不動産を有していた。

物部・大伴など代表的なものをはじめとして、殆どの天神氏族が畿内全域に見られる。しかし、例えば物部の場合やはり目立つのはニギハヤヒが最初に降臨したという河内、そして後に移ったという大和で、それぞれに接する南山城・摂津南部・和泉に広がっている。天神で両氏につぐ中臣氏族も、やはり氏神枚岡神社から河内に多く、その余波が摂津・山城・和泉に広がっている。

本稿では、太古にかなりの勢力を各地に扶植していた、天日矛の裔を称すいわゆる出石氏族、及び海神族と並んで勢力のあった山祇族の動向については触れられなかった。今後の課題としたい。

註

（1）出典や地名・寺社・古墳などについての詳細な考察は、自治体史や地名辞典の類を参照されたい。また、山代・山背・山城、倭・大倭・大養徳・大和や郷・里、郡・評などの表記差にはこだわらない。
（2）岸一九五九、熊谷二〇〇六。但し熊谷氏の図は、あらゆる時代の様相を混淆してしまっている憾みがある。また、摂河泉については、吉田晶氏が精力的に考察されている。
（3）太田一九二五・一九二八。但し、忍海を凡海と同一視するなど、氏の研究初期の誤りがいくつかある。
（4）そのなかで式内社を五箇有す賀美郷が先進地域であった。
（5）「つ」は助辞。上つ世・中つ国の如く「の」の意。耳は彦などと同様、尊称。太田氏の研究に詳しい。
（6）祇（ツミ。積・津見）は地祇族の原始的姓。出雲積・安曇・綿津見など。太田氏の研究参照。
（7）別（わけ。和気）は皇別氏族の称号の一つ。
（8）同様に猪使氏は茅渟別の余蘖といえよう。
（9）黄金塚古墳の景初三年銘鏡は、茅渟祇から茅渟別に伝えられたものであろうか。
（10）菟砥川は男里川の支流。男（雄）の地域は五瀬命以来、朝廷と古い由縁を持つ地である。
（11）五世紀には半島での活躍も見える。

(12)「珍県主廣足」。槇尾川の治水で拓殖し、泉井上神社を奉祭し、上（下）泉郷を本拠としていたのだろう。

(13)恐らく立評氏族であろう。

(14)太田一九二五参照。但し、日根県主同族に池田首（和泉郡池田郷）があり、軽部郷に和気の地名があるなど、県堺はもう少し北に上がるかもしれない。藤間一九五七も参照。

(15)日根は紀伊に接し、半島で戦死した小弓の墓が淡輪にあるなど、紀氏と縁が深い。小弓妻の吉備上道采女大海の韓奴など、半島とのつながりもある。紀氏・紀伊・外交などについては岸一九六三。

(16)百舌鳥古墳群造営も、こうした流れに位置づけられる。

(17)大井堰の名は、秦氏による葛野大堰のような、拓殖活動を連想させる。郷名木島も山城にもある秦氏関連。

(18)評衙寺院については竹内二〇一六。

(19)末使主は須恵国造と同祖だが、使主姓は渡来系が普通である（山城の同氏も）。仮冒であろうか。

(20)山田造は未定雑姓。他国では、漢・百済系のことが多い。

(21)カミムスビ系が古出雲（三輪）系であることなどは、古くから、また、太田一九二八でも説かれている。

(22)後に品治・安麻呂は四位に、入鹿も参議相当になる。

(23)但し、渋川郡にも鴨高田社がある。古市郡尺度郷に鴨里あり。石川郡に鴨習太神社、高安郡に鴨神社あり。

(24)九世紀の貞相・貞世、一〇世紀の右弼・守明。一一世紀には算師の忠国がいる。

(25)姓氏録に「河内日下大戸村」、大同類聚方に「河内国日下大戸首」、藤原宮木簡に「日下里人大戸首末呂戸諸方薦一枚」。大音楽家の清上・真縄（朝生）が出る。良枝宿祢に改姓、摂津少目秋時や河内郡刀禰有実を出す。

(26)中で板持氏は、遣唐使にして楽家の鎌束を出している。

(27)のち常世連に改姓。常世岐姫神社を奉祀した。

(28)山田郷は、漢人系の山田宿禰・山田連・山田造・山田史の拠地である。のち神楽の名手の八俣部重胤（種）（府生から将曹。『神楽歌』を注進）を出す。茨田郡三井には、山田氏同族の三井氏がいた。

(29)もとは大和高市の大窪寺が本拠であろう。著名な唱歌師を出し、のち有宗に改姓。

(30)屯倉が数箇、しかも大きなものがあったことも、渡来人文筆官僚の蕃衍に資している。

(31)百済系以外に東漢氏（平方村主・甲賀村主など）も多い。また、河内・大県には高麗系狛氏もいた。但し、交野郡には守部氏（海神族フルムスビ系）が郡領として見える。

(32)同郡には同じくカミムスビ系の若倭部連がおり、式内社若倭彦命神社・若倭姫命神社を奉斎していた。

(33)河内郡川俣郷には川俣公（丹波氏族）や川跨連（中臣氏族）がいた。後世、河俣御厨が置かれた。

(34) 従って、大和から離れながらも、主殿として奉仕する伝統を帯びているのである。
(35) 遣唐使葉栗翼は乙訓郡人であるが、羽栗氏の本貫は久世郡羽栗郷であろう。宇治郡山科郷の大宅氏も春日氏族かもしれない。
(36) 秦嬴姓と同様の姓。なお、新羅の官位の吉士の上に大舎（韓舎）・舎知（小舎）がある。
(37) その祖は、阿多フル・襲のフルなど、日向南部（後の薩摩・大隅）の地名を称している。なお、葛野賀茂氏の祖タケツヌミも、もとは日向の襲の峰に降ったとする。
(38) 尾張氏族が山背国造だったのだろう（国魂神社祭神より）。栗隈首はその裔ならん。姓氏録未定雑姓に山代直がいる。
(39) もちろん葛城国造がいなくなるわけではない。平直方が源頼義を婿にした後の北条氏の如くである。

引用・参考文献

太田　亮　一九一七『日本古代氏族制度』磯部甲陽堂。
太田　亮　一九二五『日本国誌資料叢書』磯部甲陽堂。
太田　亮　一九二八『日本古代史新研究』磯部甲陽堂。
岸　俊男　一九五九「古代豪族」『世界考古学大系』平凡社。
岸　俊男　一九六三「紀氏に関する一試考」『近畿古文化論攷』吉川弘文館。
熊谷公男　二〇〇六「文献史学から見た畿内と近国」『列島の古代史第1巻　古代史の舞台』岩波書店。
近藤康司　二〇一四『行基と知識集団の考古学』清文堂出版。
竹内　亮　二〇一六『日本古代の寺院と社会』塙書房。
角田文衞　一九七五「愛宕郷と山代国造家」『古代文化』一〇―一二七。
藤間生大　一九五七「古代豪族の一考察」『歴史評論』八六。
西本昌弘　二〇一二「菟原・雄伴・八部三郡考」『菟原Ⅱ　森岡秀人さん還暦記念論文集』。
藤井美沙子　二〇〇四「古代大和国添上郡の郡司氏族」『史泉』九九、一九‐三九頁。
吉田　晶　一九七〇「和泉地方の氏族分布に関する予備的考察」『小葉田淳教授退官記念国史論集』。
吉田　晶　一九七三『日本古代国家成立史論』東大出版会。
吉田　晶　一九八二『古代の難波』教育社。

律令官人群の形成

虎尾達哉

一　律令官人と法官・式部省

弘仁六年（八一五）二月二一日、平安宮内大蔵省において、律令官人の給与である季禄（この時は春夏禄）を支給する給季禄儀が行われた。(1)当日儀場では、式部兵部両省官人が弁官に召喚され、「早く刀祢《トネ》を列ねよ」（トネは官人の和語、虎尾二〇〇六）との宣を受ける。支給対象となる官人たちのうち、文官は式部省が、武官は兵部省が儀場に列立させよという指示である。兵部省はこれに従って、武官を列立させようとする。ところが、彼らはここで思いがけず式部省から横槍を受ける。式部に呼び出され、「従来、式部省が全てやっていた（…）式兵両省で分かれて列立に当たるのは正しくない」と難詰され、結局この儀の列立に兵部は当たることができず、式部の独擅するところとなったのである。

この式部省の独擅を不服として、後日兵部省は明法曹司に自らの職掌を確認した上で太政官に対し、法に基づき両省が分担して列立に当たるようにしてもらいたいと申し立てた。この申し立てについて、もう一方の当事者である式部省はこちらも大同二年（八〇七）の明法曹司の見解を引きつつ「文官・武官を式兵両省が分担して儀場に引率してくる分については異論はない。しかし、賜禄の宣命が下る儀場での列立は文官・武官の別なく行われるべきものであり、その場合の列立を担当するのは礼儀を職掌として有する式部省のみであって、これを闕く兵部省は担当できない」と反論した。結局、この論争は同年一一月、太政官が改めて明法曹司に判断を求め、「元日朝賀や大嘗祭のような朝儀では官人は文武の別なく列立するが、給季禄儀の場合、官人は文武に分かれて列立し、式兵両省が共に事に当たるべし」と兵部省の申し立てを認める裁定を下して決着をみた。

さて、この平安時代初期の一件をここで取り上げたのは外でもない。小稿のテーマである「律令官人群の形成」において、かつて式部省(法官)が大きな役割を担ったであろうことがこの一件から窺われるからである。目を惹くのは、何といっても横槍を入れた式部省である。そもそも第三者たる弁官が式兵両省を召喚して官人の列立を命じているのだから、少なくとも当時において式兵両省が共に列立に当たるのは現行の慣行であったはずである。その慣行を顧みず、兵部省に対して「列立から手を引け」と迫った式部省の行為は、横槍どころか横車を押したと言っても過言ではない。しかし、むしろここで驚くべきはこの理不尽が差し当たりは罷り通ったという事実である。

式部省は、兵部省の関与を実力で阻止するための特別な強制力を有していたわけではない。にもかかわらず、迫られた兵部省も、最初に両省に列立を命じた弁官、ひいては太政官もこれを認めたのである。式兵等八省を統轄し最高官庁として他を睥睨する太政官など、弁官を通じて式部の理不尽を咎め、直ちに慣行に復せしめたとしても何の不思議はない。ところが、その太政官すら差し当たり式部の独擅を認めざるをえなかった。しかも、「差し当たり」はこの時だけにとどまらず、半年後の八月の給季禄儀(秋冬禄)にも及んだ可能性が大である。太政官によって上記のごとき裁定が下されたのは、実にその八月をはるかに過ぎた一一月のことであったからである。

されば、兵部省はおろか太政官さえも、差し当たりとはいえ恐らくは二度に亘って、式部の独擅を認めざるをえなかった。それは何故か。彼らの主張には太政官といえども、現行の慣行との乖違を論うのみでは容易に却け難い歴史的根拠があったからである。

後に述べるように、律令官人群の形成は七世紀後半に大きく進展したのであるが、この時期にはいまだ官人に文武の区別はなく（北一九七六）、その人事はすべて法官（式部省の大宝令前の前身）が専当した。兵政官（兵部省の大宝令前の前身）は、人事など全く担当すべくもない。律令官人が武器を携行する武官とそれ以外の文官とに区別されるのは、八世紀初頭に施行された大宝律令によるのである。この文武の区別に応じて、法制上、式部省の人事担当は文官に限定されることになり、新たに兵部省が武官の人事を担当することになったのであるが、実際には法官以来の実績を有する式部省が長く武官の人事をも管掌した。この事実についてはすでに先学による指摘がある（宮城一九五七、野村一九七〇、北一九七六）が、近年の平城宮東区朝堂院南方官衙の発掘成果をふまえた渡辺晃宏の研究によれば、兵部省の武官人事権の確立は天平三年（七三一）のことであったという（渡辺一九九五）。換言すれば、大宝律令施行以後も三〇年の長きにわたって、式部省が文官のみならず武官の人事権も掌握し続けたのである。この事実は、その後兵部省が武官人事権を確立してからも、式部省の強い発言力の拠となり、兵部省の職務にしばしば介入する背景となったであろう。

しかし、そのように長く唯一の人事担当官庁であったという事実のみが彼らの主張に抗いがたい歴史的根拠を与えていたかといえば、そうではあるまい。式部省はなるほど法官の時代から人事担当官庁であったが、単なる人事担当官庁ではない。それはその官名「法官」「式部省」（和訓はいずれもノリノツカサ）を見れば明らかである。「法官」「式部省」は職掌上、唐制六部中の吏部に相当し、わが国がこれを意識して創設したことは疑いないが、ならばなぜ「吏官」「吏部省」など官人（官吏）の人事担当官庁を直接表すような官名を採らず、「法」「式」といった規範や規準を表す語を官名としたのか。

律令官人が規範や規準と密接な関係を有することは自明である。彼らは統一的な規範や規準に基づいて編成され、執務し、評価され、給付される存在だからである。しかし、それにしても何故「法官」「式部省」なのか。「法官」「式部省」を創設した時期のわが国において律令官人とは、中国のそれのようにすでに形成され、これをただ管理すればよいという存在ではなく、今まさに形成していかなければならない存在であった。そして、その形成とは数の問題ではなく、勝れて質（内実）の問題であった。律令官人群の質（内実）を形成するとは、官人に統一的な規範や規準を叩きこむことである。天智朝の法官大輔に、礼法などの規範・規準において先進国たる百済の沙宅紹明が任じられていたことは偶然ではない[(2)]。この時期、官人（吏）を管理する以前に、官人たるべく統一的な規範・規準（法・式）を体得させ遵守させることが急務であった。「吏」ではなく、あえて「法・式」を官名とした所以はここにあるだろう。法官・式部省は、官人を管理する単なる人事担当官庁ではない。上記の急務を担いつつ、律令官人群の形成を推進した官庁であったと想定される[(3)]。

そして、このような想定に立つと、弘仁六年の一見無理筋と思える式部省の主張も、またそれを差し当たり受け容れた兵部省・太政官の傍目には不可解に映る対応も、始めて腑に落ちる。式部が「賜禄宣命の場では文武を区別すべきではなく、その列立には式部のみが当たる」と反論したのは、かつて未だ官に文武の区別がなかった七世紀後半、政務や儀式において、法官が官人たちの進止・列立を一手に指導・監督し、さらには文武の区別が立てられた八世紀以降も、天皇が出御し宣命が下るような主要な政務・儀式の場では、引き続き式部省が官人たちを一手に指導・監督してきた事実を歴史的根拠としている。兵部省も太政官もこの歴史的根拠には正面切って抗い難かったのである。式部省の職掌に兵部省にはない「礼儀」があること自体、式兵両省が非対称的関係にあったことを物語っているが、この「礼儀」こそ、かつて法官が官人たちに統一的な規範・規準を体得・遵守させてきた事実とともに、後身の式部省にそれを引き続き担わせようという国家の付託を象徴する職掌であった。かく付託された式部省が「礼儀」についての主張を自負をもって展開する時[(4)]、兵部省は固より太政官といえども、これを無下に退けることは憚られたのである。

二　律令官人群の形成過程

律令官人群の形成が本格的に進展したのは七世紀後半、とりわけ天武朝以降と考えられるが、それ以前の七世紀初頭にも明らかに官人群の形成を志向する政策が打ち出されている。推古一一年（六〇三）一二月制定の冠位十二階と翌一二年（六〇四）四月作成の憲法十七条である。両者ともこの時期の著名な法制として知られるが、律令官人群形成の先駆としての意義を担っている。[5][6]

冠位十二階はいうまでもなくわが冠位制度の濫觴であって、推古一二年正月に施行された。その後、大化三年（六四七）の新冠位制（大化三年冠位制）に至るまでの四十数年にわたった施行期間は、今日まで連綿と続いている大宝令位階制を別とすれば、最長である。その後に続いた諸冠位制の基礎ともなり、官人社会の形成にも少なからぬ影響を与えた。

もっとも、黛弘道によれば、その施行地域は畿内およびその周辺に限られ、また授位対象も当時の支配層たる「臣連伴造国造」等の各階層にわたるものの、その一部に限られたらしい（黛一九八二）。わけても、大和の名族たる大三輪氏の一員でさえ「大義冠」（十二階中の九位）であったことは注意されよう。[7]この冠位制が畿内を中心とした上中級豪族層の一部のみに限定され、のちに広範な下級官人層を構成することになる下級豪族層にはほとんど及ばなかったことを示唆している。畿内の上級豪族層が大夫として国政を指導し、その他の上中級豪族層がこれを支え、下級豪族層が伴造として重層的に各種のトモを率いて王権に奉仕するトモ制（部民制、鎌田二〇〇一）の下で、大夫を含めた諸豪族を冠位という統一的で視覚的な身分標章で序列し、天皇（大王）に対して一元的に臣従する官人として組織しようという試みは四十年余を費やしても容易に達成にまで至らなかった。冠位十二階という統一的な規準に見合う官僚機構の創出も未熟であり、統一的な規範である国法も制定されていない段階では、この冠位十二階による官人組織化はいかにも早熟な試みであったといえよう。

同様に、憲法十七条も早熟の観を免れない。書紀に見える憲法十七条が推古朝当時の原文であるかどうかは問題であるが、たとえその文章が書紀編纂時の修飾を受けているとしても、憲法十七条自体の存在を否定する積極的な根拠はない。その憲法は、よく知られているように、内容的には官人としての心得を説いた訓令であった。

すなわち、人口に膾炙している第一条の「和を以って貴しとせよ」も、第二条の「篤く三宝を敬え」も一般的な教令というより、官人への訓令と理解してよいし、第三条「詔を承りては必ず謹め」以下、「以レ礼為レ本」(四条)、「明弁二訴訟一」(五条)、「懲レ悪勧レ善」(六条)、「人各有レ任」(七条)、「早朝晏退」(八条)、「信是義本」(九条)、「絶レ忿棄レ瞋」(十条)、「賞罰必当」(十一条)、「勿レ斂二百姓一」(十二条)、「任官者同知二職掌一」(十三条)、「無レ有二嫉妬一」(十四条)、「背レ私向レ公」(十五条)、「使レ民以レ時」(十六条)、「大事不レ可二独断一」(十七条)はいずれもこれ官人としてなすべきこと、慎むべきこと、拠るべき規範を説いたものである。

しかし、この十七条憲法が出された当時も、またその後も、先の冠位十二階の施行実態について述べたように、訓令を受くべき官人組織自体が未熟であった。したがって、この憲法は将来形成さるべき官人群に向けた早熟な訓令であったといえよう。より現実的には、王権があるべき官人像を憲法という統一的な規範の形で打ち出したということであり、冠位十二階同様、当時は未だ道遠しといえども、官人組

表１　冠位・位階一覧表

冠位十二階		大徳 小徳	大仁 小仁	大礼 小礼	大信 小信	大義 小義	大智 小智	
大化三年	大織 小織 / 大繍 小繍 / 大紫 小紫	大錦	小錦	大青	小青	大黒	小黒	建武
大化五年	大織 小織 / 大繍 小繍 / 大紫 小紫	大花上下	小花上下	大山上下	小山上下	大乙上下	小乙上下	立身
天智三年	大織 小織 / 大縫 小縫 / 大紫 小紫	大錦上中下	小錦上中下	大山上中下	小山上中下	大乙上中下	小乙上中下	大建 小建
天武一四年	正 大壱 広壱 大弐 広弐 大参 広参 大肆 広肆	直 大壱 広壱 大弐 広弐	直 大参 広参 大肆 広肆	勤 大壱 広壱 大弐 広弐 大参 広参 大肆 広肆	務 大壱 広壱 大弐 広弐 大参 広参 大肆 広肆	追 大壱 広壱 大弐 広弐 大参 広参 大肆 広肆	進 大壱 広壱 大弐 広弐 大参 広参 大肆 広肆	
大宝令	正一位 従一位 / 正二位 従二位 / 正三位 従三位	正四位上下 従四位上下	正五位上下 従五位上下	正六位上下 従六位上下	正七位上下 従七位上下	正八位上下 従八位上下	大初位上下 少初位上下	

織化に向けて一歩踏み出したことを示すものであった。

官人の組織化は蘇我本宗家滅亡（乙巳の変）後、大化改新期において大いに進捗した。そのことはこの時期の冠位制の数次にわたる改訂から窺われる。大化三年（六四七）、冠位十二階から七色十三階（大化三年冠位制）へ、同五年（六四九）にはそれが十九階制（大化五年冠位制）へ、さらに降って天智三年（六六四）には二六階制（天智三年冠位制）へと漸次改訂されたが、この階数の増加は明らかに官人数の増加に対応するものである。しかも、この増加は自然増の類ではない。というのも、冠位十二階の施行から大化三年冠位制までの四四年ほどの間に増加した階数は僅かに一階にすぎなかったのに対し、大化三年冠位制から天智三年冠位制に至る一七年ほどの間に増加した階数は一三階にも及び、総数は実に倍増しているからである。推古朝に一歩踏み出して以降容易に進まなかった官人組織化がこの時期に大きく進捗したことが見て取れる。大化二年、トモ制（部民制）を廃止し、「旧職」に代えて「百官」を設け[8]、同五年には「八省百官」を設置した[9]改新政府が、上中級豪族のみならず伴造氏族たる広範な下級豪族をも官人化した結果である。

もっとも、この「百官」「八省百官」と総称された新たな官僚機構の実態はほとんど不明というほかない。「将作大匠」[10]「刑部尚書」[11]「衛部」[12]といった断片的に知られる改新期の官名からは一見新たに中国風の官司が設置されたらしく思われ、またこの時期には三等官構成をとった行政組織が垣間見られる（東野一九七一）ことから、後の律令官司に近い官僚組織が一部成立しつつあったことも窺える。しかし、体系的な官僚機構が一挙に全面的に創設されたとは考えにくい。冠位十二階以来、冠位を得ていた旧来の大夫層やこれを支える臣連層（畿内上中級豪族）が朝廷を領導し、その下に漸進的に冠位の対象とされ官人化した旧来の伴造層（畿内下級豪族）が、実際には従前のごとくトモを率いて特定の職務を行う体制が長く営まれていたと見るのが穏当であろう。

しかしながら、この改新期において、のちの律令官人群の母体となる官人群が漸進的にせよ、形成されていったことはやはり見過ごすべきではない。それは上述のごときトモ制の廃止と「八省百官」の設置といった外形的事実にも窺われるが、これにとどまらない。改新政府がいわゆる東国国司らの不正を追及し断固たる処罰を科そうとした[13]ことは著名な事実であるが、その姿勢そのものにも、未だ自らの律令を持たない時代にあって、律令制を志向し、その将来の国制にふさわしい官人群を形成しようとしたことが明瞭に窺われるのである。さらに、この時期に王宮としては前後と隔絶する規模・内容を有する難波長柄豊碕宮（前期難波宮）が営まれたことも興味深い。とりわけ、この宮は君臣間の儀礼や官人による執務の場である巨大な朝堂院をともなっていた。王権が大規模な官人群の形成を志向していたことを示唆する。市大樹が言うように、孝徳天皇による難波遷都の目的の一つは、「豪族らを大和から引き離して権力基盤を弱め、天皇に仕える官僚を創出する点にあった」（市二〇一四）のである。

さて、その後孝徳と対立して難波から飛鳥に戻って即位（重祚）した斉明も、これを皇太子として支え、のちに近江に遷都した天智も、結局は大規模な難波長柄豊碕宮を抛棄し、共に敢えて比較的小規模な王宮で政治を行った。改新期以降形成された官人群の規模も前代に比べれば大きくなったとはいえ、当初の構想とは異なり、巨大な朝堂院を必須とするまでには至らなかったのだろう。

しかし、官人群の形成とは単に規模だけの問題ではない。当然ながら、官人としての質を備えていなければならない。つまりはその質を保証する教育・統制といった官人たちを安定的に生産・管理するシステムの構築が求められる。この点において、天智朝末年（六七〇年前後）は注目される。先に述べたように、この時期には法官が創設され、渡来人らが起用されて官人の教育・統制を担った。同時期には、大宝令制の官吏養成機関（大学寮）の前身、学職も創設されており、その長官にやはり渡来人が起用されている[14]ことも重要である。この天智朝末年に至って、冠位授与により量的側面で官人化を推進するだけではなく、質的側面でも官人化を推進する段階に達したのではなかろうか。

このように考えてみると、律令官人群形成過程において天智朝が果たした役割は甚大である。しかし、その形成過程の最大の画期はやはり天武朝にあるとすべきである。以下、そのことについて述べてゆこう。

天武は通常の経緯と手続きを経て即位した天皇ではない。武力という非常手段によって亡兄天智の王権（首班は甥大友皇子）を打倒し、皇位を簒奪した天皇である。大津京は焼失し、大臣以下の近江朝廷は敗れて潰えた。飛鳥の浄御原宮で執政しようとする天武にとって喫緊の課題は何であったか。自身の執政を支える官僚機構をいかに構築するかであったはずだ。とは言え、全て最初から作り上げる余裕などない。そうであれば、当座はつい先日まで死闘を繰り広げた旧近江朝廷の官人たちを、今度は自らの手足として配下に置く以外にない。旧朝廷には内乱時は天武に加勢しながら、乱後天武に仕えることを潔しとせず自害した尾張守小子部鉏鉤《さひち》(15)のような者もいる。旧朝廷の群臣（畿内上中級豪族層）については、旧右大臣中臣金ら一部の者を極刑・流刑に処したが、他はすべて罪を赦した(16)。鉏鉤の事件に衝撃を受けた天武の懐柔策ではなかろうか。もっとも、天武はその治世において大臣以下の議政官組織を置かず、彼らの発言力を封じた。この覇者としての威圧的な側面も見逃せない。下級豪族層については、どのような懐柔や威圧を加えたのか不明である。いずれにせよ、当座は旧朝廷の官人たちをそのまま自らの官僚機構に据えざるをえなかった。天智三年制定の冠位制も何ら改訂することなく継承した。

しかし、天武は決して拱手していたのではない。将来の新しい官人群の創出に向けて着実な手を打っていた。乱終結後一〇ヶ月にも満たない天武二年（六七三）五月、畿内諸豪族層（「公卿大夫及諸臣連并伴造」）を対象として発した次の詔(17)がそれである。

「今後出身する（官僚となる）者には、先ず大舎人として出仕させよ。その後、その才能に応じた相応しい官職につけよ」

現時点では旧朝廷に属した官人たちの再起用はやむを得ない。そこで天武は来るべき若い世代を新しい官人群として養成する戦略をとった。一定期間、彼らを大舎人として身近に置いて身辺警護と官人見習いの任に就かせ、将来にわたって彼の意を受け彼の手足となって仕奉する官人群の養成である。この戦略をとるに際して、それまでも大王（天皇）や王族に個別に仕奉してきた舎人（トネリ）という官職に天武が着目したのは、多分に自身の体験が預かって力あったと想像する。かの内乱で初発から天武（大海人皇子）と命運を共にしたのは舎人たちであった。劣勢下の挙兵であっても天武に随従し、身を挺して闘ったこの舎人たちに天武は官人のあるべき姿を認めたのであろう。自らの親衛隊として（「大」字を付して諸他の舎人と区別した）大舎人を組織し、これを新官人群養成のいわば培養基とした（虎尾二〇〇六）。

この出身法によれば、畿内の上中級豪族（「公卿大夫及諸臣連」）も下級豪族（「伴造」）も共に最初は大舎人を経る。その後、前者は下級の冠位からやがて「小錦下」（天智三年冠位制）以上に昇って上級官人となるが、これは全体としては恐らく百名にも満たない少数であり、圧倒的多数を占める後者は生涯「大山上」（同上）以下の下級官人にとどまることになる。したがって、この法は実質的には下級官人群の形成を図る法であった。

この下級官人群の形成を天武が強く意図したことは、五年後の天武七年（六七八）一〇月に出された次の考選法（勤務評定と昇進のための法）の詔[18]に関しても指摘できる。

「全ての官僚について、毎年、公平かつ精勤した者の優劣を各官司が評価し昇進させるべき階数を定め、正月上旬に法官に文書で報告せよ。法官はそれを校定し、その結果を大弁官に提出せよ」

この考選法は毎年の考（勤務評定）が直接毎年の選（昇進）に結びつく方式で、野村忠夫に倣って「考」＝「選」方式（野村一九七〇）と称しておこう。当然毎年昇進してゆく可能性もあり、六考（六年）や四考（四年）の選限を設ける大宝令制や慶雲三年格制に比べてはるかに昇進機会が多い方式である。かつて筆者はこの考選法の適用実態を詳細に検討した（虎尾二〇〇七）が、それによれば、「小錦下」以上やのちの「直広肆」（天武一四年冠位制）以上に昇った上級官人たちはこの方式の恩恵をほとんど受けていない。一方、「大山上」以下やのちの「勤大壱」（同上）以下にとどまる下級官人たちの方はその恩恵を享受した。この法のもつ冠位昇進の促進的機能は、もっぱら下級官人を対象として発揮されたのである。天武二年の出身法以後、徐々に形成されつつあったいわば子飼いの下級官人群を自らの専制政治の基盤として活性化すべく、彼らを冠位昇進において優遇したものといえよう。

天武による下級官人群形成の意図はさらに後年、天武一四年に施行された新冠位制[19]にも色濃く表れている。この冠位制は一般臣下については全四八階という冠位・位階史上最多の階数を有する。従前の天智三年冠位制は全二六階、後継の大宝令位階制は全三〇階である。試みに、この天武一四年冠位制を除いて前制（天智三年）と後制（大宝令）を直接してみると、この間の階数の増加は想定される官人数の漸増によく見合ったものとなる。逆に言うと、前後との脈絡を闕いて独り突出した天武一四年冠位制の四八階はいかにも特異であり、人為的に拡張された階数である。ところが、この冠位制も仔細に眺めると、冠位の増減は上下一様ではない。というのも、新制（天武一四年）の上級冠位十六階（「直広肆」以上）は前制（天智三年）の上級冠位十二階（「小錦下」以上）からの漸増にすぎないのに対し、同じく下級冠位三二階（「勤大壱」以下）は前制の下級冠位十四階（「大山上」以下）から一挙倍増以上となっているからである。前制から新制への階数の大幅増加とは、とりも直さず下級冠位の大幅増加なのである。新制から後制（大宝令）への階数の大幅減少についても同様であり、実際には下級冠位の大幅減少なのであった。

かつて野村忠夫は、天武一四年の新冠位制は同七年の「考」＝「選」方式による毎年叙位の可能性に対応するものであったと推測した（野村一九七〇）。この推測は下級冠位については妥当する。この方式によって昇進促進を図った下級官人のために、天智三年冠位制では昇進させるべき下級冠位が不足し、昇進自体が困難になりつつあったのであろう。結局、天武一四年冠位制とは、天武が下級官人群の形成と維持を目的として編み出した勝れて政策的な冠位制であった。それ故、下級官人群が確固たる存在として形成されると、もはや多数の下級冠位は不要となり、大宝令位階制において一挙に半減するに至るのである[20]。

それでは、上級冠位を有する上級官人はどうであったか。彼らが「考」＝「選」方式の恩恵をほとんど受けなかったことは既に述べた。実は彼らへの冷遇はこれにとどまらない。書紀によれば、天智三年冠位制から天武一四年冠位制への切り替えに際して、草壁皇子以下の皇親および上級官人については単なる平行移動ではなく、一斉に幾分かの加増を行ったという。[21]しかし、これもその実態を詳細に検討してみると、加増らしい加増が行われなかった例も少なくない。要するに、全体として上級官人たちは冠位を抑制されたのである（虎尾二〇〇七）。かつて近江朝廷の将軍として参戦するも途中で天武（大海人皇子）側に立って戦功をあげた羽田八国でさえ、天武一四年冠位制の施行に際しては、加増どころか、何の落ち度もないのに降位させられた[22]事実は象徴的である。

天武は上級官人たちの冠位昇進を抑制した。大錦冠以上（直広弐以上）に昇進させると、畿内の上中級豪族層に対し議政官組織を置く根拠を与えかねない。推古朝の徳冠（冠位十二階）以来、大夫などの議政官組織は長く特定の高位を有する者によって構成されてきたが、天武のような専制君主であっても、その伝統を無視することはできなかった。

かくして、天武朝においては、上級官人（畿内上中級豪族層）は冠位昇進を抑制されて国政指導勢力としての政治的発言力を封じられ、個別の官司の中でその運営に当たる長官・次官級官職に任じられた。他方、下級官人（畿内下級豪族層）は冠位昇進を促進されてかつての伴造から名実共に分厚い実務官人群へと編成されてゆく。天武がわが国独自の律令の制定を命ずるのは天武一〇年（六八一）であり[23]、飛鳥浄御原令の施行は天武崩後の持統三年（六八九）まで降る。[24]しかし、天武は生前独自の律令こそ手にしなかったが、律令官人法の要諦ともいえる出身法・考選法を機敏に発令し、巧みに運用した。また、下級官人群の創出・活性化の受け皿として、あえて厖大な新冠位制をも創設した。つまりはこれらの法制を梃子に、大宝令制に直結する律令官人群を形成するに至るのである。天武朝に律令国家の形成が急速に進展したことは大方の認めるところであるが、律令官人群の形成もまた、この時期上述のような経緯を経ながらこれと軌を一にしたのであった。

三　律令官人をめぐる余論

この時期に律令官人群の形成に直接携わったのは先述の通り、法官であった。天武七年の考選法では、この法官が全官人の考を「校定」することと定められた。先の考選法の詔には実は左のような続きがある。

「官人が公事による使者として派遣される当日、真の病や父母の喪ではなく、安易にささいなことを口実にして派遣を辞退した場合、その年の勤務評定の結果進階が決まっていても、これを認めない」

この場合の使者とは、所属官司がその業務上の必要から派遣する使者ではなく、天皇や朝廷が派遣する使者のことである。このような使者の任命は後身の式部省同様、(25)法官が行ったと推測される。法官はそのような遣使を正当な理由もなく辞退した官人を当然把握し、しかるべく措置した。毎年の「校定」作業にはかような措置も含まれよう。しかし、法官は単に遣使辞退を事後的に措置したのではあるまい。官人のかような怠業を戒め、真に忠良なる律令官人とすべく指導する職務も担ったことであろう。

そもそも天武があえてこのような遣使辞退を取り上げたこと自体、当時官人の遣使辞退が目に余るほど横行し、おそらくは天武の勅命を帯びて遣使される場合でも、全く理由にもならない些事を口実にこれを免れようとする官人が存在し、問題化していたことを物語っている。法官はノリノツカサとして、このような官人たちをノリに従わせることが求められたはずである。しかし、実際にはいかほど徹底できたのか。

遣使怠業とは一種の任官拒否である。にもかかわらず、その制裁は驚くべきことに当年の昇進停止という行政処分にとどまっている。専制君主国家としては、いささか寛容・緩慢に過ぎはしまいか。(26)しかも、官人たちの怠業とこれに対する政府の寛容・緩慢な官人統制はこれ以前にも、またこれ以後にも折にふれて散見する。従来顧られなかったこの重大な問題については最近別稿で論じた（虎尾二〇一六）ので、ここではふれない。ただ、この時期の法官が天智朝にもまして、官人たちに統一的な規範や規準を叩き込んで律令官人群形成を推進し、後身の式部省が太政官を含む諸他の官司から一目置かれるようになったことは間違いないとしても、形成された律令官人群が専制君主国家に相応しい忠良な臣下としての実質をいかほど備えていたか疑問なきをえない。敢えてこの点を付言しておきたい。

律令官人をめぐっては今一つ、上級官人と下級官人との断絶的な相違の問題がある。旧稿で述べたように、大宝令位階制において、五位以上官人は官職の秩序より位階の秩序に強く規定された官人群であり、六位以下官人は位階の秩序より官職の秩序に強く規定された官人群であった(虎尾二〇〇六)。換言すれば、前者は位階の高下に飽くなき関心を抱き、後者は官職の高下に強い執着を有する官人群であった。その淵源を辿れば、本稿でもふれた冠位十二階の施行範囲に逢着する。冠位十二階は主としてのちに上級官人層を構成する畿内上中級豪族層に与えられ、のちに下級官人層を構成する畿内下級豪族層にはほとんど及ばなかったこと、これである。その後の諸冠位制では後者の下級豪族層も徐々に繰り入れられ、とりわけ天武が定めた冠位制では後者のために夥しい数の冠位が設けられた。これによって、かつて伴造であった下級豪族層は名実共に官人化し、下級官人群として活性化していったが、それでもなお、初発の冠位十二階で授与対象となった上中級豪族層と除外された下級豪族層との相違が、のちの上級官人群と下級官人群との相違として継承されていったのではあるまいか。やはり冠位十二階の徳冠が大夫の冠位であったことが、降って八世紀以降の太政官議政官組織を四位以上とし続けた(虎尾一九九八)ことが想起される。

律令官人と一括りで総称される古代官僚の実質や階層性の問題は、今後もさまざまな面から追究していく必要があると思う。

註

(1) 以下の一件は類聚三代格所収弘仁六年十一月十四日太政官符による。なお、本件については別稿「弘仁六年給季禄儀における式兵両省相論をめぐって」(小口雅史編『律令制とその周辺』同成社、二〇一八年刊行予定)でより詳細な検討を加えた。

(2) 書紀天智十年正月是月条。この記事は六十数名の渡来人に対する授位記事であるが、名前が記されている十数名については、多くそれぞれの授位理由が注記されている。他の渡来人の場合、それは「兵法に閑へり」「薬を解せり」「五経に明かなり」「陰陽に閑へり」といった大陸由来の諸学への精通であるが、これはむろん渡来人らがそれら諸学によってわが朝廷に貢献したか、貢献が大いに期待されることを述べたものである。これらと並んで紹明の場合は注記に「法官大輔」とのみあるのだが、これもまた大陸由来の規範・規準に精しい者が法官大輔として貢献したこと、またはそれが大いに期待されることを述べたものである。

(3) わが国の式部省の下に、官吏養成機関である大学寮を置いたのも式部省に課せられた役割による。一方、中国の官吏養成機関たる国子監は、尚書吏部との間に統属関係はない。

(4) 式部省が「礼儀」について自負をもっていたことを示すエピソードを伝える史料としては、他に文徳実録斉衡二年正月癸卯条がある。同条については虎尾俊哉編『訳注日本史料延喜式』中（集英社、二〇〇七年）補注一二一二頁（虎尾達哉担当）を参照のこと。

(5) 書紀推古十一年十二月壬申条。

(6) 書紀推古十二年四月戊申条。

(7) 大三輪君弟隈。大三輪朝臣系図。

(8) 書紀大化二年八月癸酉条。

(9) 書紀大化五年二月是月条。

(10) 書紀白雉元年十月条。

(11) 続紀和銅元年閏八月丁酉条。

(12) 続紀養老元年三月癸卯条。

(13) 書紀大化二年三月辛巳条。

(14) 書紀天智十年正月是月条は、鬼室集斯が学職頭として小錦下を授位されたことを伝える。

(15) 書紀天武元年八月甲申条。

(16) 同右。

(17) 書紀天武二年五月乙酉条。

(18) 書紀天武七年十月己酉条。

(19) 書紀天武十四年正月丁卯条。

(20) 持統四年（六九〇）四月、それまでの毎年の「考」＝「選」方式から有位は六年、無位は七年の選限を設けて昇進させる方式に改めた。これは飛鳥浄御原考仕令の考選法の施行であり、大宝考仕令の先蹤をなすものであるが、すでにこのころには下級官人にかつてほど多くの昇進機会を与える必要がなくなりつつあったのではないか。

(21) 書紀天武十四年正月丁卯条。

(22) 八国は書紀天武十二年十二月丙寅条では「大錦下」であったが、同朱鳥元年三月丙午条では「直大参」となっている。

(23) 書紀天武十年二月甲子条。

(24) 書紀持統三年六月庚戌条。

(25) 延喜式部式上85擬使称病条に「凡そ諸司の官人および雑色らを使に擬さば直ちに太政官に申せ」とあり、式部省が使者の選定を行ったことが知られる。

(26) この行政処分はのちに時期は不明ながら改訂される。延喜式同右条では続けて「その後もし病と称わば、省、虚実を勘え、相換えて更に申せ。もし欺き詐る者あらば、法によりて科罪せよ」とあり、病気を口実に遣使を辞退した場合、式部省が仮病か否かを確かめ、仮病と判明したときは刑事罰を科すとしている。

引用文献

市　大樹　二〇一四「大化改新と改革の実像」『岩波講座日本歴史』二、岩波書店、二五一－二八六頁。
鎌田元一　二〇〇一『律令公民制の研究』塙書房。
北　啓太　一九七六「律令制初期の官人の考選について」『史学論叢』六、一一－一四頁。
東野治之　一九七一「四等官制成立以前における我国の職官制度」『ヒストリア』五八、一－三七頁。
虎尾達哉　一九九八『日本古代の参議制』吉川弘文館。
虎尾達哉　二〇〇六『律令官人社会の研究』塙書房。
虎尾達哉　二〇〇七「天武朝における冠位の抑制をめぐって」『続日本紀研究』三七一、一－一三頁。
虎尾達哉　二〇一六「律令官人の朝儀不参をめぐって」『日本歴史』八一五、一－一六頁。
野村忠夫　一九七〇『律令官人制の研究　増訂版』吉川弘文館。
黛　弘道　一九八二『律令国家成立史の研究』吉川弘文館。
宮城栄昌　一九五七『延喜式の研究』論述篇、大修館書店。
渡辺晃宏　一九九五「兵部省の武官人事権の確立と考選制度」奈良国立文化財研究所編『文化財論叢』Ⅱ、四〇三－四二六頁。

長屋王家と畿内

森　公章

はじめに

長屋王は天武天皇の孫で、父高市皇子、母御名部皇女の間に天武五年（六七六）に生まれた（『懐風藻』）。高市皇子は天武の最年長の男子で、天武即位に関わる壬申の乱（六七二年）で大活躍したが、母が地方豪族出身だったため、皇太子にはなれなかった。しかし、天智天皇の女で、後に持統天皇として即位する皇后所生の草壁皇子が即位を目前に死去し、母である持統が即位した段階では、太政大臣として政治を輔佐し、「後皇子尊」と称される高い位置づけにあった。母御名部皇女は持統とは異腹の天智天皇の女で、草壁皇子の后妃で、文武・元正天皇の母である元明天皇の同母姉だった。長屋王は草壁・元明のもう一人の女吉備内親王を妻にしており、その他律令体制を築き、天武―草壁皇統を支える藤原不比等の女や阿倍氏・石川氏（蘇我氏が改名）などの女とも婚姻を結んでいる。したがって長屋王家は皇族の中でも最高の血統を誇る一族であり、吉備内親王所生子は文武と藤原不比等の女宮子所生の首皇子（聖武）よりも尊貴な血筋だったといえる。

養老四年（七二〇）に不比等が死去すると、長屋王が首班になり、律令体制のさらなる整備が進められていく。神亀元年(七二四)の聖武天皇即位後も変わりはなかった。しかし、聖武と不比等の女光明子所生の待望の男子某王が生後一年未満で死亡すると、武智麻呂ら不比等の四人の息子たち(藤原四子)は、光明子を皇后にすることで、藤原氏の権勢を強化しようと企図したらしい。六・七世紀の皇后は王族出身者で、律令の規定も同様に定められていたから、臣下出身の立后には長屋王が反対するのではないかと目され、ここに神亀六年(天平元=七二九)二月に長屋王の変がしくまれ、長屋王、吉備内親王、所生の男子は自害、男子では不比等の女所生の安宿王らだけが生き残った。

長屋王、長屋王家について従来の文献史料から判明するのはこの程度だったが、一九八八年八月末、平城京跡左京三条二坊一・二・七・八坪の発掘地東端の南北溝状土坑から約三五〇〇〇点もの一大木簡群が出土、中には「長屋親王宮鮑大贄十編」の木簡があり、さまざまな議論の上、この邸宅は長屋王に関係するものであることが明らかになり、木簡群は長屋王家木簡と命名された。長屋王家木簡の年代は和銅三年(七一〇)~霊亀三年(七一七)で、長屋王は従三位か正三位、吉備内親王は三品だった。内容は家政運営に関わるもので、奈良時代の王貴族の日常生活がわかるのが有用である。

ここでは長屋王家木簡に依拠して、長屋王家と畿内の関係を考えてみたいが、その前に長屋王家の成り立ちや構造に触れておく。木簡からはⅠ家令と書吏、Ⅱ家令、扶、従、大・少書吏の二つの家政機関が析出され、Ⅰは三位相当の本主で、長屋王のものにまちがいない。Ⅱは二品相当のもので、長屋王・吉備内親王ともに該当しない。木簡に看取される国家的給付を調べると、封戸所在地は九〇里ほどで、一里五〇戸だから、ここに太政大臣・浄広弐(二品相当)で死去した高市皇子とその封戸五〇〇〇戸が想起されることになる。高市皇子の居所は香具山之宮で、飛鳥浄御原宮との位置関係から、これが木簡に見える「北宮」と称されるものに比定される。したがってⅡ系統の家政機関は、父高市皇子の香具山之宮の機構を引き継ぐもので、その資産と政治的権威は長屋王に継承されており、Ⅰ・Ⅱは財政運用・物品管理や人的交流でも融合していた(1)。

一　御田・御薗の所在地と経営

長屋王家木簡に窺われる家産のうち、畿内に所在したのが御田・御薗と称される田畠である。これらは位田・職田などの国家的給付との関係も考慮されるが、長屋王家木簡の時期の長屋王の位田は三四町か四〇町、吉備内親王は三四町で、職田はともになかった。木簡には山背御田に一〇町（以上）、その他散田様の木簡削屑に「□□□造御田五十六町八段」、「□（司ヵ）造六十五町」、「川辺十町」、「狛十町」、「矢口八町」、「古京拾町」などの数値が知られ（城二八－三八）、そこには高市皇子の位田六〇町・職田四〇町を加えても、それを凌駕する面積の田地の存在が推定される。したがってここには『万葉集』に見える大伴氏の跡見庄・竹田庄など、一般に田庄と称される王貴族の領有地も含まれていたと考えるべきであろう。この田庄の経営方式は従来は『万葉集』を中心として断片的な事柄しかわからなかったが、(2)長屋王家木簡によって、具体的な検討が可能になった次第である。

長屋王家木簡に見える御田・御薗の名称、管理機構や木簡に見える関係者（管理者、労働力、奴婢など）、進上品目、およびその比定地は表1・図1の通りである。図1によると、御田・御薗の所在地は、大和国の片岡・木上・耳梨・矢口・佐保、河内国の大庭・渋川・高安・山背と、大和と河内（含分立前の和泉・摂津地域）双方に広がりを有しており、(3)これは倭王権の豪族の基盤と同様の財産形成の系譜を引くものと目される。(4)即ち、片岡・木上は天智・天武天皇の祖父で、「皇祖」を冠せられた押坂彦人大兄皇子以来の敏達系王族発展の拠点地域に存し、高市皇子も関係を有する土地であり、耳梨・矢口など飛鳥方面の土地はやはり高市皇子の香具山之宮の時代以来のつながりを窺わせる。

ⓐ・移　山背御薗造雇人冊人食米八斗塩四升可給　軽部朝臣三狩充　奴布伎　○

・山背□婢女子米万呂食米一斗五升
　充　　　和銅五年七月廿日 大書吏
　　　　　　　　　扶
　　　　　　　　　　ｏ　（京一七一〇号）428・38・4　〇一一形式

ⓑ
・ｏ移　務所 山背御田芸人功卅六常　田苅人功
　　　　　　　［　　　］
・ｏ　　　扶　□月［　］従廣足
　　　　　　　　　　　（京一六〇号）224・(20)・3　〇一一形式

ⓒ
・山背薗司解　進上［　］知佐五束　　右四種持人
　　　　　　　　大根四束　古自一束　ｏ
・　奴稲万呂　和銅五年十一月八日国足
　　　　　　　　　　　ｏ　（京一九四号）350・38・3　〇三二形式

まず御田・御薗の長屋王家における位置づけを考える。ⓐ～ⓒは関係木簡の点数が多い山背司のものであるが、ⓐ・ⓑではⅡ系統の家政機関からその経営に関する指示が出されていることがわかる。ⓒの日下に署名する国足は後にⅡの少書吏として活動する置始国足に比定され、こうした人的系譜の点からも、山背御田・御薗が本来はⅡ系統の家政機関＝高市皇子の北宮の機構を継承したものに属するという位置づけが知られる。ただし、その指示は平城京左京三条二坊に存したⅠ系統の家政機関＝長屋王の家政機関の中枢部（務所・司所＝政所）に齎されており、ⓒに看取されるように、山背からの進上物も当地

表１　長屋王家の御田・御薗（註１②、170頁より）

機関名	木簡にみえる関係者・施設など	進上品目	推定所在地
宇太御□	仕丁・厮		奈良県宇陀郡／ 大阪府泉南市兎田
片岡司	道守真人・白田古人・倭万呂 御薗（将）作人、持人；都夫良女・宿奈女、持丁；木部足人・檜前連寸嶋・守部麻呂・稲万呂・大万呂・□万呂	菁、交菜、桃	奈良県北葛城郡王寺町・香芝市
木上司 （城上） 木上御馬司	忍海安麻呂・新田部形見・秦廣嶋・甥万呂・豊嶋 持人？；各田部逆・稲末呂 石女・稲津女・曾女・都夫良女・把女・身豆女・□都女	米、阿支比、棗、交菜、竹、薊、蘇良自	奈良県北葛城郡広陵町／同橿原市
佐保	額田部児君	生薑	奈良県奈良市
都祁司 都祁宮 都祁氷室	火三田次、帳内 進上？；安倍色麻呂・伊宜臣足嶋・他田臣万呂・借馬連万呂・狛多須万呂・□田主寸麻呂 雇人	氷、柑	奈良県天理市・山辺郡都祁村
廣瀬		御紵	奈良県北葛城郡広陵町
耳梨御田司 （无）	太津嶋 進上？；婢間佐女	処里、芹、智佐、古自、阿夫毘	奈良県橿原市
矢口司	太津嶋・伊香三狩 進上？；私部亥万呂 酒虫女・多々女・殿女 桑乳母・中臣乳母	意比	奈良県橿原市（香久山南辺；天武元年7月癸巳条の八口）／同大和郡山市
大庭御薗		菁	大阪府守口市大庭町／同堺市大庭寺
渋川御田	奴末麻呂		大阪府八尾市渋川町
高安御田司			大阪府八尾市高安
山背御薗司	（置始）国足・軽部朝臣三狩・山辺大人 持人？；諸月・奴稲（否）万呂・奴布伎・少子部安末呂 婢女子米万呂 雇人、御田芸人（御田10町）	知佐、大根、古自、□布、竹子、交菜、米、阿佐美、菁、茄子、蕗、志伊、椒	京都府／大阪府南河内郡河南町山城
狛御田司			京都府相楽郡山城町
山口御田司	山口御田；作人		?
丹波杣	帳内		京都府中部／兵庫県北部／奈良県天理市丹波市町
山処	塩殿、雇人		?
炭焼処			?

＊下線を付した人名は進上状の署名者

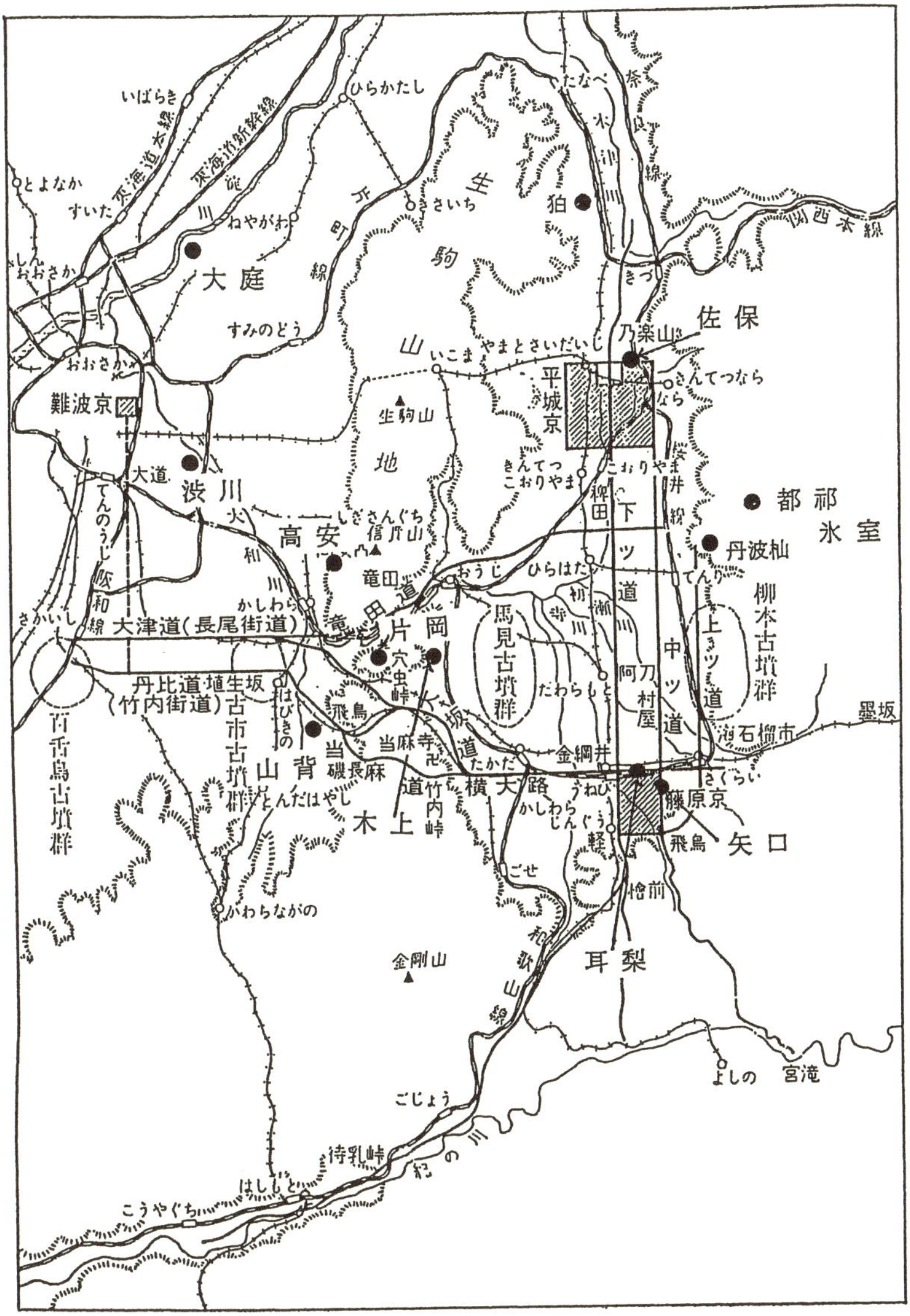

図１　御田・御薗の所在地（註①、179 頁より）

に集積されているから、実際の経営に関してはⅠ系統の家政機関が携わり、現時点での北宮王家（長屋王家）中枢部となる平城京の長屋王邸を中心に運営が行われていたのである。

御田・御薗からの進上状の日下に署名する人物は各部署の運営に担う者と推定され、山背司では置始国足、山辺大人、軽部朝臣三狩などが責任者で、彼らの間には何らかの上下関係が存したのであろうが、表1の他の事例を見ても、管理責任者は複数配置されている。また太津嶋のように耳梨、矢口という近接する二つの部署の管理者を兼ねる例もあった。彼らは帳内・資人クラスの人物で、矢口司の伊香三狩と高市皇子の従者胆香瓦臣安倍、山背司の置始国足、山辺大人と壬申の乱で活躍した置始連菟（『日本書紀』天武元年七月辛卯条など）、山辺君安摩呂（天武元年六月丙戌条・大津皇子の従者）との関係が推定されるように、高市皇子の時代以来の人的系譜を有する人々が採用されていた場合もある。

ⓓ・片岡進上蓮葉卅枚　持人都夫良女　　　　　　　　　　　　o
・御薗作人功事急々受給　六月二日　真人　o　　（城二一－九）230・25・2　〇一一形式

ⓔ・□　□持人□
　　　〔使ヵ〕
・御薗将作人功速符□符□六月四日真人　　（城二一－一〇）280・34・4　〇一一形式

次に御田・御薗の労役のあり方として、まず耕作に関しては、御薗造雇人、佃人、御田芸人（「芸」はクサキルの意）・御田苅人、作人などの呼称が知られ、彼らに関しては食料・塩の希求、常布による「功」の支払いが記されているから、雇用労働による耕営が行われていたと考えられる。山背には四〇人以上の雇人がおり（ⓐ）、他の御田・御薗でも多くの耕作従事者を雇用していたと推定される。そして、ⓓ・ⓔの片岡司の例で「功」支給が「急々受給」、「速」と催促されているのは、耕作を担う雇人のつなぎ止めに「功」支給が必要であったためであろう。

ⓓ・ⓔは六月初旬に「功」支給の催促が行われている。木簡中には毎年の耕作準備が始まる三月に「御

田人」に対して「魚給」と記したものがあり（城二七－一三）、「功」支給を魚酒支給による耕作人の確保と関連づけて理解したい（『日本書紀』大化二年三月甲申条、『類聚三代格』巻一九延暦九年四月一六日官符、『日本後紀』弘仁二年五月甲寅条など）。[5] 地域によって差があるものの、三～九月が農業に多忙な要月、特に四～六月は田植えの時期であった。[6] 仮寧令1給休仮条集解古記の例では、大和国の場合、添下・平群郡は四月種―七月収、葛上・葛下・内（宇智）郡は五・六月種―八・九月収であると記されており、片岡が所在する葛下郡はまさしく六月頃が田植えで多忙を極める時期になる。したがって「功」や食料を準備して耕作人を獲得することが、御田・御薗の経営にとって重要事で、緊急性を要する事柄であった。

なお、ⓐ・ⓑに登場するように、御田・御薗には奴婢も存した。ⓑでは奴が作物を運ぶ「持人」として活動し、ⓓ・ⓔの「持人」や表1の「持丁」、「進上人」等も同様の役割を果たす存在と目される。これらのうち、名のみの人々は奴婢であった可能性が高いが、「持人」全体の中で奴婢が圧倒的多数を占める状況ではない。奴婢は農耕においても、また技術労働の分野においても、補助的労働力として駆使されることはあっても、生産労働力の中心的存在ではなかったと考えられる。ただし、山背司の専属奴婢と見られる稲万呂・飯女・米万呂・布伎（ふき）がいずれも御田・御薗の生産物に関わる名を付けられていることからは、農耕の現場からまったく除外されていたのではなく、各種の労働、時には統括・指揮者的役割を求められる場での執務にも従事したのであろう。[7]

ⓕ・当月廿一日御田苅竟大御飯米倉古稲
・移依而不得収故卿等急下坐宜　　（京一七一二号）219・14・2　〇一一形式

平安時代の物語の事例になるが、『宇津保物語』吹上巻上に描かれた紀伊国牟婁郡の長者神南備種松の家の様子では、「これハ、政所。家司ドも三十ばかり有り。家どもノ預、百人ばかり集りて、今年の生業、養蚕すべきこと定む」と記されており、家政全体の経営計画が立案されていたことがわかる。長屋王家でも御田の収穫作業終了の報告と米倉への収納に関わる「卿等」の下向を求めた木簡あり(ⓕ)、収穫期には中枢部の人間が現地に赴き、収穫作業・収納等の指示・監督を行うようになっていた。『万葉集』の大伴氏の田庄での歌は、植物の種類、動物の繁殖時期、紅葉の様子など自然の情景や「穂立」・「刈」等の語、また作歌の年月が記されているものからも、秋のもの多い(跡見庄・巻四―七二三・七二四、巻八―一五四九・一五六〇・一五六一、竹田庄・巻四―七六〇・七六一、巻八―一五九二・一五九三・一六一九・一六二〇・一六二四~二六)。大伴氏の場合は、家政の中心人物である坂上郎女(家持の叔母)が田庄に下向することもあったようである。

その他、本節冒頭で掲げた散田様の木簡に着目すると、長屋王家でも政所における全体的な掌握・統括の下に、耕営計画の立案、功食の支給、収穫の査察、作物の納入、さらには日々の作物進上の調整などが実施されていたと考えられる。御田・御薗はこうした直接的経営の方式で運営されており、長屋王家と畿内諸地域との結節点になるものであった。

二　在地豪族との関係

以上の御田・御薗の経営方法は、律令制以前の畿内の屯田の系譜を引く令制官田(大宝令では屯田)と相通じる部分が存する。田令36置官田条には官田は大和・摂津に各三〇町、河内・山背に各二〇町が設定されており、摂津の三〇町は『日本書紀』安閑元年閏一二月壬午条に、県主飯粒が献上した田地四〇町により成立した三島竹村屯倉と関係するものと目される。

ⓖ田令37役丁条

凡官田応レ役レ丁処、毎年宮内省、預准二来年所レ種色目及町段多少一、依レ式料レ功、申レ官支配。其上役之日、国司仍准二役月閑要一、量レ事配遣*。其田司、年別相替**、年終省校二量収穫多少一、附レ考褒貶。

**集解:謂、宮内省、差二管内雑任一、令レ掌二其事一。是為二田司一也。釈云、宮内省差二管内雑任一、令レ掌二其事一、名云二田司一。神護景雲二年二月廿八日官符云、営二造官田一、令下二当時長官一人一、主当為上レ佃、町別定二稲五百束一也。古記云、其屯司、謂宮内省所管諸司判（伴）部・使部等、省判差遣也。穴云、田司、謂使部。此従二古説一習為二師説一。跡云、其田司年別相替、謂宮内省内所管雑色人耳。

ⓖによると、官田の運営は宮内省が耕営計画・必要経費を計算し、太政官に申請して配分を受けるものであった。ただし、実際の労働力の調達を行うのは国司であり、*部分に付された集解諸説では、雑徭によって役丁を徴発すると記されている。そして、**集解は宮内省の雑任から任命された田司（屯司）が毎年交替で派遣され経営に従事し、彼らは収穫の多少によって考課を受けると説明している。こうした管理方式は律令制成立以前の屯田司に天皇の側近として仕える中小豪族の子弟が任命される例（『日本書紀』天武元年六月壬午条）と合致しており、また仁徳即位前紀に見える、倭屯田の由来を屯田司が知らなかったという話は、一年交替という原則が令制以前から存していたことを推測させることなどに鑑みて、こうした直接管理方式が畿内の屯倉・屯田で行われていたと考えられると指摘される所以である。(8)

なお、安閑紀の記述によると、三島竹村屯倉設置に際しては、河内国造と目される大河内直味張が土地献上を忌避したので、処断を恐れて贖罪として「毎レ郡以二钁丁、春時五百丁、秋時五百丁一、奉二献天皇一、子孫不レ絶」と誓約し、「以二河内県部曲一、為二田部一之元、於レ此乎起」と評されている。こうした在地豪族の関与については、『類聚三代格』巻十貞観二年四月十九日官符「応三長官身自検二察御稲一事」に、供御の闕怠に際しては「長官帰レ国、即勘二当郡司一、決二罸百姓一、責二取私稲一」とあって、国司は郡司に依存するところが大きかったという実態とも符合するものである。

以上を要するに、官田には宮内省―伴部より任命された田司（屯司）、国司―郡司の二つの管理・運営系統が看取される。長屋王家で言えば、前者に相当するのが政所―各御田・御薗の責任者であり、その様相は前節で整理した。では、後者に関わる在地豪族との関係は如何であろうか。

この点を考える手がかりとして、御田・御薗で活動する有姓の雑仕者に留意したい。山背司に関しては、管理者クラスの者を除くと、姓名を有するのは少子部安末呂だけである。片岡司の木部百嶋・足人の「木部」は木上と同意と考えられ、木上司と片岡司が近接した場所に存したことを窺わせるとともに、木上付近に本拠地を有していた木部氏が片岡司で勤務していたことを示している。[9] また木上司の額田部逆は大和国平群郡額田郷を本拠とする譜第郡領氏族額田部連（宿禰）と関係のある一族と位置づけられ、やや距離があるが、やはり近郊の者が勤務していた事例と解せられる。山背の少子部姓者は大和国十市郡飫富郷の子部神社の地を本拠とする子部連に関連する人物と見られ、隣接する城上郡の郡司には子部連姓者がいた（『平安遺文』一七六号・仁和三年七月七日、一七八号・寛平三年四月一九日の郡判）。河内国に所在した山背司の場合は該当しないが、片岡・木上の例によると、有姓の雑仕者には大和の中小豪族出身と目される者がおり、御田・御薗の雇用労働徴発には彼らの協力が不可欠であったことを推定させる。

ⓗ葛下郡司　進［　　］　　（城二一－一三）　(271)・(24)・8　〇八一形式

長屋王家木簡の中には、高市皇子の母の実家である筑前国宗像郡との関係を示す宗像郡大領からの貢進物や「案麻郡司進上」と記した封緘木簡（比定郡名不詳）など、郡司との直接的なつながりを窺わせるものがあるが、御田・御薗の経営と関わる畿内の郡司との関係を考える材料はⓗの大和国葛下郡司の例のみである。御田・御薗所在地という観点からは、片岡司が葛下郡域に入り、片岡司との関係如何が検討課題になる。また葛下郡の郡司としては、置始連が知られ（『平安遺文』二七〇号・天暦一一年八月一五日、一二四四号・応徳二年一〇月一九日の郡判）、置始氏が当地に根拠地を有していたことは、家地売人の置始乙連の存在によって裏付けられるところである（二七〇号）。そして、置始氏を葛下郡の郡領氏族に比定できれば、上述のように、壬申の乱の置始連菟以来、Ⅱ系統の家政機関の少書吏置始国足に至るまで、長屋王家とは代々の関係が構築されていたことになろう。

長屋王家木簡の中には畿内諸国からの荷札木簡があり、「葛木上郡賀茂里米二石」（城二一－一二九）、「山辺郡進上糯米」（城二五－二〇）のような米の荷札も散見している。では、ⓗも米進上の荷札なのだろうか。米の荷札木簡は概ね長さが一二〇～一七〇ミリくらいであるのに対して、ⓗは二七〇ミリ以上と長大であり、形状も切り込みや尖りのある〇三、〇五型式とはならないと思われ、郡司の進上という点からも別の内容を考えるべきであろう。今、写真によってⓗの文字を観察すると、「進」の下は、墨痕をたどるだけでも一〇文字以上は確実に存し（図2）、切損している下端まで文字が続いている。その内容は判読できる文字がないので、不明とせねばならないが、「進」の次に墨痕をはさんで、その次が「六人」などと読めるということになれば、人間の進上に関わるものということになる。この点はあくまで仮定の域を出ないが、葛下郡司が直接長屋王家に対して何か（人？）を進上した際のものであるとすれば、片岡司への個人の派遣など、御田・御薗の労働力提供に関わる事柄ではなかったかと想像されるところである。

ⓘ『万葉集』巻二〇―四三〇二・四三〇三

（勝宝六年）三月十四日家持庄門槻樹下宴歌二首

山吹は　撫でつつ生ほさむ　ありつつも　君来ましつつ　かざりしたりけり

右、一首、置始連長谷

我が背子が　やどの山吹　咲きてあらば　止まず通はむ　いや毎年に

右、一首、長谷攀㆑花提㆑壺到来、因㆑是大伴宿禰家持作㆓此歌㆒和㆑之

図2　木簡見取図
（註1①、244頁より）

葛下郡司と目される置始氏の動向に関連して、大伴家持の「庄門槻樹」の下での宴会に触れておきたい。ⓘに登場する置始連長谷は天平一一年一〇月の光明皇后の皇后宮での維摩講終日の仏前唱歌にも「歌子」として活躍しており（『万葉集』巻八―一五九四）、その他に唱歌師として著名な置始連志祁志女もあり（『続日本紀』養老五年正月甲戌条）、彼らは中央の中下級官人であったと思われる。この家持の庄田の所在地は不明であるが、上述の大伴氏の田庄の場所からは、葛下郡ではないと考えられ、置始連長谷がこの宴席に加わったのは田庄所在地との地縁関係ではなく、中央官人としての家持とのつながりにより、唱歌の才を持つ者が招かれて、宴を盛大にするための演出がなされたのであろう。

ここでは置始連長谷と郡司との関係は見出せないが、三月という農業開始時における「庄門槻樹」＝斎槻の下での宴会は、[10]大伴氏の田庄経営にとって重要な行事であったと目される。畿外の事例であるが、越前国足羽郡大領生江臣東人は「依二一度神社春祭礼一、酔状不レ堪二装束一不参事」（『大日本古文書』五―五五一～五五三）となったといい、これは儀制令19春時祭田条集解古記一云に記された村落の祭田などに類するものと思われ、郡司はそうした席に参加していたことがわかる。とすると、長屋王家の御田・御薗でも開催された可能性がある農耕に伴う祭祀や宴席に郡司が参加し、宴遊を行うことで一体感を高める場を想定できるのではあるまいか。このような形でも長屋王家は在地豪族との関係を深め、畿内と強固なつながりを築いていたのである。

むすびにかえて

小稿では御田・御薗の経営を考察材料に、長屋王家と畿内の関係、とくに人的結合のあり方を検討した。葛下郡の郡司と目される置始連氏について言えば、郡司としての地位を保つとともに、中央の中下級官人や長屋王家などの王臣家に一族を送り込んでおり、この在地豪族と中央官人との二面性は畿内の郡司氏族には通有の事象であった。[11]

では、こうした畿内郡司氏族の特性はいつまで維持されるのだろうか。長徳三年（九九七）六月一一日前淡路掾美努兼倫解（『平安遺文』三七二号）には、兼倫が河内国若江郡の美努公忠らに殺害されそうになった事件の顛末が記されている。ここでは郡使上野掾源訪の介入によって殺害を免れたこと、訪が公忠らを尋問したところ、彼らは「供二御稲一事、為二充行一所二来著一也」と陳答したことなどが知られ、兼倫と公忠らには供御稲の作田をめぐる争いがあったようである。この美努氏は三野県主の系譜を引く豪族で、[12]河内郡英多郡や若江郡の式内社御野県主神社などの存在から考えて、この地域に伝統的な支配を築き、令制官田の経営にも関与していたものと見られる。

とすると、こうした畿内の中小豪族は二面性を保持しながら、畿内社会の基層を支え続けたと考えられ、一〇世紀以降の歴史の展開の中にも彼らの存在を考慮する必要がある。この畿内郡司氏族の行方をさらなる検討課題として、蕪雑な稿のむすびにかえたい。

註

（1）長屋王については、寺崎保広 一九九九『長屋王』（吉川弘文館）を参照。以上の長屋王家木簡の理解に関しては、拙著①二〇〇〇『長屋王家木簡の基礎的研究』（吉川弘文館）、②二〇〇九『奈良貴族の時代史』（講談社）を参照。なお、長屋王家木簡の釈文は、奈良国立文化財研究所 一九九五・二〇〇一『平城京木簡』一・二（解説）、『平城宮発掘調査出土木簡概報』21・23・25・27・28を参照。出典を「京〇号」、「城二一－五（頁）」の如くに略記する。

（2）薗田香融 一九五三「万葉貴族の生活圏」（『萬葉』八）、弥永貞三 一九八八「万葉時代の貴族」（『日本古代の政治と史料』高科書店）など。

（3）舘野和己 一九九八「長屋王家木簡の舞台」『日本古代の交通と社会』塙書房。

（4）熊谷公男 一九九一「大和と坷内」『奈良古代史論集』二。

（5）義江明子 一九九五「殺牛祭神と魚酒」『日本古代の祭祀と仏教』吉川弘文館。

（6）農事暦に関しては、舘野和己 一九九一「村落の歳時記」（『日本村落史講座』六、雄山閣出版）、拙稿 二〇〇九「木簡から見た郡務と国務」（『地方木簡と郡家の機構』同成社）などを参照。

(7) 神野清一 一九九三『日本古代奴婢の研究』名古屋大学出版会、一九四－一九五頁。
(8) 直木孝次郎 一九九六「畿内ミヤケの一考察」『飛鳥奈良時代の考察』高科書店。
(9) 岩本次郎 二〇〇一「木上と片岡」『長屋王家・二条大路木簡を読む』吉川弘文館。
(10) 今泉隆雄 一九九三「飛鳥の須弥山と斎槻」『古代宮都の研究』吉川弘文館。
(11) 拙稿 二〇〇一「額田部氏の研究」『国立歴史民俗博物館研究報告』八八。
(12) 吉田 晶 一九七三「県および県主」『日本古代国家成立史論』東京大学出版会。

第3章
畿内の統治

京・畿内の人民統治

大津　透

はじめに

　律令国家が、どのように京畿内の人々を支配していたかを述べるのが筆者に与えられた課題である。かつて「律令国家と畿内」として、関晃氏の畿内政権論をふまえながら畿内と畿外の支配構造の違いについて論じたことがある。考えたのは三〇年以上前のことだが、今でも大筋で誤ってはいないと思っているので、それに沿いながら、その後の指摘や天聖令などの発見も踏まえて律令制を中心に考えていければと思う（大津一九八五）。最初に籍帳支配などでの人民の掌握について、次に畿内の税制、具体的には調制とその周辺について考えてみたい。

一　人民の掌握―京畿計帳からみる―

　正倉院文書には、神亀三年（七二六）山背国愛宕郡雲上・雲下里計帳、天平五年（七三三）同愛宕郡某郷計帳、天平五年右京計帳手実と京・畿内の計帳が伝わり、国家が人民をどのように把握していたかが示されているが、そこには多くの逃亡・浮浪が記載されていることが有名である。

律令法では、浮浪・逃亡については、戸令10戸逃走条および戸令17絶貫条に

凡そ戸逃走せば、五保をして追訪せしめよ。三周に獲ずは帳を除き、その地は公に還せ。いまだ還さざる間、五保及び三等以上親、均分して佃食し、租調代輸せよ（注略）。戸内の口逃げなば、同戸代輸せよ。六年に獲ずはまた帳を除け。地は上法に准へよ。

凡そ浮逃して貫絶ゆる、及び家人奴婢、放されて良と為る、若しくは良と訴へて免せらるるを得たらば、並びに所在に貫に附せ。若し本属に還るを欲さば聴せ。

と、籍帳支配を逃れた逃走・浮逃をいかに処置、把握するかを規定しているが、原則は本貫地で把握する本貫地主義であった。

律令法上の逃亡とは、捕亡律によれば何らかの任務、服務、本貫地からの逃亡、不法な離脱であり、課役とは直接関係ない。一方浮浪とは、一般に本貫地以外にいることをさすので、浮浪には逃亡による者とよらない者とがあるのである（大町一九七八）。浮浪と逃亡の違いを課役を出すか否かにあるとする説は誤りで、それは計帳の注記をみれば明らかである。

畿内計帳の逃亡注記を原島礼二氏に従い、逃A「某年＋逃＋国（郡）名」、逃B「某年＋逃」、逃C「逃」、在「国（郡郷）名＋（在）」と分類して集めたのが表1である（原島一九六八）。

逃ABCとも律令法の逃亡であるのに対して、在は、「非亡浮浪」（捕亡律非亡浮浪他所条）であり、籍帳から脱することなく、本貫において課役を納めて他郷に居るものであり、すべて良口である（ただし7～10は逃亡した主人に奴婢が従っているので「在」とあるが逃である）。筑前や越前などに一時的に移動したものらしく、行き先が郷名まで詳しく記されることから、戸の側で申請したものであろう。

逃Cはすべてが奴婢であるのが特徴である。奴婢には逃亡年の注記は必要なく、逆にいえば良口の逃亡にはすべて逃亡年が注記してある。これは前掲の戸逃走条に、全戸逃亡なら三年、戸内口なら六年たてば除帳される規定があるので良口には年が必要だが、奴婢の場合は主人の私財としていつまでも追訪

Ⅱ　逃亡C

番号	続柄	年齢	計帳ページ
87	奴	52	出 146
88	〃	43	出 147
89	〃	39	〃
90	〃	31	〃
91	〃	30	〃
92	婢	54	〃
93	〃	21	〃
94	奴	63	出 148
95	〃	30	〃
96	〃	21	〃
97	婢	42	〃
98	奴	44	出 149
99	〃	46	出 162
100	〃	50	出 164
101	婢	22	〃
102	〃	49	〃

Ⅲ　在

番号	続柄	年齢	計帳ページ	所在
103	母	77	出 145	
104	男	31	〃	
105	女	21	〃	
106	弟男	13	出 146	
107	〃	12	〃	
108	〃	9	〃	筑紫国
109	弟女	24	〃	
110	〃	22	〃	
111	〃	19	〃	
112	〃	12	〃	
113	男	31	出 147	筑紫国
114	女	43	出 148	
115	〃	22	〃	筑紫国（随夫）
116	〃	20	〃	
117	房主姉	38	出 155	讃岐国
118	同イトコ	33	出 155	但波国多癸郡草上郷
119	寄従母	37	出 157	大倭国十市郡
120	房主母	66	出 162	丹波前国多貴郡
121	寄女	34	出 162	
122	〃	31	〃	遠江国長田上郡
123	〃	29	〃	
124	〃	26	〃	
125	房主兄	67	愛 169	越前国日富郡
126	戸主	68	愛 172	
127	妻	67	〃	越前国
128	寄口	41	〃	
129	房主兄	46	愛 179	越前国坂井郡水尾郷
130	同イトコ	26	愛 179	近江国夜珠郡山本郷

＊原島 1968 論文 476～477 頁の表を参照したが、多少順序を入れ換え、逃亡先を郡郷まで表記した。
＊出＝神亀三年愛宕郡出雲郷雲上・雲下里計帳
　愛＝天平五年愛宕郡某郷計帳
　右＝天平五年右京計帳
　をそれぞれ指し、頁数は寧楽遺文によっている。

表１　京畿記帳に見える浮浪・逃亡

Ⅰ　逃亡Ａ・Ｂ

逃亡年	番号	戸主続柄	年齢	計帳ページ	逃亡先
和銅元（708）	1	姑	44	愛174	
	2	姪女	1	〃	越前国
	3	寄口母	50	〃	
	4	婢	12	出152	
和銅二（709）	5	？弟	23	出154	武蔵国前玉郡
	6	寄女	59	出155	播磨国
	7	奴	19	〃	
	8	婢	22	〃	随小足売奴婢
	9	〃	26	〃	在播磨国
	10	〃	22	〃	
	11	房戸主	17	出157	越中国
	12	〃母	59	〃	蒲原郡
	13	〃妹	17	〃	
	14	庶母	27	出158	近江国斯我郡
	15	？女	25	愛184	大倭国
	16	房主男	11	愛185	越前国
	17	従父妹	26	出146	
	18	奴	35	出152	
	19	房主妹	18	出162	
	20	寄女	13	〃	
	21	寄女	65	〃	
	22	奴	40	出164	
	23	戸主	49	出166	
	24	男	17	〃	
和銅三（710）	25	寄女	52	愛180	越後国
	26	同上女	27	〃	
	27	房戸主	50	愛185	越前国
和銅四（711）	28	寄女	19	出155	播磨国志磨郡
	29	寄女	19	〃	
	30	イトコ女	13	出177	越前国香我郡
和銅五（712）	31	房主妹	26	出149	越後国
	32	弟	20	出151	尾治国鮎市郡
	33	男	20	出156	出雲国
	34	男	6	出156	因幡国海郡
	35	女	7	出157	因幡国
	36	女	37	出157	紀伊国伊都郡
	37	寄女	44	出157	近江国栗太郡
	38	同上女	19	出158	
	39	房イトコ	20	愛171	伊賀国
	40	男	18	愛172	
	41	女	11	〃	越前国
	42	女	10	〃	
	43	？	？	愛183	近江国
	44	？イトコ	12	〃	高嶋郡薬薗
和銅五（712）	45	房主男	18	愛183	近江国積太郡
	46	〃	4	〃	
	47	房主兄	39	愛184	丹波国
	48	叔父	57	愛185	
	49	同上男	20	〃	越前国
	50	同上女	9	〃	
	51	妹	16	出146	
	52	妹	29	〃	
	53	妹	20	出166	
	54	寄女	41	愛168	
和銅六（713）	55	寄女	13	出152	
	56	姑	53	出162	
	57	房主妹	23	〃	
	58	寄口	6	愛167	
	59	〃	6	〃	
和銅七（714）	60	奴	44	右136	
	61	婢	54	〃	
養老元（717）	62	房主女	5	出155	摂津国嶋上郡
同　二（718）	63	従父	28	出146	近江国蒲生郡
養老四（720）	64	奴	34	出152	
	65	奴	24	〃	
	66	房主男	20	〃	
	67	姪母	39	出164	
養老五（721）	68	兄	23	右142	（養老五年四月）
	69	兄	42	出160	
養老六（722）	70	房主妹	37	出149	越後国（31と共）
	71	？女	15	出154	
	72	姉	33	出162	
養老七（723）	73	弟	14	右138	
	74	姉	22	〃	
	75	〃	19	〃	
	76	〃	17	〃	（養老七年八月）
	77	〃	15	〃	
	78	〃	9	〃	
	79	寄口	27	愛174	
	80	〃	29	愛175	
神亀元（724）	81	奴	52	出148	（神亀元年三月）
	82	同上男	5	〃	
	83	奴	32	出148	
	84	婢	30	出149	（神亀元年二月）
	85	奴	24	〃	
天平三（731）	86	婢	24	愛178	（天平三年一〇月一〇日）

を受けるからであろう。

逃AとBについては、特別に階層などに差は認められないが、そもそも逃亡の行き先がわかっている（逃A）ということに矛盾がある。逃Aは愛宕郡某郷計帳と同出雲郷計帳のみにみられる。すなわち右京計帳や、いわゆる近江国志何郡計帳には「某年逃」「逃、某年」などとあるが、逃亡先を記した例はない。これらは戸主が提出した計帳手実であることから、手実段階では逃亡であるから行き先がわかるはずもなかった。したがって逃Aはきわめて特殊なものと言えるだろう。以上から逃Aの逃亡先記載は、国衙段階でなされた可能性があるが、それは律令国家の逃亡政策と密接に関わってくる。

弘仁二年（八一一）八月一一日官符（『類聚三代格』巻一七）によれば、和銅八年（霊亀元年、七一五）五月一日格には「天下百姓多く本貫を背き、他郷に浮浪し、課役を規避す。自今以後、浮浪逗留し三月以上を経るは、調庸を輸さしめ、仍りて国郡姓名を録して、調使に附して申送せよ」とあって、鎌田元一氏などが論ずるように本条は浮浪人を本貫に還らせるための政策であり、浮浪人を現住地で戸籍に編付する事を認めず、現地でも浮浪人帳を作って調庸をとる政策である（鎌田一九七二b）。表1を見ると、逃Aが和銅五年以前に集中し、逃亡（A＋B）も和銅七年以前に六一例と集中しているのは、霊亀元年格で全国で浮浪人の調査を行ない申上させたことに対応しているように思う。在のように郷までの記載がなく逃亡先が国または郡までであるのは、全国で郡単位で浮浪人の調査が行なわれたからなのだろう。さらに霊亀元年以降養老四年までの六年間には逃亡が減少し六例しかないが、これは霊亀元年格によって厳しく抑制されたためだろう。

ついで養老五年（七二一）四月二七日格で「見に浮浪を獲、実に本貫を得ば、如し過ちを悔い帰るを欲す有らば本部に逓送せよ」「自余の貫無きは当処に編附せよ」とする。有貫者は罪を悔いるとして本貫地へ連れ戻し、無貫者は（三周六年法により浮浪人で本貫から除帳されたものがいただろう）現地で編付することを認めている。養老五年以降は逃亡は一九例と増えるが、しかし逃Aは一例もない。これは養老五年格によって逃亡の抑制が緩み、浮浪人帳の申上がなくなり、本貫の山背国衙に報告が来なくなったことによるのだろう。

さらにこれだけ多くの逃亡が記載されているのは、養老五年格下での有貫者であるので、本部への逓送が期待されて、本籍は捨てられないからである。さらに神亀や天平の計帳に一八年から二五年前の和銅元年以来の逃亡記録があることは、戸逃走条の三周六年（全戸逃亡なら三年、戸口は六年）の除帳規定が適用されていないことを示している。すでに原島礼二氏が指摘しているように、先の霊亀元年格と同時に不適用になったと考えられ、しかも畿外では六年で除帳されているようなので（近江国志何郡計帳）、不適用は畿内だけの特殊規定だったことがわかる（原島一九六八）。

以上のように畿内の民衆を徹底的に把握しようとしていたことがわかるが、なぜこのような政策がとられたのだろうか。一般に課役や徭役との関係では、畿内での負担は後述のように重いわけではない。大同三年（八〇八）二月五日官符（『類聚三代格』巻六）では畿内の事力を停止するとして百姓の困窮疲弊の理由は「臨時の差科繁多にして、徭丁数少き」にあると述べ、大同四年九月一六日官符（『類聚三代格』巻一五）では外国に住む京畿の百姓について「調徭を闕かずといへども、臨時の徴発名有るも身無し」とあって、臨時徴発という力役が重要な負担であったことが読み取れる。ここから「徭」すなわち雑徭でないことも明らかであり、雇役としての徴発を指していると思われる。

『続日本紀』天平一三年（七四一）九月丙辰条には、恭仁京造営にあたって畿内四国から「役夫五千五百人」を「差発」したことがみえているが、『日本紀略』大同四年一二月戊戌条には、平城宮造営のために畿内諸国をして「工及び夫二千五百人」を「雇はしむ」と雇役であることを明示している。さらにこうした大造営に限らず日常的に畿内から雇役という形で徴発されたものと思われる。畿内では庸が免除されているのは、畿外から徴収した庸をもって畿内の人民を雇役するという関係にあったためだと考えられる（青木一九五八）。

凡そ計帳を造るは、毎年六月卅日以前、京国の官司、所部の手実を責ひ、具に家口・年紀を注せよ。若し全戸郷に在らざれば、即ち旧籍に依り転写し、并せて不在の所由を顕せ。収め訖らば、式に依りて帳造り連署して、八月卅日以前に太政官に申し送れ。

右の戸令18造計帳条に見える中央に進上される計帳とは、唐の財政システムや吐魯番文書の実例から歴名のない課丁数などの統計帳簿と考えられ、日本でも同じで「大帳」とよばれるものであろう（大宝令では「国帳」とあり、国で一巻の統計帳簿である）（大津二〇〇三）。

さて先の三種の計帳のうち、右京計帳手実は、各手実をそのまま貼り継いだだけで浄書せず、「右京之印」は捺されているが継目裏書もないので、中央に進上されたものとは考えにくく、天平五年山背国愛宕郡某郷計帳は、天平四年の計帳歴名にその後の異動を注記していったもので、国印も捺されていないことから、この文書自体は進官されず山背国衙で廃棄されたと考えられる。しかし神亀三年山背国愛宕郡雲上・雲下里計帳についてはその整った内容・形式から見て中央に進上されたものと考えて良いだろう（杉本一九八五）。ではなぜこのような歴名が京進されたのかが問題となる。養老元年（七一七）の大計帳式の頒下によって全国から統計である目録とともに歴名が京進されるようになったと考える鎌田元一説もあるが（鎌田一九七二a）、畿内のみにおいて歴名が京進され、力役差発の台帳である差科簿として機能したとする杉本一樹氏の説が有力な仮説である（杉本一九八五）。とすれば畿内だけに特別な籍帳支配が行なわれていたことになる。

人民の掌握という点では、『続日本紀』天平宝字元年（七五七）七月戊午条で、孝謙天皇が詔を宣布するに当たって「南院に御して、諸司并せて京・畿内の村長以上を追し集へて、詔して曰く」として京畿内の村長以上を参列させたことが注目される。小林昌二氏は、孝徳朝から天武朝にかけて京畿の百姓の朝廷召集が行なわれており、大化の改新詔に「官人百姓」とみえる「百姓」は「村長」に対応し、天平宝字の「村長」召集は孝徳朝の再現だと論じている（小林一九八九）。

天平宝字の村長召集については、この時に橘奈良麻呂の変とその鎮圧を告げ、逆徒に欺かれた百姓を出羽に移配することを宣していることから、軍事的意味、武力としての畿内の意味を第一に考えるべきであろう。笹山晴生氏が論じているように、『続日本紀』神亀元年（七二四）五月癸亥条で聖武即位直後に行なわれた猟騎観閲の儀に、「一品已下无位に至るまで、豪富の家および左右京・五畿内・近江等の国の郡司并びに子弟・兵士・庶民の勇健にして装飾に堪えたる者は、悉く猟騎の事に奉ぜしむ」とあり、奈良時代も畿内の人々は天武朝以来の畿内官人の武装政策の延長上にあった。

左右兵衛府に各四〇〇人の定員が規定される兵衛について、軍防令には郡司子弟の貢上（38兵衛条）と内六位以下八位以上の嫡子（位子）の中等者を、不足すれば庶子も採用する（47内六位条）という二種類の任用方法が規定されている。笹山氏は、前者が畿外とくに東国国造層の子弟貢上に起源を持つのに対して、後者は長谷部舎人などの五世紀代の名代の部によって資養される畿内及びその周辺の小氏族からなるトモとしての集団に由来するのではと推測した。さらに平城宮出土の西宮兵衛木簡（天平年間）を分析し、兵衛の氏族名を考察すると、畿外の伝統的豪族層も見えているが、畿内に基盤を持つ在地の中小豪族、とくに河内・和泉の豪族の多さ（一一三例中四四）が際立っていることを指摘した（笹山一九八七）。つまり畿内の中小豪族から、位子として多くの人が兵衛として奉仕していたのである。鬼頭清明氏が述べるように、畿内の中小豪族の多くが六位以下の下級官人として奉仕し、位階をもっていたのであり（鬼頭一九七七）、さらにその嫡子や庶子が兵衛になり、それ以外にも能力に応じて大舎人や使部（雑任）となって奉仕する構造（47内六位条）だったのである。

こうした奉仕は、畿内中小豪族が氏族として行なったと考えるべきである。天平一二年（七四〇）一〇月に、藤原広嗣の乱をうけて、聖武天皇は伊勢に行幸するが、行幸次第司の任命にあわせて、騎兵と東西史部、秦忌寸あわせて四〇〇人を徴発した。『続日本紀』同年一一月甲辰条には詔して、「陪従の文武官、并せて騎兵及び子弟等に、爵を人ごとに一級を賜ふ。但し騎兵の父は、陪従せるに在らずと雖も、爵二級を賜ふ」と騎兵本人の叙位だけでなく、騎兵の父にも位二階をあたえられた。ここから徴発された騎兵は、位階をもつ畿内の下級官人層の子であったことがわかるが、さらに父親の位の上昇が自らの奉仕への報奨になるのは、氏族を代表して奉仕したので氏族としての地位が上がるという意味であろう。

さらに笹山氏も注意するように、このときに東西史部（倭漢氏・西書氏）と秦忌寸という帰化人氏族が氏族集団として徴発されている。ほかにも恵美押勝の乱など政変のたびに秦氏や檜前忌寸氏が活躍しており、帰化人を中心に氏族として軍事的に奉仕することがあった。これは帰化人氏族の軍事的役割という特例とはいえ、下級官人や兵衛をはじめさまざまな形で畿内中小氏族が氏族として王権に奉仕したと考えるべきなのだろう。

計帳に見える強力な人民把握と、下級官人や兵衛としての畿内中小氏族の奉仕とは、別々のことのようにみえるが、両者は密接に関係しているのであろう。神亀三年の山背国愛宕郡出雲郷計帳には多くの出雲臣姓がみえ、七世紀以前に中央での奉仕の必要から出雲国意宇郡の本拠地から移住してきた人々と考えられている。そこには正六位下出雲臣大嶋を筆頭に位階をもつ者が多い。また鋳銭寮史生のほか、さらに兵衛や授刀舎人、大舎人、使部（民部省・大蔵省ほか）など下級官人・雑任として出仕している者もおり、軍防令の規定により位子として採用されたものが多いのだろう。こうした畿内中小氏族としての出雲臣氏の中央との関係を基盤にしながら、愛宕郡出雲郷での人民掌握が可能になっていたと考えられる（愛宕郡については門脇一九七六、岸一九七八を参照）。

『日本紀略』延暦一二年（七九三）三月庚寅条に「五位以上および主典已上をして、役夫を進らしめ、新京宮城を築かしむ。」とあるのは、直接は五位以上を出す畿内大氏族を対象とするが、純粋に私的な関係と言うよりも在地との関係で役夫を編成して出したのだろう（この時期の役夫については中村一九九三を参考にした）。おそらく大化前代には、臣・連姓の大豪族のもとに、伴造層の中小豪族層が従い、彼らが在地に影響力をもっていたのだろう。斉衡二年（八五五）の左右京五畿内の隠首括出を籍帳に付すことを停止した官符（『類聚三代格』巻一二）のなかで、例外として認める場合は「氏中長者、実を覆へ加署して所司に申し、所司官に申し、報を待ちて後に帳に附せ」と、国郡でなく氏長者の審査申請が求められていることは、氏が畿内の在地支配に一定の影響を持つことを示しているのだろう（大津一九八七）。

二　人民の負担―調制とその周辺―

賦役令1調絹絁条では、絹絁などの正調、水産物や鉱物などの調雑物、付加税としての調副物の物品を列挙したあとに、京畿内の特殊規定がある。

　京及び畿内は、皆正丁一人に調布一丈三尺。次丁二人、中男四人は、各一正丁に同じ。

とあり、畿内の調は布のみが規定され、雑物や副物も出さないのである。これは畿内の半分という例示規定ではない。畿外の調の布は、二丈六尺で二人で合成して五丈二尺＝一端として納める規定だが、畿内では合成されずに、一丈三尺の常布として納入されたと考えられる（穴記は四丁で端を成すとするが誤りであろう）。庸については、正丁一人あたり布二丈六尺であるが、これは禄令10食封条で庸布は常を単位とすることから、合成するのではなく常布二単位の納入であろう。慶雲三年（七〇六）には半減されて常布一単位となる。常布は、『続日本紀』和銅五年（七一二）一二月辛丑条に「諸国送るところの調庸等の物、銭を以て換ふるに、宜しく銭五文を以て布一常に准へよ」とあるように、現物貨幣として流通していたと考えられる（狩野一九七六）。

『続日本紀』慶雲三年二月庚寅条のいわゆる制七条事の第四に、

　令に准ふるに、京・畿内は、人身ごとに調を輸す。諸国より半を減ず。宜しく人身の布を罷め、戸別の調を輸すべし。乃ち外邦の民と異にして、以て内国の口を優す。輸調の式は、一戸の丁に依りて四等の戸を制す。輸調の多少は、議して条例を作れ。

とある。この戸別の調の内容は実はわからないが、これがこののち調銭制へつながっていくところから、先立つ戸別の調は、常布の収取制度だったとする今津勝紀氏の推定が有力だろう（今津二〇一二）。そのあとの調銭制の開始については、先の和銅五年の換算率によって一常＝銭五文として定められて始まったとする説が有力だが、今津氏は和銅六年二月一九日格によって移行したと推測し、森明彦氏は和銅五年制は畿外諸国の調庸を銭で納めるためのもので畿内調銭制は和銅のかなり早い時期に開始したとする（森一九九七）。

いずれにしても、以後畿内では調としては銭が徴収され、当初は五文だったのが、神亀三年から天平七年には九文に改定されているのが計帳からわかる。その後承和三年（八三六）格には調銭一〇〇文とみえ、貞観一五年（八七三）には貞観銭で一三文としている。『延喜式』主計上では「一丁輸銭、時に随ひ増減す」とみえ新銭発行に伴い増減したようであるが、畿内の調の中心品目として維持されたのである。

大化改新詔では第二条で「京師」を修め「畿内国司」「郡司」を置くとして、畿内を定める。その第四条には以下のように調を定めている。

旧の賦役を罷めて、而して田の調を行なへ。凡そ絹・絁・絲・綿は、並びに郷土の所出に随へ。田一町に絹一丈、四町にして匹を成す。長さ四丈広さ二尺半。絁は二丈、二町にして匹を成す。長さ広さ絹に同じ。布は四丈、長さ広さ絹・絁に同じ。一町にして端を成す。絲・綿の絇・屯は諸処に見ず。別に戸別の調を収めよ。一戸に皆（貲とあるのは誤り）布一丈二尺。凡そ調の副物・塩・贄は、亦郷土の所出に随へ。（以下略）

井上光貞氏は改新詔の詳細な分析の中で、この第四条は首部がなく凡条がつづくのが特徴的だとして、「罷旧賦役、而行田之調」という表現は普遍的法規にふさわしくなく原詔の形態を最も良く伝えるとし、令制の人別ではない賦課方式も独自な内容を伝えているとした。単純な原詔を複雑な令条で形を整えた（絲綿の分注など）第二形式に当たるとしている。田調は単純な数値で五〇〇シロを単位とする可能性があり、一方戸調は一丈二尺という細かい数字で、こちらが古くからだろうとし、また当時は人頭税を行なうだけの政治機構ができていなかったことを示すと考えている（井上一九六四）。

戸別の調の布一丈二尺は、改新詔第四条後半の仕丁の庸布と共通する。三十戸ごとに仕丁一人をとっていた旧制を改め五十戸とし、「五十戸を以て、仕丁一人の粮に充てよ。一戸に庸布一丈二尺・庸米五斗」と定め、また百戸が負担する采女の庸布・庸米も仕丁と同じとし、戸別負担の布一丈二尺が同じである。これは村尾次郎氏の指摘のように田の調の四丈の布とは性質が異なり、常布であったと考えられ、都に送って仕丁や采女が生活費として使用する貨幣的意味を持つのだろう（村尾一九六四）。『日本書紀』には天武一四年（六八五）一一月甲申条に「庸布四百常」ほかを筑紫大宰に送り、朱鳥元年七月戊辰条に「民部省の庸を蔵める舎屋に天災せり」とみえる。大宝令で律令税制の庸は成立するので（青木一九五八）、これは民部省の前身の民官に仕丁・采女の庸が納められていて、その単位が常（＝一丈二尺）であった事を示す。チカラシロの庸が、令制の庸へとつながっていくのだろう。

戸別の調については多くの説があるが、早く井上辰雄氏が述べた田の調が畿外に対するものであり、畿内は戸別の調が賦課されたと考える説が（井上一九六〇）、以上からも支持されるだろう。律令制の畿内の調と戸別か人別かという違いがあるだけで、性格が共通するのであり、畿内では戸別あるいは人別の把握がなされ、現物貨幣の常布が税として徴収されたのである。一方で畿外では評単位の田地に対する大まかな賦課として大化年間に制度化され、大宝令で正丁への賦課となるが、海産物など調雑物において共同体的生産は残り、地域特産物の貢納制という性格をもった。さらに畿内では慶雲三年に戸別の調となり、やがて銭貨で徴収されるにいたるのである（以上調庸制については大津一九八九を参照）。

さて賦役令には29藁藍条に畿内に関する物品調達の規定がある。

凡そ京に供する藁藍雑用の属、毎年民部預め畿内に於いて斟量し科せ下せ。

従来は雑用品を畿内に賦課する日本独自の規定と考えられていた。しかし北宋天聖令の発見により、対応する唐令が存在していたことが明らかになった。天聖賦役令宋16条に、諸そ京に供する貯藁の属、毎年度支豫め畿内諸県に於いて斟量し科せ下せ。

とあり、養老令とほぼ一致するため唐令も宋令と同文であったと考えられる（大津二〇〇二）。本条については神戸航介氏の分析があるので（神戸二〇一七）、簡単に触れれば、唐では貯藁はしばしばみえる制度で、中央官司での馬の飼育などに使うために、畿内諸県から税草を徴収するものであったらしい。一方で日本では、税草の貯蔵の制度はなく、藁は空文のようである。「雑用之属」に『令集解』古記は「黄草・針・縄・匏・槽・机籠・置簀・柏等なり」と注釈し、これらを調達することが目的だったらしい。これは『延喜式』民部下9所司雑具条の「甑・臼・箕・杵・匏・槽・葦籠・置簀」と後半の品目が一致し、同61交易雑器条で畿内諸国の品目のくわしい規定がある。薗田香融氏が指摘するように、本条の雑器は柏をはじめ、供神・供御用の食膳具やその納器として用いられたもので、雑徭による調達が平安時代に交易に切り替えられたものと考えられる（薗田一九九二）。訳注日本史料『延喜式』には「造酒のための容器・用具」とされ、神事に用いる用具や、神に捧げる酒を造る槽を畿内諸国に割り当てて雑徭を用いて作らせたのである。

『延喜式』主計上1畿内調条には、畿内の調として調銭のほか「それ畿内の雑物を輸すは」として七六種を列挙する。薗田氏の分類に従うと、①舗設具（藺笠・狭席・広席・葉薦・黒山席・折薦・食薦）、②雑器（明櫃・柳筥・藺笥・箕・折櫃・麻笥・板笥・大笥・円笥）、③陶器、④土師器となり、同式8山城国条から12和泉国条に各国の品目と貢納量が記載される。旧稿でこれらは賦役令藁藍条によるとしたが（大津一九八五）、薗田氏の指摘のように藁藍条は延喜式の交易雑器につながるので誤りであり、特定の地域や部民（玉手土師部・贄土師部）に結びついて起源が古く、本来調であると考えられる。

天平九年（七三七）度和泉監正税帳A断簡に「依民部省天平九年九月廿二日符交易進上調陶器（欠）」（『大日本古文書』二巻七八頁、この年天災により租税が免除されたので交易で調達した）とあり、また営繕令6在京営造条の「若し法に依り、先に定料有りて増減すべからざれば、此の令を用ゐざれ」に付された『令集解』古記に「先に定料有りとは、謂ふこころは仮令へば、河内国一年内に調の席薦百枚を輸す。此れこれ定料有りと為す」などとあることから、奈良時代に調として和泉からは須恵器、河内からは席や薦（折薦・葉薦）が徴収されていたことは明らかである。この席は延喜主計式に見える黒山席であり、直木孝次郎氏が、『延喜式』掃部寮によれば、神事用の狭帖・折薦帖と雑給用の一位・二位・三位の短帖に用いられ、この狭帖と折薦帖は、『江記』などにより平安時代に大嘗祭の正殿神座に用いられたことを明らかにしている（直木一九八二・一九九九）。

薗田氏の分析によれば、土師器については、玉手土師・贄土師・坏作土師に分かれているのはそれぞれ土師器生産の部民の名と考えられ、玉手は大和葛上郡の地名でその地の土師部、贄土師は納められている大和と河内に贄土師部が分布し、坏作土師部は河内に居住した。『日本書紀』雄略一七年三月に土師連に詔して「朝夕の御膳盛るべき清器を進らしめよ」として土師連の祖・吾笥が各地の私民部を献上して贄土師部を定めたという起源説話があり、五世紀後半から六世紀にかけて天皇の食事を供する清器としての土師器を造る贄土師連・部は、葬送用の土器を作る土師部から分離したと推測される（前川一九七九）。また陶器（須恵器）は、摂津と和泉の所進だが、後者が圧倒的に多く（課丁六三一人余にあたる）、泉北の陶邑で作られたと考えられ、これら陶器が律令国家の祭祀で不可欠だったとの指摘もある（森一九九四）。また雑器類は、主要部分は明櫃や笥など木工品で、摂津の産である。これは摂津の木工集団である猪名部の貢進であると指摘される（薗田一九九一）。

これら畿内から調として納められる品目が設定された理由、また賦役令で雑徭で調達する品目との違いは何だろうか。調の品目は神事・供御に関わるとの考えもあるが、黒山席で明らかなように上級貴族の調度にも用いられたので、それに限定することはできない。

これらの品目に直接関わる律令官司が設置されていることが特色だろう。①の鋪設具については、職員令35掃部司条の古記に、薦席などを駆使丁に造らせるほか「また大蔵の調の薦席等を充て造り備へしむなり」とあり、掃部司に納められる（あるいは内掃部司にも）。③陶器、④土師器については筥陶司が設置されている。職員令56筥陶司条には、「掌ること、筥陶器皿の事」（大宝令では「筥陶」は「筥笥」だった）とあるが、雑戸の筥戸が所属して木器は生産するが、土器については生産する品部・雑戸がなく工房もなく、「土器皿器を検校す」（古記）とあるように、調として納められた陶器・土師器を出納・管理したのである（浅香一九七一、古尾谷二〇〇六）。生産に当たったのは、土師器では上述の贄土師部などであり、陶器については、ミワ部、陶部、茅渟県（アガタ）など実態については諸説あるが（菱田二〇〇五、鷺森二〇一〇、栄原二〇〇四）、陶邑で生産されたのだろう。畿内には王権直属の貢納型の部民や県などがあり、そうした貢納のシステムを官司に編成したが、ある場合には品部・雑戸にはせず、公民の調として貢納を継続させたということなのだろう。

問題が残るのは②雑器で、筥陶司が設置されるが、そこに雑戸の筥戸が置かれている。『令集解』古記及び令釈が引用する別記に、「筥戸百九十七戸。年料一丁に、長さ二尺、広さ一尺八寸、深さ四寸若干具。長さ一尺六寸、広さ一尺四寸、深さ三寸二具。雑戸として調役を免す」とあり、一九七戸が木器を製作して納入している。これについては奈良時代に雑戸が解放されたのちに猪名部の人々や猪名県の地域から調として納入されるようになり、『延喜式』に記されている可能性もあるように思い、後考を待ちたい。しかし筥陶司といういかにも原初的な官名は、その生産貢納と王権との古くからの関係を示唆している。

雑戸については、たとえば造兵司に置かれる雑工戸は、別記によれば鍛戸・甲作・靫作・弓削など四〇〇戸以上におよぶ。ただし彼らは雑戸解放にもかかわらず、同じように貢納を続けさせ（『続日本紀』天平勝宝四年二月）、『延喜式』兵庫寮に記されるにいたる。武具などの生産物は調とされることはなかった。雑戸について、軍事関係の技術労働を政府が直接官司下に隷属化したとの説があり（狩野一九六〇）、軍事関係の生産は特別だったのだろう。

おわりに

本稿では、畿内では籍帳による強力な民衆把握が行なわれ、雇役に徴発されたこと、在地の中小豪族は、下級官人や兵衛として奉仕して中央に結びついていたこと、また税制では、畿内では、全員に戸別あるいは人別に貨幣的性格を持つ常布が調として課され、やがて銭貨となったこと、例外として一部地域から土器や舗設具などの貢納が、前代の部民制や県制を引き継いでなされ、筥陶司や掃部司に納入されたことを見てきた。

そして実は、これらは密接に関係する。すなわち雇役で徴発された畿内人民に功直として常布、銭貨が支給され、それが調として回収されるという構造である。中小豪族の奉仕については、帰化人技術者を中心に組織した貢納型の伴造―部民制が、官司に発展し、品部雑戸に組織されたが、一部は公民として調で納入した。帰化系氏族は軍事的奉仕が顕著だが、それ以外にも氏族として官司に奉仕していたことが、最近発見された某官司に奉仕する依智秦氏や秦氏の多数の人名が列記された木簡(『平城宮発掘調査出土木簡概報』四四、一六－一七頁)から窺われる。

参考文献

青木和夫 一九五八「雇役制の成立」『史学雑誌』六七―三・四(一九九二『日本律令国家論攷』岩波書店)。
浅香年木 一九七一『日本古代手工業史の研究』法政大学出版会。
井上辰雄 一九六〇「大化の詔の「調」について」『東方古代文化』一〇。
井上光貞 一九六四「大化改新の詔の研究」『史学雑誌』七三―一・二(一九六五『日本古代国家の研究』岩波書店)。
今津勝紀 二〇一二「京畿内の調と力役」『日本古代の税制と社会』塙書房(初出一九九二)。
大津　透 一九八五「律令国家と畿内」横田健一編『日本書紀研究』一三、塙書房(一九九三『律令国家支配構造の研究』岩波書店)。

大津　透一九八七「近江と古代国家」横田健一先生古稀記念会編『日本書紀研究』一五、塙書房（同右書）。

大津　透一九八九「律令収取制度の特質」『東洋文化研究所紀要』一一〇（同右書）。

大津　透二〇〇二「唐日賦役令の構造と特色」池田　温編『日中律令制の諸相』東方書店（二〇〇六『日唐律令制の財政構造』岩波書店）。

大津　透二〇〇三「律令制的人民支配の特質」笹山晴生編『日本律令制の構造』吉川弘文館（同右書）。

大町　健一九七八「律令国家の浮浪・逃亡政策の特質」原始古代社会研究会編『原始古代社会研究』四、校倉書房。

門脇禎二一九七六『出雲の古代史』ＮＨＫ出版。

狩野　久一九六〇「品部雑戸制の再検討」『史林』四三―六（一九九〇『日本古代の国家と都城』東京大学出版会）。

狩野　久一九七六「律令財政の機構」『岩波講座日本歴史』３、岩波書店（同右書）。

鎌田元一一九七二ａ「計帳制度試論」『史林』五五―五（二〇〇一『律令公民制の研究』塙書房）。

鎌田元一一九七二ｂ「律令国家の浮逃対策」『赤松俊秀教授退官記念国史論集』（同右書）。

神戸航介二〇一七「律令官衙財政の基本構造」『史学雑誌』一二六―一一。

岸　俊男一九七八「山背国愛宕郡考」竹内理三博士古稀記念会編『続律令国家と貴族社会』吉川弘文館（一九八八『日本古代文物の研究』塙書房）。

鬼頭清明一九七七「平城宮出土木簡と下級官人」『日本古代都市論序説』法政大学出版局（初出一九六八）。

小林昌二一九八九「日本古代における「村」と村首・村長」『新潟史学』二二・二三号（二〇〇〇『日本古代の村落と農民支配』塙書房）。

栄原永遠男二〇〇四「和泉南部地域と紀伊」『紀伊古代史研究』思文閣出版（初出二〇〇一）。

鷺森浩幸二〇一〇「陶邑と陶部」栄原永遠男編『日本古代の王権と社会』塙書房。

笹山晴生一九八七「兵衛についての一考察」青木和夫先生還暦記念会編『日本古代の政治と文化』吉川弘文館（二〇一六『平安初期の王権と文化』吉川弘文館）。

杉本一樹一九八五「「計帳歴名」の京進について」『奈良古代史論集』一（二〇〇一『日本古代文書の研究』吉川弘文館）。

薗田香融一九九一「畿内の調」『有坂隆道先生古稀記念日本文化史論集』同記念会。

直木孝次郎一九八二「大嘗祭と黒山莚」『古代史の窓』学生社（初出一九七五）。

直木孝次郎一九九九「丹比郡の物産と黒山席」『美原町史』一巻、美原町。

中村順昭一九九三「長岡・平安造都の役夫について」笹山晴生先生還暦記念会編『日本律令制論集』下、吉川弘文館（二〇〇八『律令官人制と地域社会』吉川弘文館）。

原島礼二 一九六八「京畿計帳の逃注記について」『日本古代社会の基礎構造』未来社。
菱田哲郎 二〇〇五「須恵器の生産者」『列島の古代史4 人と物の移動』岩波書店。
古尾谷知浩 二〇〇六「文献史料からみた古代における土器の生産と流通」義江彰夫編『古代中世の社会変動と宗教』（二〇一〇『文献史料・物質資料と古代史研究』塙書房）。
前川明久 一九七九「贄土師韓竈考」『日本歴史』三七四（一九八六『日本古代氏族と王権の研究』法政大学出版会）。
村尾次郎 一九六四「律令財政制度の基本構造」『律令財政史の研究 増訂版』吉川弘文館。
森 明彦 一九九四「陶邑・ミツキ・大嘗祭」井上 薫編『大阪の歴史と文化』和泉書院（二〇一六『日本古代貨幣制度史の研究』塙書房）。
森 明彦 一九九七「京畿内調銭について」『関西女子短期大学紀要』七（同右書）。

【付記】なお律令の条文番号・条文名は、井上光貞・関晃・土田直鎮・青木和夫編 一九七六『律令』（日本思想大系3、岩波書店）による。延喜式の条文番号は、虎尾俊哉編 二〇〇七『延喜式』中（訳注日本史料、集英社）による。天聖令は、天一閣博物館・中国社会科学院歴史研究所天聖令整理課題組校証 二〇〇六『天一閣蔵明鈔本天聖令校証 附唐令復原研究』（中華書局）による。

畿内の国郡司と受領

小原嘉記

はじめに——畿内の国と郡——

律令制下の畿内は〈国家の直轄地〉として、畿外諸国とは異なる位置付けをもつ特別地域とされていた。その範囲は、大宝令施行当初は大倭・河内・摂津・山背の四国であったが、天平宝字元年（七五七）に河内国から和泉国が分立して五畿内となった。

まず畿内の国郡の等級に関するデータを示すと表1のようになる。これに対応する国郡司の正員は、中央派遣官たる国司（守・介・掾・目）は計二二となり、それ以外に国博士・国医師や史生も置かれていた。現地任用の郡司は、郡領（大領・少領・領）が計一〇三、主政・主帳が計八〇であり、以上から畿内の国郡機構の運営には少なくとも二〇〇以上の官人が必要であった計算となる。そして国郡官人の下には更に国雑色人や郡雑任が編成され、国郡行政を支えていた。

こうした国郡の人的構成は基本的に畿外諸国と共通しており、国司・郡司制度においては畿内と畿外の間に大きな差異を見出すことは難しい。もちろん法制面におけ

表1　畿内国郡の等級と郡数

	大郡（20～16里）	上郡（15～12里）	中郡（11～8里）	下郡（4～7里）	小郡（2～3里）	合計
山城（上国）		3	4	1		8
大和（大国）			3	12		15
河内（大国）			3	10	1	14
和泉（下国）			2	1		3
摂津（上国）		1	3	7	2	13

便宜的に『延喜式』と倭名抄郷数によって作成した。

る畿内特有の規定も存在はした。たとえば考選文の太政官送付期限が諸司・畿内で同じであることや（考課令）、五位以上の畿内国司は節会に預参できるなどの規定（延喜式部式）である。ただ、これらは京に近接するという地理的特性から畿内国司を準京官として扱っているに過ぎず、国郡支配の内実に関わるものではない。律令国家は斉一的な全国支配を志向しており、国郡司も畿内・畿外を問わず画一的な官僚として制度設計されていたとみなければならない。

ところが郡司に関しては、令文上の全国均質な姿は建前であって、実態面では畿内と畿外でその性質には根本的な相違があったとする理解が畿内政権論の立場から示されている。すなわち、律令国家の全国支配は在地首長である郡司（旧国造）の力に全面的に依存しなければならなかったが、畿内に限っては朝廷が強力に民衆を掌握していたために在地首長のごときは存立しえず、その点で畿内郡司は特殊な存在であったとする議論である。[1]そこからは「非律令的性質」を帯びる畿外郡司と、そうではない畿内郡司という対比が強調されることになる。

畿内の国郡司を論じるにあたっては、この畿内政権論についても触れないわけにはいかないだろう。よって、まずは郡司に関わる論点の検証から始めることにしたい。

一　郡司制度と畿内政権論

そもそも畿内にも国造氏族に出自をもつ郡領は存在した。史料上にみえるのは、大倭国造に系譜する大和連氏（大和国添下郡・城上郡・城下郡）と凡河内国造に連なる清内氏（河内国志貴郡）であり、さらに茅渟県主（和泉国和泉郡）・高市県主（大和国高市郡）・三嶋県主（摂津国嶋上郡・大和国平群郡）などの県主氏族も郡領として確認できる。[2]ただ、いずれにしても畿内の五〇余郡の郡領のうち国造氏族や県主氏族から出た郡領の数は比較的少なかったといえよう。

しかし、この点は程度の差こそあれ畿外でも同様であった。「律書残篇」にある奈良時代前半の郡数五五五から郡領の数を概算すると一〇〇〇程度になるが、『国造本紀』にみえる国造数は一二六に過ぎず、郡領の大多数は非国造氏族から任用されたと考えなければならない。[3] 郡領氏族の多くが旧国造ではないという事実は畿内・畿外に共通するものであり、これに加えて法制面における郡司の画一的な待遇を勘案するならば、両地域の間で郡司登用のあり方や存在形態に大きな差異はなかったとするのが穏当のように思われる。

一方、畿内政権論の立場から郡司に関する史料を直接扱って議論を展開したのが早川庄八氏である。[4] 早川氏は「弘仁式部式」にみえる郡司試練の条文で畿内郡司が試練の対象外になっていることに着目し、この儀式は畿内政権が地方の政治諸集団の長と対峙する「外交」の場であったと評価した。ここでいう「外交」とは、畿外の在地首長が畿内の政治集団（究極的には天皇）に「服属」するという政治関係の構築・確認行為を意味している。そのため畿内の支配者集団の一員である畿内郡司がこの種の儀式に不参加なのはむしろ当然であるとし、畿内郡司と畿外郡司の質的相違を明快に示したのである。

この早川氏の理解に対しては既に幾つかの疑問や批判[5]が出されているが、儀式の構造自体からいうと、そこに歌舞饗宴のような服属儀礼特有の要素があるわけでもないし、郡司候補者が公卿集団や天皇と直接対峙するわけでもなく、これをもって「外交」とみなすのは甚だ困難である。畿内郡司が試練に参加しなかったのは確かであるが、しかし彼等が式部銓擬の対象に含まれていたことは郡司読奏の次第からも明らかである。これは要するに式部省の郡司銓衡において、畿内郡司に関しては筆記試験の手順が省略されていたというだけで、それ以外の手続きは畿外郡司と同様であったことを意味している。畿内郡司に試練が課されなかったのは、銓擬事務の省力化の一環という須原祥二氏の解釈が至当であり、[6] 郡司の性格の相違に由来するとみなすことはできない。

さらに、郡司銓衡で譜第が重視された点にも改めて注意しておきたい。才用主義に基づく律令官僚制において例外的に郡領に譜第が求められたのは、律令国家が旧国造の伝統的権威と支配力に依存せざるをえなかったことの表れであるとする見方が今なお根強く存在している。だが、式部銓擬で問われたのは「難波朝廷以還譜第重大」であり、国造としての由緒などではなく、評官人としての系譜こそが重視されたのである。七世紀末には既に六年ごとの造籍も実施され、評官人は籍帳支配などの実績とノウハウを有していたと考えられる。律令国家にしてみれば統治技術に習熟した評官人の家系を登用することは極めて合理的な選択であり、むしろ才用主義に適う処置であったといえる。こうした点を踏まえると、郡司試練は純然たる官吏登用試験以外の何物でもなく、畿内・畿外の別なく画一的な律令官人として郡司の登用が企図されていたとみなければならない。

ただ、郡司を純然たる律令官人とみることには懐疑的な向きも多い。いわゆる郡司の「非律令的性質」（律令制以前の古い体質の温存）という議論である。[7] たとえば法制面では、①郡領が終身官であること（『続日本紀』和銅六年五月己巳条）、②郡司の官位相当が定められていないこと（官位令）、③内長上の考限が六考であるのに対して外長上の郡司は一〇考と極端に不利であること（選叙令）、④大国の守ですら二町六段しか職分田が給与されないのに対して大領には六町も設定されていること（田令）、⑤国司・郡司の関係では位階秩序が適用されないこと（儀制令）、などの特殊な規定が存在するが、それらは律令官人というよりも地方豪族（在地首長）としての性質を濃厚に保持する郡司の特異性によるという見方が古くからなされている。しかし、こうした認識は本当に適当なのだろうか。

そこで律令官人の中における郡司の位置付けを考えるために、奈良時代の有位官人数（男官）を養老令制の官職数をもとに概算してみると、[8] 中央官人の数は約一〇〇〇（京官七五〇＋外官二五〇）となるのに対して、郡領は約一一〇〇、主政帳は約九〇〇となり、郡領の数だけでも中央官人以上の人数が必要であった計算になる。この点は重要である。周知の通り、日本令の郡司（郡領）の規定は唐における県令（中央派遣の流内官）をモデルにしつつも流外官（現地採用の下級役人）の要素も加えられていた。その理由を郡司の特異性に求める見解もあるが、しかし単純に考えて一〇〇〇を超える規模の郡領を県令と同じく中央派遣官とする構想自体が当時の日本の行政的力量からして無理な話だったわけで、その現実的対応として流外官規定の援用があったとみるべきだろう。つまり律令官僚制の人事運用面における当初のキャパシティーの小ささが、郡司の「非律令的性質」とされるような特殊規定が出てくる主因であったと考えられるのである。

具体的にみていくと、外官であれば数年の任期で他の京官・外官に遷任する必要が生じるが、郡司がその対象から外れることになれば大幅な人事事務の労力削減となる。①の終身官はまさにこの点で合理的だったといえる。そして終身官となればいくら位階が上昇しても他官に遷らないのだから、②の官位相当を定めないことは官・位の不釣り合いのような制度的矛盾をむしろ潜在させることにつながるし、③の考限の長さも同じ郡領の間で極端な位階の上下が生じないようにする工夫と捉えられる。⑤の国司・郡司の関係も、終身官のために下級国司と郡領の位階が逆転することも起こり得るという当然の事態が考慮された結果だろう。また④の職田については、養老令こそ国司・郡司ともに「職分田」の名称で統一されているが、大宝令では国司は「公廨田」、郡司は「職分田」と別の名称であり、さらに実態レベルでも国司公廨田（職分田）は赴任した国司の「食料稲」を用意する特殊な性格のものであった。両者の職田を同一レベルで単純比較するのは適切とはいえず、これらの職田の支給額の多寡をもって国司に対する郡司の威勢の大きさを説くことはできない。

このように郡司の「非律令的性質」とされる諸点の大方は、郡司の在地首長としての実態を反映したものというより、むしろ律令官人として彼等が官僚制の中に取り込まれたことによって生じ得る不具合を糊塗するためのものであったと考えた方がよい。律令国家は基本的に畿内と畿外の郡司を区別することはせず、一律に律令官人として処遇していたとみるべきだろう。

ところが、八世紀末になると突如として畿内郡司を他と区別するような法令が出され始める。こうした変化が起こる背景にはいったい何があったのだろうか。

二　山城遷都と畿内地域

まずは平安初期の畿内郡司に関わる法令・史料をみていこう。

ⓐ延暦一八年（七九九）　畿内郡司を内考とする（『日本後紀』同年四月壬寅条）
ⓑ延暦一八年　畿内擬任郡司を考選対象とする（『弘仁格抄』同年九月二三日太政官符）
ⓒ弘仁八年（八一七）　詐病で郡務を怠たる者の処分（『類聚三代格』同年正月二四日太政官符）
ⓓ天長二年（八二五）　郡司離職者の他選禁止（『類聚三代格』同年閏七月二六日太政官符）
ⓔ天長三年以前　諸司主典の郡司任用（『類聚三代格』貞観一〇年六月二八日太政官符）

ⓐでは畿内郡司の考課を外考から内考に変更し、ⓑでは本来は考選対象外であった擬任郡司についても畿内のみは対象に含めるように定めている。いずれも畿内郡司に対する優遇策であるが、それは「畿内諸国近〓接都下〓、駆策之労尤是殊甚」といわれたように当時の畿内郡司が激務で、郡司職を忌避する動きが顕著になっていたことによる。しかし、九世紀前半には得考の後に詐病で郡司職を辞したり、離職後に諸司官人に任官したりするなど、官位目当てで郡司になる者が続出していた模様で、ⓒⓓではその禁止がうたわれている。またⓔによると、この頃の河内国では郡司のなり手が少なくなり、諸司主典を郡司に任じるという便宜的措置がとられていたことも知られる。優遇策も大した効果が上がらないほどに畿内郡司の任務は苦役になっていたようなのである。

こうした状況を招いた主因として、ここでは特に長岡京・平安京への遷都を想定したい。そもそも令制下における畿内の特殊性とは、端的にいうと税制の問題であった。すなわち、畿外諸国と比較すると調は半減、庸は全免というように課役負担の優遇が行われていたのである。ただし、このことは必ずしも畿内の負担が軽かったことを意味しない。調庸減免のかわりに畿内には「臨時差科繁多」といわれるごとく重い労役負担が課され、さらに賦役令藁藍条にあるように中央の官司運営に必要な物資も直接的に徴発されていた。畿内は朝廷にとって物資・労働力の重要な供給源であるため、〈国家の直轄地〉と性格付けられていたのである。当然、畿内郡司は部内から雑徭として人・物を取り立てる実務に当たっていたはずで、遷都にともなう過重な「臨時差科」が彼等を疲弊させていったと予想される。

ただし、遷都のための新京造営の財源・労働力は基本的に畿外諸国から徴発されていた。たとえば、長岡京遷都の際には公卿や内親王・夫人等に新宅造営費として諸国正税六八万束が賜与されたり、畿外の役夫を使って宮門の移築を行ったりしていたことが確認できるが、この間、京・畿内と近江・丹波国には高野新笠（桓武天皇生母）や藤原乙牟漏（桓武天皇皇后）の山陵造営が割り当てられており、宮都造営以外の労役に動員されていた。

平安京造営の時も役夫は畿外諸国から催すという原則に変わりはなかった。延暦一三年七月に、桓武天皇が親しい女官等に邸宅造営のため稲一万束を与えたが、この時は例外的に山背・河内・摂津国と播磨国の正税から用途が支弁された。畿内の国衙財政にも頼らざるを得ないほどに、地方への圧迫が深刻化していたと捉えられる。実際に延暦一六年六月二八日詔では、「天下地建都者、万民勤苦殊甚」として都城造営に動員された畿外諸国の租を一年間免じている。畿外の疲弊の様子が知られよう。

しかし、そうした状況にあったとしても、新京造営のための物資・労働力が継続的に必要であることには変わりない。そこで地方からの収奪をより厳格に行うために実施されたのが、延暦一七年三月一六日詔による郡司の譜第を停止して才用を登用するという政策であった。これは中央に出仕する地方出身のトネリの郡司任用を意図したもので、中央で培った行政的スキルをもって地方における籍帳支配を強化し、それにより物資・労働力の確保を目指したものと考えられる。

一方、先述の延暦一六年六月二八日詔では畿外諸国の免租と合わせて、畿内に対しても「近㆓接都下㆒、非㆑無㆓差発㆒」として租を半免した。全免でないのは畿内が都城造営に直接には関与していなかったからであるが、しかし半免措置がとられているということは、通常を上回るほどの「臨時差科」が催されていたことを示唆している。畿内の雑徭が中央財政的性格を多分にもっていた以上、遷都による出費の増大は「臨時差科」の多発として現象しただろう。そうした度重なる雑徭の徴発で畿内地域の衰弊は急速に進み、郡司制度も動揺して機能不全に陥っていったものと思われる。当然それは中央に充当すべき徭役の欠乏にもつながることであり、朝廷としても何らかの対策を講じなければならなかった。

その対策の一つが先掲のⓐ〜ⓔのような郡司制度の立て直し策であるが、それ以外にも次のような施策がみられる。延暦一六年に畿内国司の職田と事力が停止されたが、これは徭丁の確保を意図した処置である。職田・事力の制度はこの後に複雑に推移するが、大まかな流れをみると、翌年には職田の停止と事力の制限が畿外でも実施され、延暦二〇年になると事力の支給は復活するものの、大同三年(八〇八)には畿内の事力が再び停止となり、天長二年になってようやく畿内国司にも事力を支給することで落ち着いた。役夫や徭丁数の減少を抑えるという意図のもと、特に畿内では事力の停止という措置が長らくとられていたのである。

同様のことは、弘仁五年に畿内諸国に対して国司館の改造・新造の禁止が通達されたところからも窺える。この時期、諸国の国庁は瓦葺に礎石建ちと硬質化することが知られるが、[9] 畿内については雑徭によって国府を荘厳化する動きにある種の制限が加えられたのである。やはりこれも、中央財政への悪影響を抑えるために行われた徭丁数の確保策といえる。労働力の調達問題は後述する貞観新制でも主要テーマになっており、九世紀の畿内の国郡支配における最重要課題であった。

ただ、こうした徭丁数に関する措置はあくまでも弥縫策に過ぎず、本質的な問題は郡司による雑徭の徴発がうまく機能しなかった点にこそある。とはいえ、遷都に起因する負担の増大は畿外諸国にも当てはまることであり、必ずしも畿内郡司に特有の問題であったとはいえない。中央からの圧迫が過重であったのは確かだろうが、畿内郡司が機能不全化することについてはそうした側面以外にも彼等の主体的な動きを考慮する必要がある。具体的にいうと院宮王臣家・諸司との私的結合である。

いわゆる院宮王臣家問題が延暦年間より活発化することは既に指摘されているが、[10]その背景にはやはり遷都の影響が考えられる。というのは、宮都造営で慢性的に役夫が不足するなかで、院宮王臣家も新都移転のための労働力などを必要としていたからである。そうした時、雑徭で徴発した人・物を部領して中央に参じる畿内郡司を院宮王臣家側が積極的に取り込もうとしたとしても不思議なことではないし、郡司の側も「親王家司」や「他色」任官の足掛かりにできるなどのメリットを感じていたはずである。当然このような動きが進めば、朝廷の目には雑徭の不調として映っただろう。郡司層と院宮王臣家の私的結合が、この時期の畿内の国郡支配を空洞化させた側面も決して無視はできないのである。

そして、こうした状況は九世紀を通じて解決されることはなかった。「軍事と造作」の負の遺産によって調庸違反の恒常化が進んだため、独自の財源を確保しようとする院宮王臣家・諸司の活動が畿内地域においてさらに活発化するからである。過重な「臨時差科」による疲弊と院宮王臣家の在地への介入で、畿内の国郡支配は動揺し始めたのである。

三　良吏から受領へ

では、朝廷は〈国家の直轄地〉という畿内の性質をどのように維持していこうとしたのだろうか。畿内地域の復興に関わる政策をみていくことにしよう。

まずは稲の借貸である。延暦一六年（七九七）、朝廷は屯田の稲を畿内の貧民に貸与した。さらに九世紀になると、富豪層から私稲を借り上げて畿内民衆への救済を継続して行った。[11]史料からは、延暦二二年に大和国、弘仁一〇年（八一九）に畿内諸国、天長一〇（八三三）に大和国、承和七年（八四〇）に畿内諸国、貞観一二年（八七〇）に河内国と断続的に私稲貸与の事例が確認できるが、これは財源を民間に求めることで諸国正税の減失を防ぎ、かつ衰弊した畿内の立て直しを図ったものといえる。その眼目が「臨時差科」のための徭丁確保にあったことはいうまでもないだろう。

また、同じ時期に朝廷は全国的に地方行政監察を行っている。(12)具体的には延暦一七年頃の問民苦使の派遣、大同元・二年(八〇六・七)の観察使の設置、天長元・二年の巡察使の派遣などで、これらを通じて地方社会の実情把握と国郡支配の再建が試みられた。

そうしたなかで、畿内については平安初期に国司制度の面で特徴的な動きがみてとれる。一つは公卿の兼国である。たとえば延暦一四年に藤原乙叡(参議兼山城守)、延暦二〇年に藤原乙叡(山城守再任)・藤原縄主(参議兼大和守)・藤原雄友(中納言兼摂津守)、延暦二三年に藤原緒嗣(参議兼山城守)などの事例が確認できる。延暦二〇年のまとまった国守人事からしても、これらは外国にみられるような公廨目当てのものではなく、国司支配の強化を狙ったものと考えられる。つまり貴顕の権威でもって畿内における行政上の諸案件を迅速に処理し、在地社会の動揺を抑えようとする意図があったものと思われるのである。国衙行政への梃入れによる畿内復興策といえるだろう。

公卿の国守兼任は弘仁八年頃にも河内国・摂津国で一時的にみられるが、そのすぐ後の弘仁一〇年頃から天長年間初頭にかけては公卿兼国制をさらに進めた国別当制の存在が確認されている。笠井純一氏は中納言清原夏野(山城国別当)・中納言良岑安世(河内国別当)・権中納言藤原三守(大和国別当)の三例を挙げ、彼等が国守の上位にあって国内行政の最高責任者として勧農や民生の安定に当たっていたことを指摘している。朝廷が畿内地域に特別な眼差しを向けていた様子が窺えよう。

また九世紀の畿内国司をみると、いわゆる良吏と呼ばれる官人が多く任じられている傾向が読みとれる。(13)と同時に、山城・大和・河内・摂津の四箇国では国守となる人物が重複するようなケースが九世紀第1四半期と第3四半期あたりに特徴的にみられる(表2)。これはつまり、朝廷が行政手腕に長けた有能な官人を畿内国司として積極的に登用し、畿内地域の再建に力を注いでいた状況を示すものといえる。特に注目されるのは貞観期の代表的な良吏である紀今守が貞観六年(八六四)に山城守・大和守および左京大夫を兼帯するという異例の人事が行われている点である。京および畿内主要国を良吏の手に委ねて、畿内の復興を進めようとする朝廷の方針がよく示されていよう。

そして、この紀今守が献策者であったと思しき改革が貞観四年に畿内地域で実験的に実施された。貞観新制と呼ばれる施策で、その内容は、①公出挙を停止して租を倍徴する、②雑徭を三十日から十日に減免する（京戸は全免）、③雑徭減免によって不足する労働力は倍徴した租稲を功食に充てて確保する、の三点に要約できる。[14] 新制の狙いが民衆の負担の緩和とともに、公粮支給によって労働力・物資をスムースに調達するところにあったことは明白だろう。朝廷の物理的基盤である畿内において、労働力確保のために有効と思われる方策が良吏の提案によって行われたのである。

この改革は、畿内で三年間試行した後に全国に敷衍する予定であった。しかし租稲を十分に確保できず当初の目論見通りに事が進まなかったため、結局は貞観六年に紀今守の奏上により旧法に戻されることになった。政策的には大失敗に終わったのである。ただそうした結果論のみをもって、良吏の意義を過小評価すべきではない。なぜなら令制の原則にとらわれない彼等の行政手法は、後の受領に継承されていくからである。歴史的にみると、良吏を前提にしたところから受領支配が展開していくことになるのである。

国司の受領化が制度的に確立するのは九世紀末であるが、当然ながらそれを可能にする前提条件はこれ以前から形作られていたはずである。そこで注目されるのが、貞観期以降に現れる非令制職名郡司である。これは国司が部内支配強化のために在地有力者を独自に任用したもので、

表２　複数の畿内国守を歴任した官人

	山城	大和	河内	摂津	和泉	薨伝等の記載
藤原仲成	延暦 19	延暦 25				
藤原緒嗣	延暦 22		弘仁 7			政術に通暁する
藤原継業	大同 1	大同 3				実直で礼儀に通じ、射技・琴歌に長ける
藤原永貞	弘仁 8	大同 1				
藤原長岡	天長 1	承和 10				武芸に長け、能吏の名声を博す
和気真綱			天長 1	天長 5		忠孝心を持ち、政務上の不正を許さない
安倍貞行		斉衡 4		貞観 2		民政に意を払い、道理をわきまえる
紀 今 守	貞観 3	貞観 5・6		貞観 2		
高丘百興			貞観 5		貞観 1	
在原善淵	貞観 6	貞観 1	貞観 9＊			
平 房 世			貞観 9	元慶 1		
忠 貞 王		元慶 2	元慶 1	貞観 6		威光と恩恵が及び、人民も腐敗せず
安倍房上		元慶 6	元慶 2			

年号は任官年もしくは見任の初見時。＊は権守任官を示す。

それらをまとめた表3をみると、畿内では活動時期によっておおよそ三グループに分類できる。一つが九世紀後半から一〇世紀前半の郡老・検校、次が一〇世紀前半から後半の国系（国老・国司代・国目代）、最後が一〇世紀半ばから頻出する行事である。[15] 畿外にみえる勾当や使系（郡摂使・郡務使・惣摂使）は一〇世紀の畿内にはほとんど確認できない一方、畿内に所見する行事は逆に畿外ではあまりみられない。また、郡老・検校・国系はまず畿内に現れ、畿外に遅くまで残存する傾向が看取される。史料が少ないので確実なことはいえないが、畿内で先駆的に試行された後に畿外でも採用されたのかもしれない。

　この三組は互いに重複する期間をもちつつも、ほぼ半世紀程ずれながら展開している。おそらく受領支配の変化と対応しているのだろう。たとえば検校は、九世紀後半の調庸・租税の専当＝徴税請負人[16]に関係した呼称と考えられるし、郡老は郡支配の強化のために任用された在地の名望家＝オトナ（老）と捉えられる。これらは郡官僚組織への梃入れ策とみることができよう。しかしそれも一〇世紀初頭にはうまく機能しなくなり、次に国系の任用が始まった。いわゆる国郡行政の一体化[17]と呼ばれる事態で、郡の官人が受領に係属する形で配置されたものといえる。この時期は受領郎等が国務に関与し始める頃でもあり、受領の手足として動く人材の編成が進められていったと理解できるだろう。

　続いて一〇世紀半ばになると行事（畿外は使系）が継続的にみえ始め、一一世紀以降も一員郡司として存続していった。行事が展開する一〇世紀中葉は正倉が最終的に無実化する時期に当たり、同世紀後半には律令税目の混合（公田官物率法の形成）も進展する。要するに収取制度の枠組みが令制的なものから大きく変わるのである。

表3　非令制職名郡司

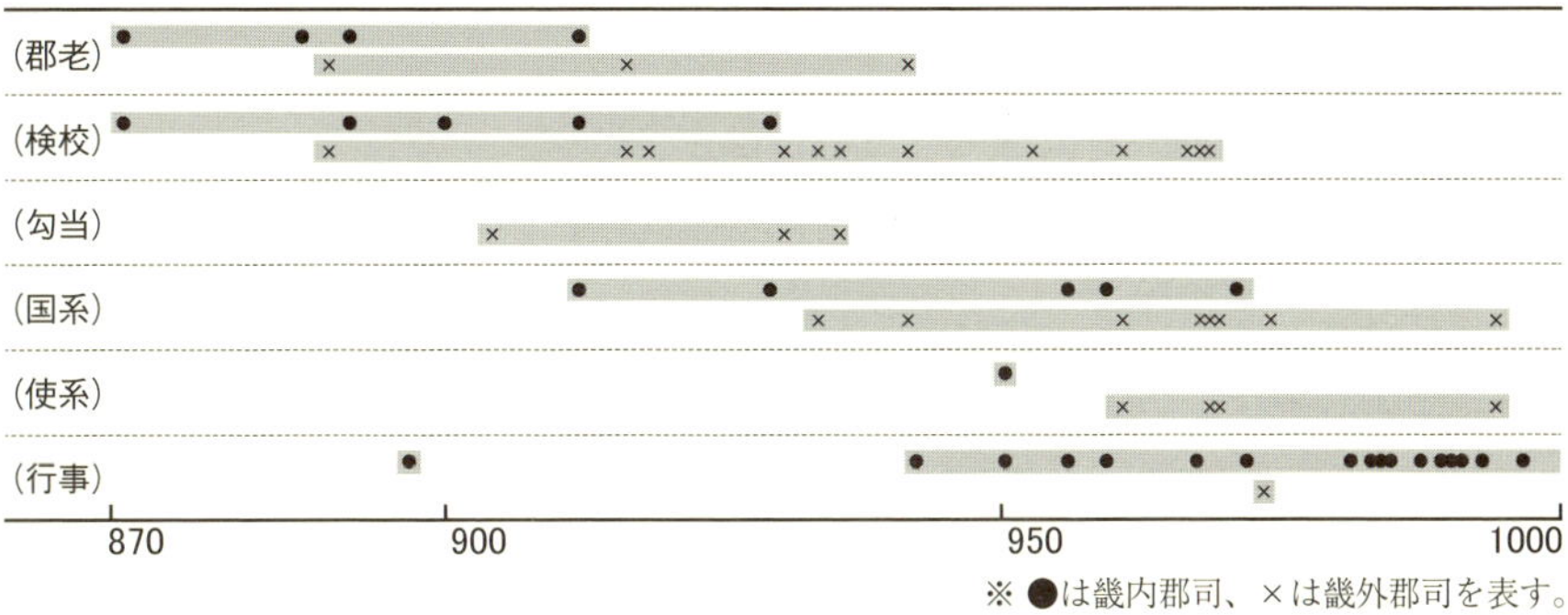

※ ●は畿内郡司、×は畿外郡司を表す。

それにともない徴税業務は専ら受領郎等・在庁官人によって担われるようになり、郡司はその指揮下で実務を補佐する立場となって、役割としては従前の郡雑任（刀祢）に近似していった。これは従来の研究[18]が指摘する郡司と刀祢が一体化した在地司の生成を意味しており、大まかにいうと行事とは郡司が在地司化する局面で現れた存在と捉えられると思う。

このように国郡機構は九世紀後半からの段階的な変化を経て、一〇世紀末までに御館人（受領郎等・在庁官人）を中心にすえた国務遂行体制へと移行し、受領の国内支配は強化された。こうした動向は全国的なものであり、畿内でも大和国の免除領田史料や負田結解などから強力な受領支配の様相を窺うことができる。最後にこの点に関して、畿内特有と思われる問題に触れておきたい。一つ目は官物についてである。一一世紀前半の大和国の官物は穎六束・田率米一斗からなり、他国のように非水田生産物を収取するための准米は存在しなかった。畿内の公田官物率法は大和国の事例しか判明しないので確実なことはいえないが、穎・田率米という簡素な構成は、租・正税利稲と調銭という畿内の税制に由来する可能性が高く、准米がないのは絹・布類が賦課されない畿内調制の特質によると考えられる。公田官物率法に畿内制の残影をみることができるのである。

二つ目は臨時雑役である。山城国紀伊郡では一一世紀に「諸宮御菜・右馬寮御馬蒭」が臨時雑役として賦課されていたことが確認できる（『平安遺文』五二五号）。畿内制は既に制度的内実を失ってはいるが、朝廷の膝下地域として物資・労働力を供給するという畿内の性質は、その特定部分が受領の臨時雑役賦課の中に組み込まれることで温存されていったといえる。畿内制はその後の畿内地域の収取制度にも一定の影響を与えたのである。

ところで『官職秘抄』によると、一二世紀末の山城・大和の国守は侍層が就くような低いランクの官職になっていた。これは両国に権門・諸司の膝下所領が展開し、もはや国衙支配が貫徹しない「亡弊国」になっていたからである。一一世紀末からの荘園制社会の形成にともない、畿内地域は畿内荘園の展開という形で新しく特色付けられていくのである。

註

（1）代表的な研究として、大津　透　一九九三「律令国家と畿内」（『律令国家支配構造の研究』岩波書店）が挙げられる。なお大津氏の議論に対しては、吉川　聡　一九九六「畿内と古代国家」（『史林』七九―五）の批判が有効である。
（2）浅井勝利　一九九三「畿内郡司層氏族に関する覚書」『史観』一二九。
（3）今泉隆雄　一九七二「八世紀郡領の任用と出自」『史学雑誌』八一―一二。
（4）早川庄八　一九八六「選任令・選叙令と郡領の「試練」」『日本古代官僚制の研究』岩波書店。
（5）大町　健　一九八七「畿内郡司と式部省「試練」」『日本歴史』四六六。森田　悌　一九八七「畿内郡司と試練」『日本歴史』四七四。森　公章　二〇〇〇「試郡司・読奏・任郡司ノート」『古代郡司制度の研究』吉川弘文館。
（6）須原祥二　二〇〇一「式部試練と郡司読奏」『古代地方制度形成過程の研究』吉川弘文館。
（7）坂本太郎　一九八九「郡司の非律令的性質」『坂本太郎著作集第七巻　律令制度』吉川弘文館。
（8）吉川真司　一九九八「律令官僚制研究の視角」（『律令官僚制の研究』塙書房）の推算方法を参照。
（9）山中敏史　一九九四『古代地方官衙遺跡の研究』塙書房。
（10）市　大樹　一九九九「九世紀畿内地域の富豪層と院宮王臣家・諸司」『ヒストリア』一六三。
（11）戸田芳実　一九六七「律令制下の「宅」の変動」『日本領主制成立史の研究』岩波書店。
（12）九世紀前半までの状況に関しては、笠井純一　一九八〇「天長・承和期における地方行政監察について」（井上薫教授退官記念会編『日本古代の国家と宗教』下巻、吉川弘文館）を参照した。
（13）大和国の事例については、小原嘉記　二〇〇七「平安期の大和国司」（『シリーズ歩く大和Ⅰ　古代中世史の探究』法藏館）参照。
（14）貞観新制については、佐藤宗諄　一九七七「「前期摂関政治」の史的位置」（『平安前期政治史序説』東京大学出版会）参照。
（15）森　公章　二〇〇〇「雑色人郡司と十世紀以降の郡司制度」（前掲著書所収）の分類を参照した。
（16）坂上康俊　一九八五「負名体制の成立」『史学雑誌』九四―二。
（17）山口英男　一九九一「十世紀の国郡行政機構」『史学雑誌』一〇〇―九。
（18）斉藤利男　一九七九「十一～十二世紀の郡司・刀祢と国衙支配」『日本史研究』二〇五。

畿内の国府・国庁

古閑正浩

はじめに

畿内の国府は、所在地の移動が遷都に関わることや、九世紀には、離宮や外交施設などの国家施設を使用する傾向が史料から読み取れる。こうした史料や地名などをきっかけにして、一九六〇年から八〇年代を中心に、歴史地理学的な検討から、国府の所在地比定が積極的になされてきた[1]。ところが現在までのところ、発掘調査が多く実施されているにもかかわらず、考古学的には、畿内の国府跡を特定するには至っていない。一般的には、国府跡に認定できる条件として、国庁の建物跡や墨書土器の存在などがあげられる。しかしこれらは、もはや理想的な条件であって、視点を広げた遺跡の検討が改めて必要であろう。

そこで、ここでは山城国府の一部の事例を取り上げ、史料が示す地理的特徴や機能、地域の中での細かな遺跡の動向を重視して国府跡を位置付けたい。その上で、周辺施設との位置関係など、所在地の空間構成やその形成過程から国府を相対化させて、その性格についても、少しふれてみたい。

一　第三次山城国府と南栗ヶ塚遺跡―「長岡京南」をめぐって―

山城国府は、所在地を示す史料がいくつかある。延暦一六年（七九七）、葛野郡から「長岡京南」へ国府が遷る。[2] また貞観三年（八六一）には河陽離宮を国府として使用することが許されている。[3] 奈良時代については、『律書残篇』の「去レ京行程半日」の記載から相楽郡などの平城京の近郊に所在地が求められている。[4] この想定を含め、四つの所在地を変遷した国府を第一次～第四次と便宜上称しておきたい。ここでは第三次・第四次の国府について検討する。

第三次国府について、『日本紀略』は、「遷二山城国治於長岡京南一。以二葛野郡地勢狭隘一也」と記す。この所在地を求めて、かつて木下良は、近世の西国街道が直線化した地表面の地割りに注目し、これを中軸に方八町の国府域を想定した[5]（図2）。そうして、その位置は長岡宮の南に所在したことを示した。しかし考古学的な裏付けは得られていない。これに対して、中川和哉は、第三次国府の候補地の一つとして、南栗ヶ塚遺跡を挙げた。[6] 中川が重視したのは、長岡京条坊の南に位置し、大型の掘立柱建物が検出されていること、また条里に斜行する直線道・久我縄手にも近いことなどである。筆者もまた、近年の調査成果の実態や別の視角から、南栗ヶ塚遺跡を第三次国府跡として論を展開してみたい。

長岡京の条坊については、検出遺構を基にして復原研究が進展している。これによって実態に即した条坊の施工範囲が明らかにされつつある。國下多美樹の研究成果に拠り、[7] 京の南に焦点を絞って条坊の遺構検出例についてみると、おおよそ条路は七条大路以北に限られる（図1・3）。ただし、坊路については、七条大路以南であっても西一坊坊間西小路の西側溝が確認されている。西一坊大路を中心にして恵解山古墳から境野一号墳で画された南北約四町、東西約四町の範囲に長岡京期から一〇世紀前半までの遺構が分布する（図1～3）。この範囲は、南栗ヶ塚遺跡として捉えられ、長岡京の条坊施工範囲のほぼ南に接し、先述の七条大路以南で部分的に施工されている西一坊坊間西小路西側溝の施工もこれに含まれる。この一帯は、低位段丘上に位置し、地形条件もよい。

南栗ヶ塚遺跡の主要遺構は、恵解山古墳の南に接し、西一坊大路路面の計画位置を中心に展開している。ただし、西一坊大路については、南栗ヶ塚遺跡のさらに南の東側溝推定位置で九世紀前半の南北溝が検出されている。南栗ヶ塚遺跡と久我縄手をつなぐ地割りの存在として注目される。

南栗ヶ塚遺跡の遺構群の特徴は次のとおりである[8]（図4）。長岡京期を契機として整地がなされ、廃都後も一〇世紀前半頃まで土地利用が継続する。掘立柱建物では廂を有するもの、柵を伴う例が多い。方位は真北を指向するが、やや西へ振れる遺構も存在する。

南栗ヶ塚遺跡で検出された建物のなかでは、掘立柱建物ＳＢ一三九三三が二間×四間以上の大規模な東西棟で、南北に廂を有する。その北には、二間×五間の東西棟ＳＢ二七二一六が存在する。両者の対面する側柱列の距離は二四メートル（八〇尺）を測り、その中間にはピット2基が規則的に配されている。これらの遺構群は、遺構の切り合い関係や出土遺物から、九世紀前半に機能した遺構群に位置付けられる。しかも高い計画性を示し、西一坊大路の路面計画位置に所在し、恵解山古墳の南に面する。こうした特徴を重視すると、これらの遺構群は、南栗ヶ塚遺跡のなかでも主要な機能を担ったことが想定される。これらの北側で検出された落ち込み状遺構ＳＸ八一二〇五からは、九世紀前半~九世紀後半の土器が多量に廃棄されており、第三次国府の存続期間にも当たっている。出土遺物には、識字層の存在を示す陶硯や墨書土器がある。また注目されるのは、軒瓦の存在である。平城宮式の再利用瓦と共に、大山崎瓦窯産の平安前期の軒平瓦が少量ではあるが出土している[9]。先述のＳＢ一三九三三の柱穴やその周辺からは、瓦片が散在的に出土しており、大山崎瓦窯産の軒平瓦もこの建物の造営に関連して供給された可能性が想定される。

ここで、廃都後の長岡京地における大山崎瓦窯産の供給例をみておくと、宮域では、東宮（第二次内裏）の南北で分布が確認できる[10]（図2）。右京では六条三坊七町でみられる。前者は、延暦一四年（七九五）五月一四日、文室八多麻呂ら一八人に長岡旧宮を守らしめており[11]、平安京遷都後の公的な管理下のなか

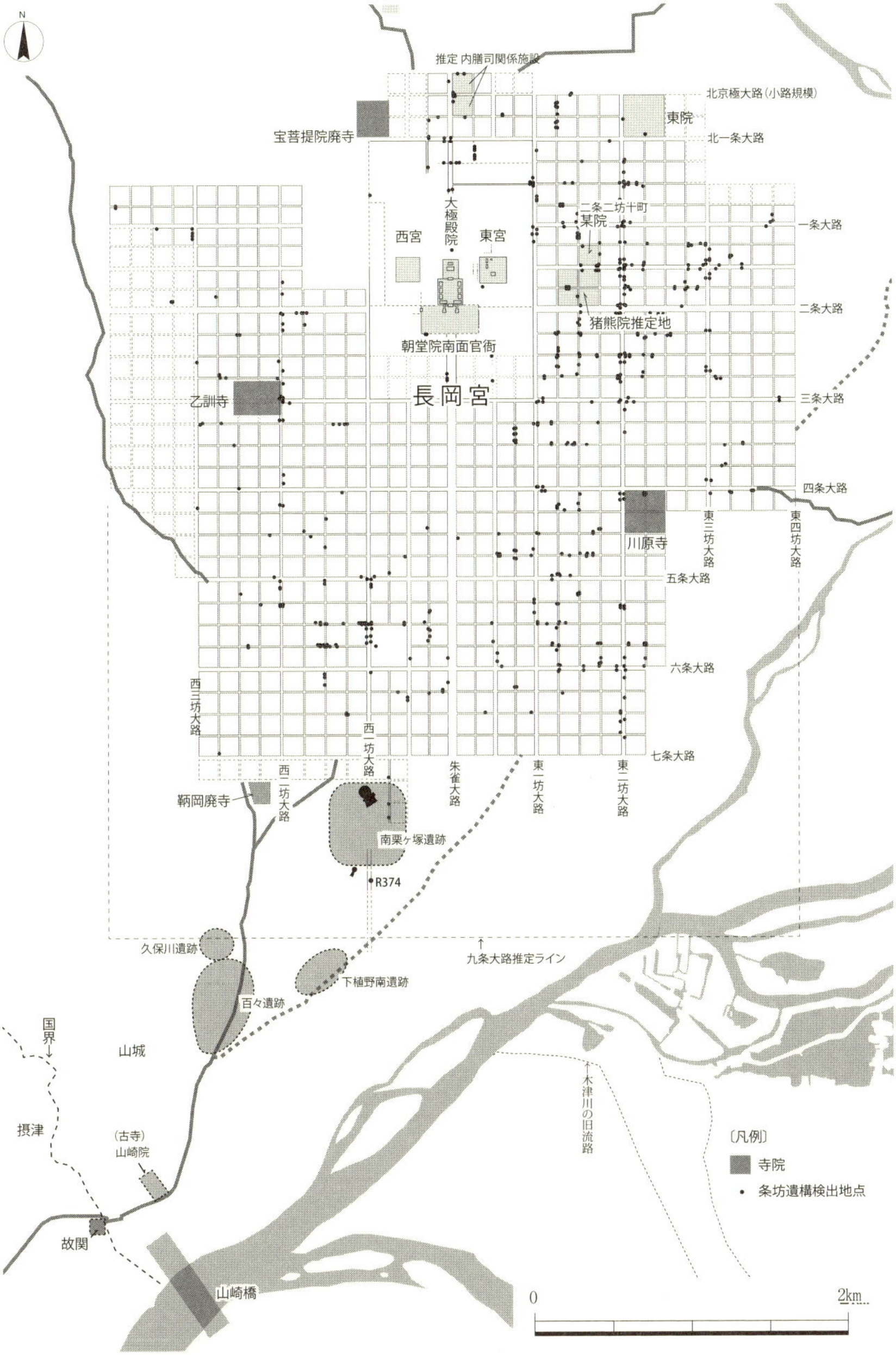

図１　長岡京条坊の施工範囲と南郊の遺跡（1：50,000）

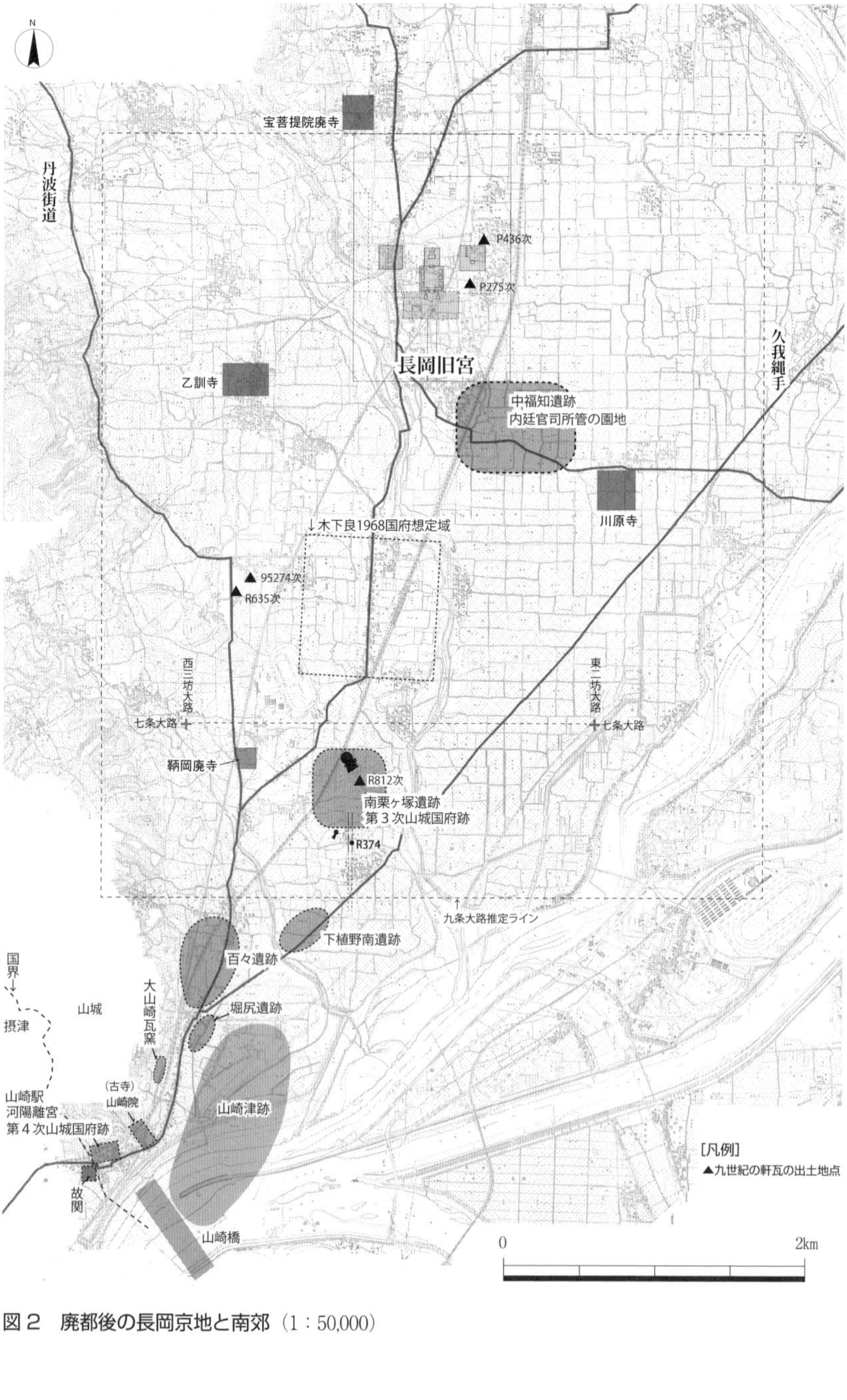

図２　廃都後の長岡京地と南郊（1：50,000）

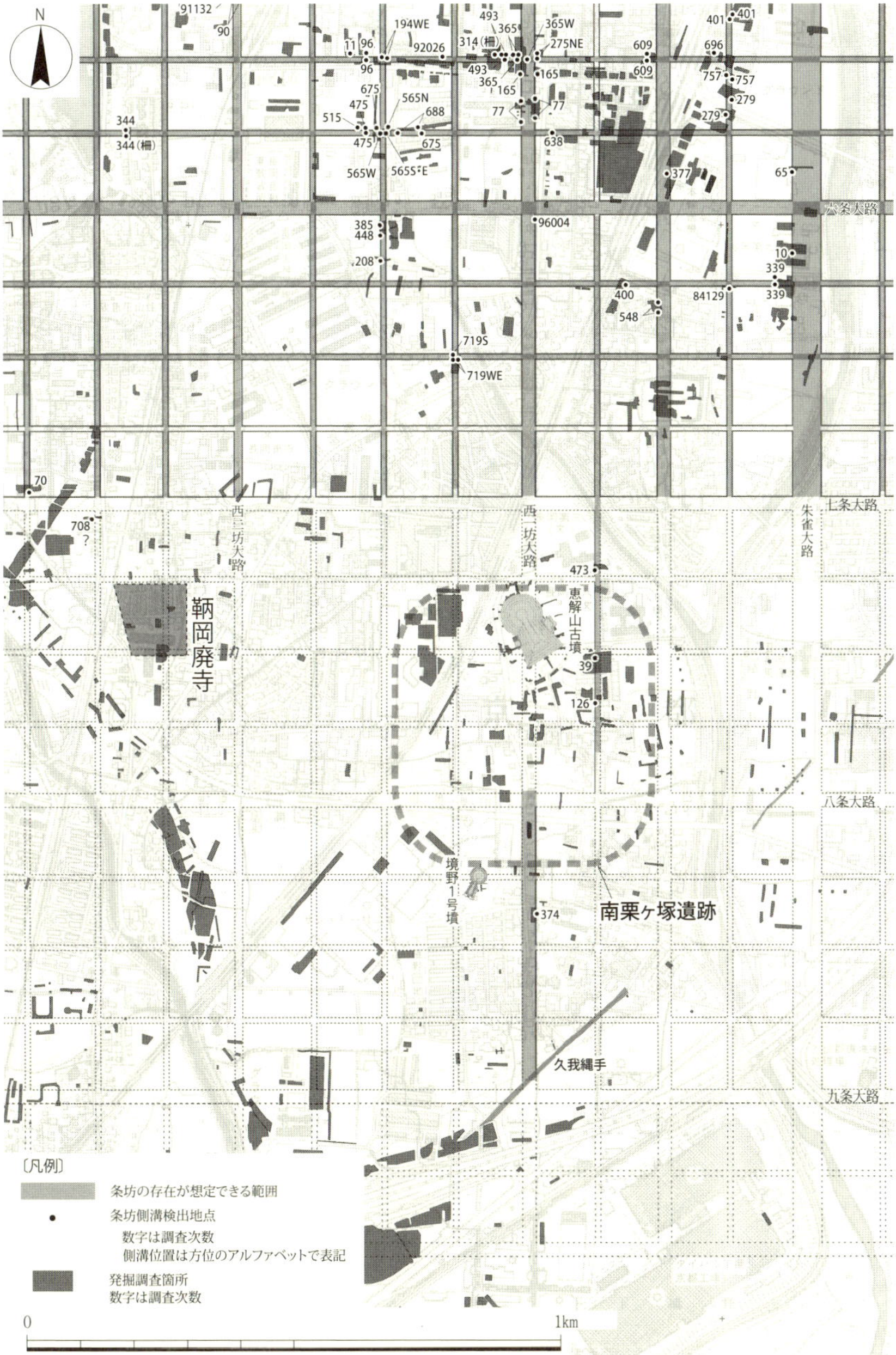

図３　長岡京の条坊遺構検出地点と調査地（1：15,000）

での動向と関係しよう。後者は、長岡京期の製鉄炉が複数検出されており、(12)廃都後も官営工房の機能が存続したことと関係しよう。こうした事例を考えあわせると大山崎瓦窯の製品が南栗ヶ塚遺跡へ供給されていることは、この遺跡が公的な性格を帯びていたことを示すものとして重視される。

これに加えて、この地が首長墓によって画された範囲であることも見逃せない。恵解山古墳は、乙訓地域最大の全長約一二〇メートルを測る前方後円墳であり、境野一号墳も全長約六〇メートルに近い規模を有している。長岡京廃都直後にこうした地域を占有できる階層性についても、考慮しておく必要があろう。ここまで、南栗ヶ塚遺跡について、条坊施工範囲との位置関係や条坊地割りを示す溝の存在、建物群や出土遺物の特徴についてふれてきた。現状では、「長岡京南」に所在した第三次山城国府は、南栗ヶ塚遺跡に当てるのが最も妥当であろう。

ここで改めて南栗ヶ塚遺跡の周辺に目を向けると、鞆岡廃寺の存在が気にかかる。鞆岡廃寺は、少なくとも奈良時代には存在した寺院である。堂

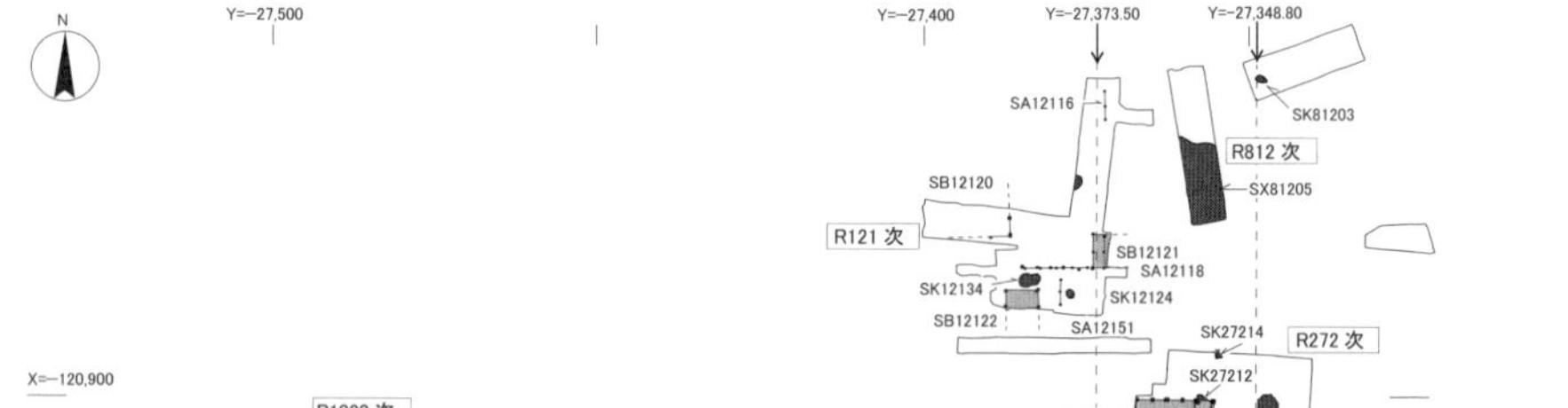

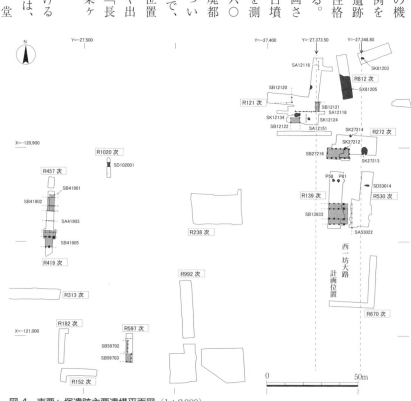

図４　南栗ヶ塚遺跡主要遺構平面図（1：2,000）

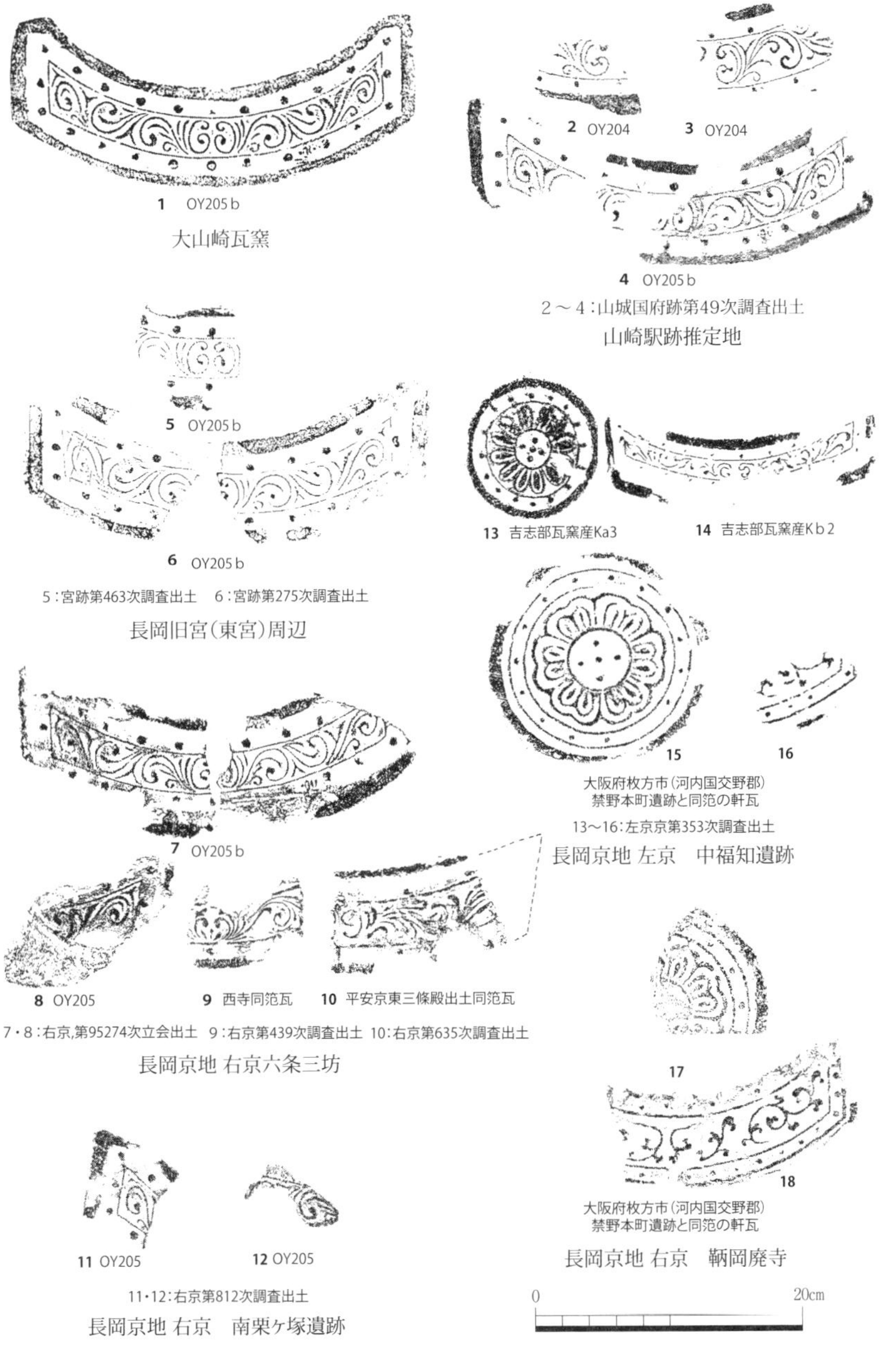

図５　廃都後の長岡京地出土の軒瓦（1：6）

舎は未検出であるが、地割り遺構や瓦の分布から寺域が推定されている。[13] 長岡京期では、寺域が条坊内に再編されたか否かは不明である。しかし周辺では多くの調査がなされているにもかかわらず、明確な条坊遺構が確認できないことに留意すると、条坊に近在して、既存寺院が併存していた可能性もある。ここで重視したいのは、長岡京期の鞆岡廃寺では、長岡京造営の瓦が供給され、朱塗りを伴う整備がなされている点である。[14] 現在の西国街道と丹波街道の分岐点に鞆岡廃寺が位置し、奈良時代でも交通の要衝であったことを考えると、この地が長岡京の実質上の玄関口であったとみてよい。さらに鞆岡廃寺では、枚方市禁野本町遺跡や長岡旧京左京の中福知遺跡の同笵瓦[15]（図5）が出土しており、長岡京廃都直後にも整備が加えられている。鞆岡廃寺と南栗ヶ塚遺跡は約二町隔て、ほぼ東西に並ぶ位置関係にある。鞆岡廃寺のこうした動向や位置関係を重視すると、国府隣接寺院としての性格が付与されていたことも想定しておくべきであろう。

二　第四次山城国府と山崎

貞観三年（八六一）、老朽化した河陽離宮を国府として利用したいという山城国司の奏が、宮名は廃さず、行幸時には掃除を加えることを条件に許された。[16] ただし、「離宮院」の施設が国司の管理下におかれるのは延喜八年（九〇八）になってからのことである。[17] 貞観三年の段階では、離宮の機能は中枢施設である離宮院として存続させ、その他の施設を国府として利用したことがうかがえる。

河陽離宮は、山崎に置かれた離宮であり、「離宮院」は、「五間瓦葺殿・六間殿・十間屋・三間楼」等の建物によって構成されていることが先にふれた延喜八年の太政官符からわかる。嵯峨天皇の弘仁一〇年（八一九）の行幸を初見とする。嵯峨天皇は、河の北側に当たる山崎を唐風に「河陽」と詠んだ。この初見記事には、前史があり、弘仁二年[18]と同四年には山崎駅に行幸し[19]、弘仁五年に山崎離宮に行幸している。[20] こうした過程に注目した高橋美久二は、離宮院の「三間楼」が、『菅家文草』で詠まれた河陽の駅楼でもあり、元は山崎駅の楼閣建物であったことを駅館院に関する他の史料から示した[21]。そうして山崎駅の中枢施設「駅館院」が、河陽離宮の「離宮院」へ再編されたことを想定した。ただし、『延喜式』兵部省諸国駅伝馬条には山崎駅が所載されており、離宮の成立後も駅の機能は存続している。

　これらのことから、貞観三年の段階では、河陽離宮の「離宮院」を中心にして山崎駅と山城国府の機能を併存する複合的な施設が存在したことになる。河陽離宮の故地は、大山崎神人が拠り所にした離宮八幡宮一帯に推定されている。現在の境内の北西隅の発掘調査では、九世紀前半には成立し、一〇世紀中頃まで存続した礎石建物SB四三が検出されている（図6）。軒瓦の需給関係の検討から、これを山崎駅・河陽離宮に関わる建物に想定している[22]。上原真人は、先にみた「離宮院」を構成する建物「五間瓦葺殿」をこの礎石建物に比定している[23]。この南側には近世の西国街道が東西に通るが、これがほぼ古代の山陽道を踏襲していることが、側溝に推定される溝の検出例によって確認できる。また、山陽道に直交した区画を示す溝なども検出されている。東側では、七世紀代に創建され、天平期には行基によって再編された「山崎院」の推定寺域が所在している。西側には、摂津国との国界があり、西国街道沿いには、古代の関の名残を示す関大明神社が所在している（図7）。

　河陽離宮で賦された詩が『文華秀麗集』に収められており、河陽

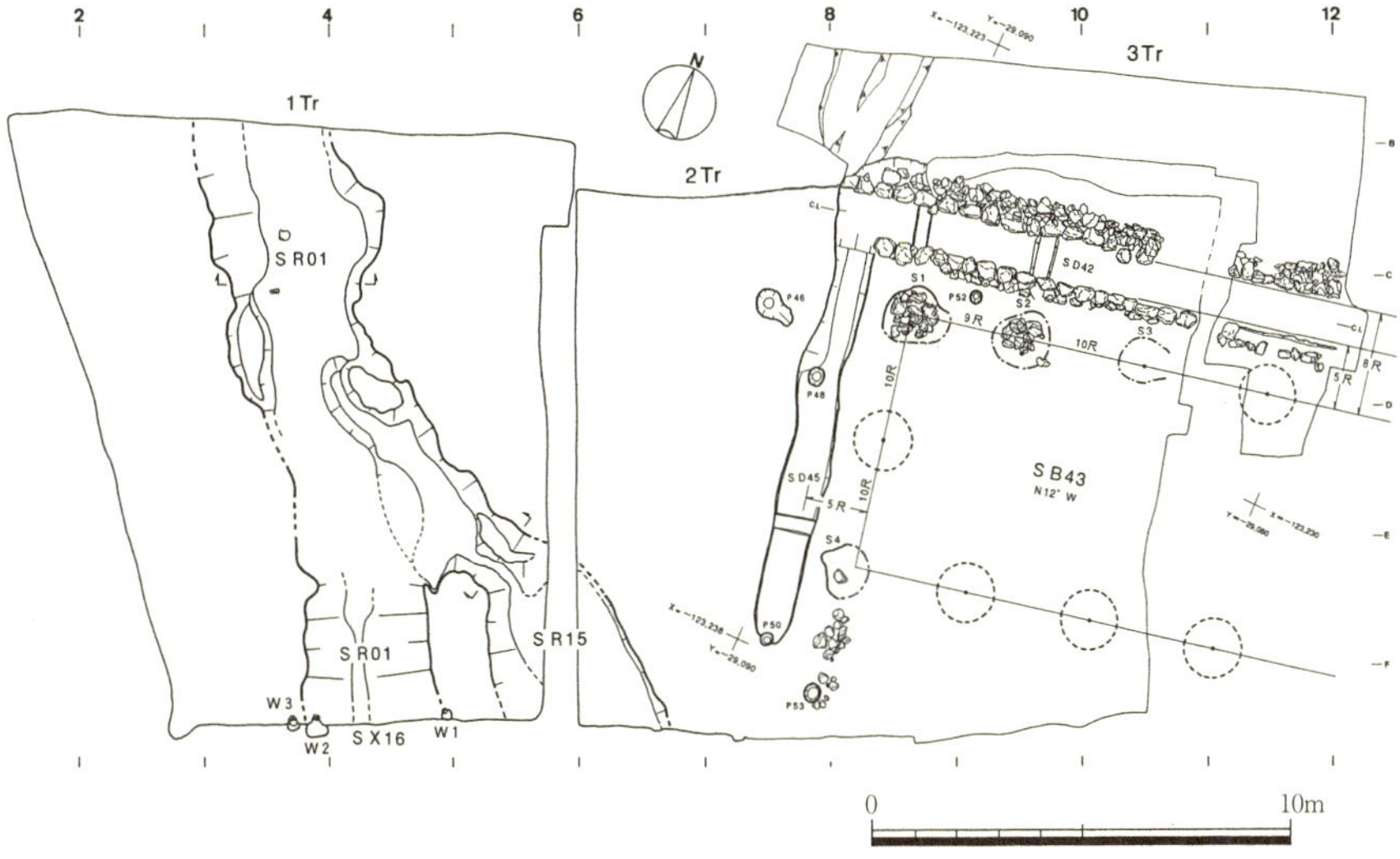

図6　山城国府跡第49次調査遺構平面図（1：300）

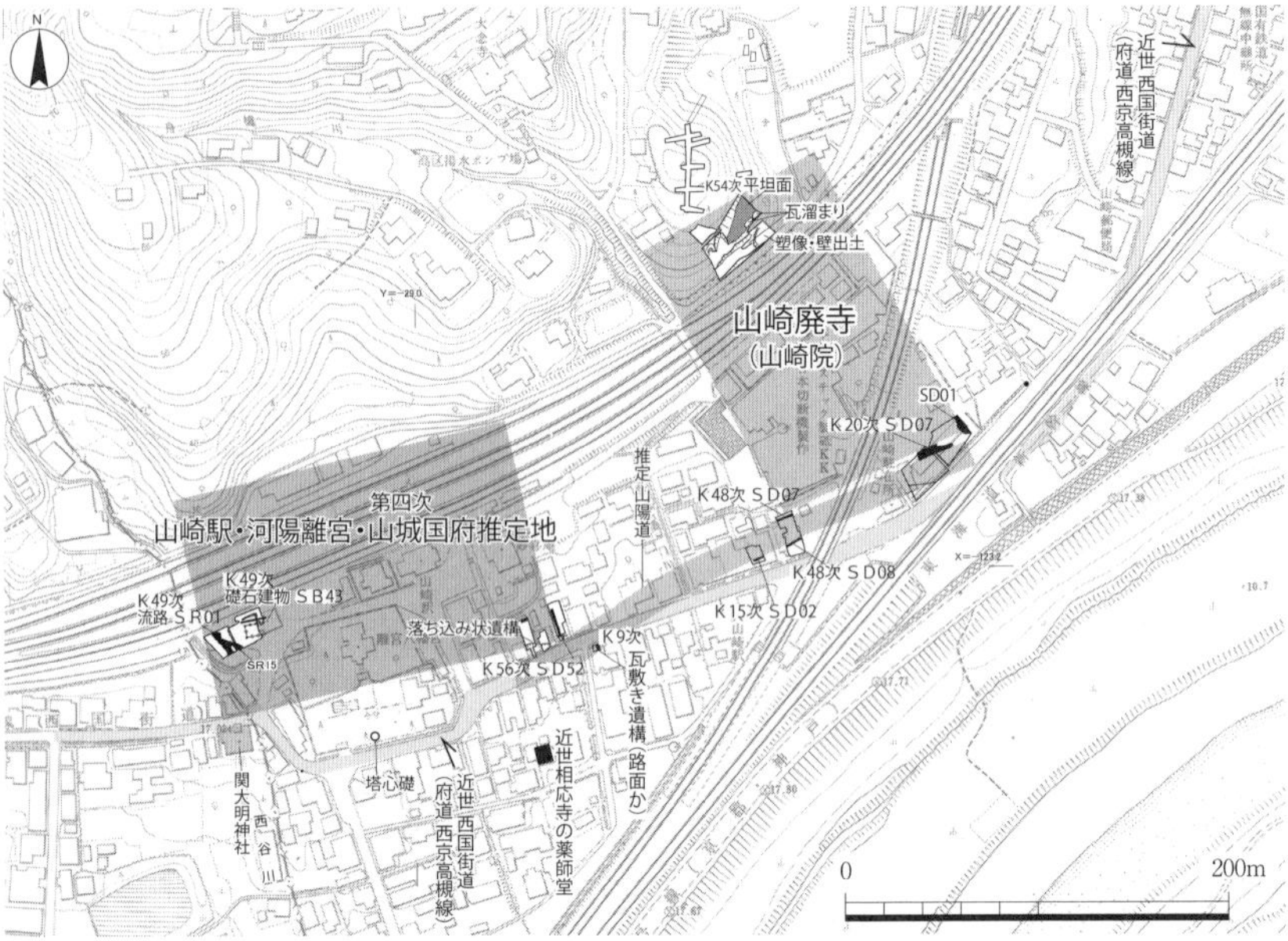

図７　第四次山城国府跡推定地周辺の遺構検出例（1：6,000）

図８　貞観期における山崎の主要施設配置復元案（1：6,000）

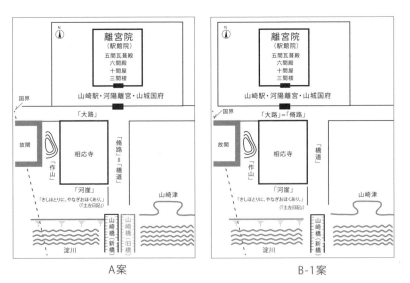

の景観を知ることができる。これによると離宮の門南には「脩路」や「河橋」が、離宮の東第一峯に山寺、東山翠下に古寺が所在し、周辺には故関の所在なども知られる。[24] こうした河陽離宮周辺の景観は、先の発掘調査の成果とも整合的である。[25] 第四次国府を直接示す遺構は確認できていないが、先の礎石建物SB四三の東側一帯に想定できよう。

国府周辺の位置関係で注目されるのは、第四次国府へ遷移した五年後、貞観八年（八六六）に相応寺が造営される点である。相応寺は、権僧正壱演が開いた寺で、木工寮も造営に関わった。その地は元「漁商比屋之地也」「累代商賣之廛」であった。[26] その寺域の四至は、東を橋道、南を河崖、西を作山、北を大路にそれぞれ至る範囲とされる。[27] 先の『文華秀麗集』の門南の脩路をこの橋道とみれば、離宮と相応寺の四至の位置関係がわかる（図8A案）。ただし、脩路は大路（山陽道）を指すとの解釈もあり、[28] その場合は、位置関係が限定できない（図8 B-1案）。しかしながら相対的には、大路を挟んで北側に離宮・駅・国府の施設群、その南には淀川に近在して相応寺や山崎橋が所在したことを知り得る。山崎橋の東西には木材が繋留されており、一帯には山崎津を想定することが可能である。[29] 任地土佐国から帰京の途にあった紀貫之は、承平五年（九三五）二月一一日に山崎に到着し、「やまざきのはしみゆ。うれしきことかぎりなし。ここに、相応寺のほとりに、しばしふねをとゞめて、とかくさだむることあり。このてらのきしほとりに、やなぎおほくあり。」とその情景を記している。[30] 貫之はその後、一六日に車で山崎から京へ向かう。車から眺めた山崎の店先の様子を記している。陸路はいうまでもなく山陽道である。こうした内容は、先述してきた九世紀の景観に合致している。以上述べてきたように第四次国府は、離宮・駅・寺・橋・津が集中する中で機能したのである。

三　国府・国司・都城制

山城国府の四つの所在のうち、長岡京廃都以降の第三次と第四次の国府所在地を比定し、その特徴についてふれてきた。第三次への遷移については、長岡京廃都後の土地利用の再編が関わっていることが、所在地や史料からうかがえる。延暦一四年正月、勅旨所に藍畠七町、近衛府に蓮池一町が当てられた[31]。これを端緒とし、皇親・寵臣・内廷官司への長岡京地や乙訓郡地の下賜記事が頻出し、弘仁三年までみられる。ここで改めて第三次国府の位置が、条坊施工範囲の縁辺もしくは外縁に立地していることが注意される。条坊で囲繞せず、瓦葺き政庁で偉観を誇示する意図もみられない。旧京の条坊の施工範囲が再編の主対象であったからこそ、その南縁に立地したのであろう。平安京遷都後の延暦一四年、山城国守は、参議左京大夫の藤原乙叡が兼ねた。新京と旧京を一体的に管理・整備しようとする意図が察せられる。平安京遷都後、長岡旧京を支配者層の所領など、経済的基盤として再生するねらいがうかがえる。その後も山城国司は京官が兼任する例が多く、新京と任地での往還の効率化をはかるためにも、主たる実務地へ国府を移したのではないか。

第四次国府は、駅・離宮・橋・津・寺が集中する山崎の中で主体的な役割を担う。その遷移は、老朽化した河陽離宮の維持管理を目的とした。河陽離宮への行幸は仁明朝以降は途絶えていたが、中央政府は離宮を存続させた。山崎橋も、中央が管理する対象であった。『延喜式』雑式に山崎橋の橋板の貢進が定められているほか、破損に際して造山崎橋使が任じられている。その例は、平安時代を通じて四度を数える。このうち、嘉祥元年（八四八）における洪水の破損の際には、山城国司の介、長峯秀名が造山崎橋使に任じられている[32]。また、水陸交通の結節点であった山崎は、山城五道の一つであった。これは、平安京を守護する上での要地であり、承和の変に際しては、宇治橋・大原道・大枝道・山崎橋・淀渡が固めの対象となっている[33]。この時、京中では飢餓が生じ、賑贍を行わざるを得なかった[34]。これらは地理的要地というだけでなく、流通経済の拠点でもあったのである。天安二年（八五八）の文徳天皇の崩御[35]や承平元年（九三一）の群盗横行に際して[36]、山城国司は、これら要地の警護に当たっている。

山崎における地理的条件は、交通網としての重要性だけではない。平安京を守護する精神的な境界の場でもあった。河陽離宮は、斎王の帰京の祓に際して宿所として利用されたり、[37]大般若経が転読される護国法会の場でもあった。[38]離宮の南に位置した相応寺でも、天慶の乱の際には不動法が修せられている。[39]また、畿内堺十処疫神祭[40]や四界祭[41]の場でもある。このように平安時代の山崎は、要地の警護や水陸交通施設の設置、境界儀礼の実施など国家的な性格が重層する場であり、近京圏の境界の象徴的存在でもあったのである。

これまで述べてきたように、河陽離宮への国府の遷移や木工寮による相応寺の造営など、貞観期は山崎において画期といえよう。ここで想起されるのは、貞観二年（八六〇）、大安寺僧行教によって対岸の男山に八幡大菩薩が勧請されたことである。八幡大菩薩は、「吾移坐二近都一、為鎮護二王城一也」と行教に示して、これによって石清水八幡宮寺が創祀されたという。[42]貞観七年には紀朝臣彝範を使として楯桙と鞍が奉納されており、[43]この頃には宮寺の外観も整っていたとみられる。[44]貞観期における山崎の動向と、こうした石清水八幡宮寺の創祀の経過を考え合わせると、これらは、王城を守護する象徴の地として、南郊の地勢狭隘部を拠点化させようとしたことが察せられる。

まとめ

第三次・第四次山城国府について史料を手掛かりにして、遺跡のあり方から所在地の比定を行った。また、周辺施設との位置関係から、国府の性格についてもいくぶん具体的に捉えることが可能となった。第三次にせよ、第四次にせよ都城の動向と密接に関わる国府の相貌がうかがえる。これとは対照的に、独自の造瓦組織で政庁を造営した形跡は、出土瓦からもうかがえない。これらの国府においては、瓦葺き建物によって政庁の偉観を備えることが第一義ではなかったのかもしれない。

ここで少し、他の畿内国府に目を転じてみたい。大和国府は、『和名類聚抄』では高市郡とするが、葛上郡が旧国府であったことが『頭陀親王入唐略記』の貞観三年（八六一）の記載でわかる。和田萃は、藤原京期に葛上郡に所在した国府が、平城京遷都に関連して藤原旧京の高市郡へ遷移したことを想定している。[45]旧京の跡地利用に国府の遷移を伴った可能性が示されており、山城国府と類似する現象であった可能性もあり、興味深い。

河内国府は、『和名類聚抄』には、志紀郡にありとする。允恭陵古墳北側から船橋遺跡にかけての国府台地北縁部一帯は、「惣社」「庁屋」などの地名が遺存することから、国府の有力な推定地とされてきた。[46]船橋廃寺・衣縫廃寺・拝志廃寺・土師寺・西琳寺・野中寺・葛井寺・善正寺などの既存寺院が、国府推定域の周囲を囲むように分布している。河内では、青谷遺跡（竹原井頓宮跡）と河内国分寺の造営に伴って独自の瓦（青谷式）が国府の主導によって生産されている。[47]この瓦が国府推定地周辺の諸寺にも積極的に供給されており、その分布は、国府周辺の寺院圏を形成しているようにもみえる。国府推定地においては、瓦葺き政庁の存在は、未検出である。

摂津国府は、延暦一二年に摂津職が停止して摂津国が成立したことによる。[48]『色葉字類抄』には西成郡にありとする。延暦二四年（八〇五）には、「遷二摂津国治於江頭一。」とある。[49]延暦三年に解体が着手された難波旧宮の管理や周辺地域の再編を意図したものであろう。大川南岸の船場地域では、吉志部瓦窯産の軒丸瓦が出土する地点があり、注目される。[50]天長二年（八二五）には「遷二摂津国於豊嶋郡家以南地一。」とある。[51]さらに承和二年（八三五）には河辺郡為奈野に定めて国府を遷建すべしと命じられたが、実現せず、承和一一年の摂津国の奏が許されて鴻臚館を国府とし、修理が加えられた。[52]この鴻臚館の前身は奈良時代に遡り、天平四年（七三二）一〇月癸酉条の造客館司の設置に求められる。[53]八世紀から九世紀以降も存続する遺跡の実態が注目されよう。山城にせよ、摂津にせよ、九世紀には地方官から離宮や外交施設など国家の象徴的存在を国府として使用することを求めており、畿内の国府の性格を考える上で注意される。

和泉国府は、『和名類聚抄』では和泉郡にありとする。霊亀二年（七一六）四月に大鳥・和泉・日根の三郡を河内国から割いて和泉監が設置された。[54]これは、珍努宮の管理とこの地方の支配を行うためのものであったが、天平一二年（七四〇）に河内国へ再び併合され、[55]さらに天平宝字元年（七五七）に至って和泉国として分立する。[56]河内国への併合後も珍努宮は存続していること、珍努宮が和泉宮とも称されていることなどを考え合わせると、和泉国府は、珍努宮への利便性が保たれた和泉郡域に存在したことが想定される。[57]和泉郡では「府中」の地名があり、和泉寺跡も所在している。府中遺跡として調査が続けられているが、国府に関連する成果は得られていない。

以上、述べてきたように、畿内の国府は、都城の変遷や国家的な施設である離宮や外交施設の維持管理に関わって所在する例が多い。山城国府で例示したように、都城制を下支えする実務的な国府の性格が浮かんでくる。国庁の姿は不明ではあるが、偉観を示す遺構の探索だけが国府跡研究でもない。改めて地域の遺跡の全体像から、国府跡を探る視点に回帰する必要もあろう。

註

（1）国立歴史民俗博物館　一九八六「共同研究古代の国府の研究」（『国立歴史民俗博物館研究報告』第一〇集。
国立歴史民俗博物館　一九八九「共同研究古代の国府の研究（続）」（『国立歴史民俗博物館研究報告』第二〇集。
（2）『日本紀略』延暦一六年八月戊寅条。
（3）『日本三代実録』貞観三年六月七日条。
（4）角田文衛　一九三八「山背国分寺」『国分寺の研究』。
（5）木下　良　一九六五「古代の集落と交通路―律令都市、特に国府の形態について―」『社会科学』一―一。
（6）中川和哉　一九九二「第三次山城国府に関する新提言―平安時代の瓦が出土する遺跡―」『長岡京古文化論叢』Ⅱ、中山修一先生喜寿記念事業会編。
（7）國下多美樹　二〇〇七「長岡京跡条坊遺構一覧」（『年報 都城』一九、財団法人向日市埋蔵文化財センター。
（8）中島皆夫　二〇一二「右京第一〇二〇次（7ANQNY－3地区）調査概報」『長岡京市埋蔵文化財センター年報』平成二二年度、財団法人長岡京市埋蔵文化財センター。なお、図4の作成に際して、中島皆夫氏からデータを提供いただいた。
（9）木村泰彦　二〇〇六「右京第八一二次（7ANQNK－4地区）調査概報」『長岡京市埋蔵文化財センター年報』平成一六年度、財団法人長岡京市埋蔵文化財センター。
（10）秋山浩三　一九九四「長岡宮跡第二七五次（7AN9Y 地区）～内裏南方官衙～発掘調査概要」財団法人向日市埋蔵文

化財センター・向日市教育委員会『向日市埋蔵文化財調査報告書-第三八集』。
(11) 松崎俊郎 二〇〇八「長岡宮跡第四三六次（7ANEOK-4地区）〜第二次内裏北外郭（東半）、内裏下層遺跡〜発掘調査報告『向日市埋蔵文化財調査報告書第七八集』。
(12) 『日本紀略』延暦一四年五月庚辰条。
(13) 花村 潔 一九九七「第九五二七四次（7ANKNZ地区）立会調査概報」『長岡京埋蔵文化財センター年報』平成七年度、財団法人長岡京市埋蔵文化財センター。
(14) 小田桐淳 二〇一三「長岡京跡右京第二四四次調査〜奈良時代 友岡遺跡・鞆岡廃寺、溝等出土資料〜」『長岡京市埋蔵文化財発掘調査資料選（三）』公益財団法人長岡京市埋蔵文化財センター。
(15) 古閑正浩 二〇一四「長岡京と寺院」『都城制研究』八、古代都城と寺社、奈良女子大学学術研究センター。
(16) 古閑正浩 二〇〇四「廃都後における長岡京地の再編と瓦—中福知遺跡の再評価をめぐって—」『古代文化』五六—八。
(17) 『日本三代実録』貞観三年六月七日条。
(18) 『朝野群載』巻第四朝儀上、延喜八年一一月一一日太政官符。
(19) 『日本後紀』弘仁二年閏一二月甲辰条。
(20) 『日本後紀』弘仁四年二月甲己亥条。
(21) 『類聚国史』弘仁五年二月乙未条。
(22) 高橋美久二 一九八六「山崎駅と駅家の構造」『長岡京古文化論叢』中山修一先生古稀記念事業会編、同朋舎。
(23) 大山崎町教育委員会 二〇〇〇『大山崎町埋蔵文化財調査報告書』第二〇集。
(24) 上原真人 二〇〇七「平安時代前期における離宮造営」『考古学論究—小笠原好彦先生退任記念論集—』。
(25) 『文華秀麗集』雑詠 河陽一詠。
(26) 古閑正浩 二〇〇九「河陽離宮と周辺の景観」『平安時代庭園に関する研究』三、奈良文化財研究所。
(27) 『日本三代実録』貞観八年一〇月廿日条。
(28) 『日本三代実録』貞観九年七月一二日条。
(29) 笠井純一 一九八三「平安時代の大山崎」『大山崎町史』本文編。
(30) 『類聚三代格』巻一六道橋事 天安元年四月一一日太政官符。
(31) 『土左日記』承平五年二月一一日〜一六日条。
(32) 『類聚三代格』巻一五 諸司田事 延暦一四年正月二九日太政官符。
(33) 『平安遺文』一—八一六「山城国宇治郡司解」東南院文書。

(33)『続日本後紀』承和九年七月乙酉条。
(34)『続日本後紀』承和九年七月丙辰条。
(35)『日本三代実録』天安二年八月廿七日条。
(36)『大日本古記録』「貞信公記抄」承平元年一二月二日条。
(37)『日本三代実録』元慶五年正月一五日条。
(38)『日本三代実録』貞観三年六月七日条。
(39)『大日本古記録』「貞信公記抄」天慶三年正月廿二日条。
(40)『延喜式』巻三　神祇三　臨時祭　畿内堺一処疫神祭条。
(41)『朝野群載』巻第一五　陰陽道。
(42)『類聚三代格』巻一　神宮司神主祢宜事　貞観一八年八月一三日太政官符。
『大日本古文書』家わけ四―五　石清水文書「石清水遷座縁起」。
(43)『日本三代実録』貞観七年四月一七日条。
(44)吉江　崇　二〇一一「石清水八幡宮寺創祀の周辺」『日本歴史』七五三。
(45)和田　萃　一九七三「大和国府について」『赤松俊秀教授退官記念国史論集』。
(46)藤井利章　一九八四「河内国府の検討」『橿原考古学研究所論集』第六集、吉川弘文館。
(47)古閑正浩　二〇〇三「応神陵古墳外堤周辺の窯跡における生産と供給」『摂河泉の古代瓦窯を考える』第五回摂河泉古代寺院フォーラム。
(48)『日本紀略』延暦一二年三月丁亥条。
(49)『日本後紀』延暦二四年一一月乙酉条。
(50)松尾信裕　一九九九「船場地域における大坂城下町下層の遺跡」『大阪市文化財協会研究紀要』二。
(51)『日本紀略』天長二年四月癸未条。
(52)『続日本後紀』承和一一年一〇月戊子条。
(53)『続日本紀』天平四年一〇月癸酉条。
(54)『続日本紀』霊亀二年四月甲子条。
(55)『続日本紀』天平一二年八月甲戌条。
(56)『続日本紀』天平宝字元年五月乙卯条。
(57)遠藤慶太　二〇一三「古代和泉の宮と行幸」『和泉市の考古・古代・中世』和泉市の歴史六、和泉市史編さん委員会。

畿内の郡家

青木　敬

一　畿内の郡家調査・研究の現状

郡家とは　郡家は、令制国の下部に置いた行政単位である郡において、行政権や祭祀権など在地支配のための諸権力が集まった施設のことであり、郡庁とこれを取り巻く関連施設によって構成される（山中一九九四）。郡衙という呼称も郡家と同義だが、こちらは後述する評家まで包括した用語としても有効である。「上野国交替実録帳」によると、郡家は郡庁（政庁）、官舎（曹司）群、郡司館、正倉院、厨（厨家）などから構成され、さらに物資を集積させるための港湾施設や交通・交易の拠点としての性格も帯びていた（平川二〇一四）。

筆者は、拠点的な集落内に点在していた行財政や儀礼、祭祀などに関わる諸施設を一カ所に集約し、整備する段階を古代官衙の成立と考えるが、とくに大宝令制定以前、郡家の前身である評家は、推古朝における屯倉設置にともなう官衙設置の次なる段階、具体的にいえば、孝徳朝における建評を契機として各地で整備がはじまるとみられる（青木二〇一四b）。ただし、こうした初期の官衙と認定できる例は、まだ少なく、[1]一律に本格的な施設を各地へ設置したのか、あるいは有力者の居宅を利用するなど旧態を残す例も数多く併存していたのか、今後の発掘調査例の増加を待って検討すべき課題がなお残る。

続けて、畿内各国における郡家の発掘調査例を次に紹介しておこう。

摂津国　大阪府高槻市郡家川西遺跡は、嶋上郡家の一部と考えられ、長年におよぶ発掘調査から、郡家に関わるとみられる数多くの遺構を検出している（森田二〇〇九など）。なお、嶋上郡および嶋下郡は、三島評が大宝令の施行にともなって分割されたとみられる。

さて、嶋上郡家は長年にわたる研究が蓄積され、中枢部の所在地への探索もさまざまな視点からアプローチが試みられてきた（藤澤一九七九など）。しかし、場所について推定はあるものの、いまだに中枢部は発見されておらず、郡家政庁など主要施設の構造を具体的に復元できる段階ではない。

山背（山城）国　山背国では、既成だった葛野郡が大宝令の施行により、葛野・乙訓・綴喜・愛宕・紀伊・久世の諸郡に分割されたと以前考えられていたが、「弟国評鞆岡三」と記された木簡が藤原宮東面大垣地区から出土しており、これは乙訓郡鞆岡郷のことをさすので、乙訓郡については、少なくとも大宝令以前から存在していたことが確実である（加藤一九八一、一八頁）。

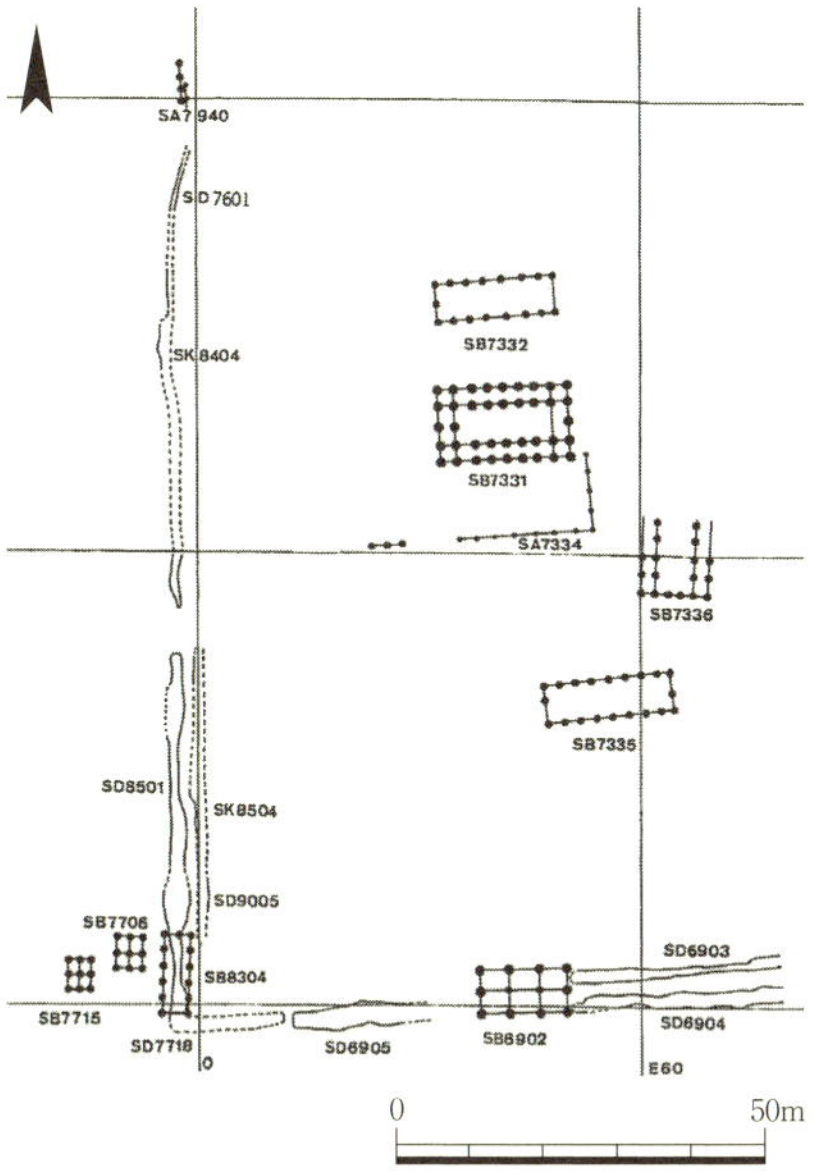

図１　奈良時代の正道官衙遺跡遺構配置図

京都府城陽市正道官衙遺跡は、山背国久世郡家と考えられ、発掘調査で中枢部などを検出し、畿内で郡家の中枢部を検出した数少ない例のひとつとして貴重である（図1）。八世紀代の郡庁正殿（庁屋）と考えられるSB七三三一、その後方には副屋が、前面には東屋と向屋を配し、南側には門を置くなど、郡家の主要遺構を検出している（城陽市教育委員会一九九三）ただし、今のところ正倉などの付属施設は、未発見である。

山背国では、正道官衙遺跡以外にも郡家ではないかと推定される遺跡がいくつか存在する。そのうちのひとつ、葛野郡家と推定されてきた花園遺跡は、近年の研究によると、平安時代前期の居宅の可能性が高く、郡家とするには否定的な見解が提示されている（網・柏田二〇〇九）。さらに、乙訓郡家の可能性が指摘される京都府向日市長岡宮朝堂院下層は、郡家の可能性は十分にあるものの、これまでの調査成果だけでは郡家との決め手を欠く（山中章一九九一、中塚一九九二など）。このほか、京都府長岡京市長岡京右京下層遺跡でも官衙の可能性が指摘されているが、郡家とするには正倉の規模が小さく棟数も少ないことなどから、筆者は郡家とするよりもむしろ有力者の居宅の可能性が高いと考える（木村一九九四）。

河内国　七世紀代に茨田評より分割されて交野郡が、養老四年（七二〇）に堅上郡と堅下郡とをあわせて大県郡が成立し、その後も平安時代に郡の分割がおこなわれるなど、河内国の郡は数次の分割・統合がおこなわれた。また、霊亀二年（七一六）に和泉郡と日根郡とを和泉監として分割し、いったん河内国に戻すが、天平宝字元年（七五七）に和泉国として再度分割された。和泉国は農業生産力が低く、財政規模が小さかったとされ（藤井二〇一四）、再分割以降、古代における郡の分割・統合は記録にない。これに対し、河内国は財政規模も大きく、それがゆえに分割や統合を繰り返したのだろう。

二〇〇九年、大阪府松原市河合遺跡の発掘調査において、郡家政庁と推定される一画を検出した。計一三棟の建物を検出し、そのうち四棟が細長方形の建物である長舎、一棟が片庇建物である。建物配置は、四棟の長舎によって一辺六〇メートル程度のコの字形ないしはロの字形に区画し、その内側に片庇の脇殿と考えられる南北棟建物を設ける（図2）。八世紀中頃の遺物が出土し、そこには祭祀遺物も含まれる。また建物群の南側を通る八世紀末～九世紀初頭頃の溝が、一部の建物を壊しており、これら建物群

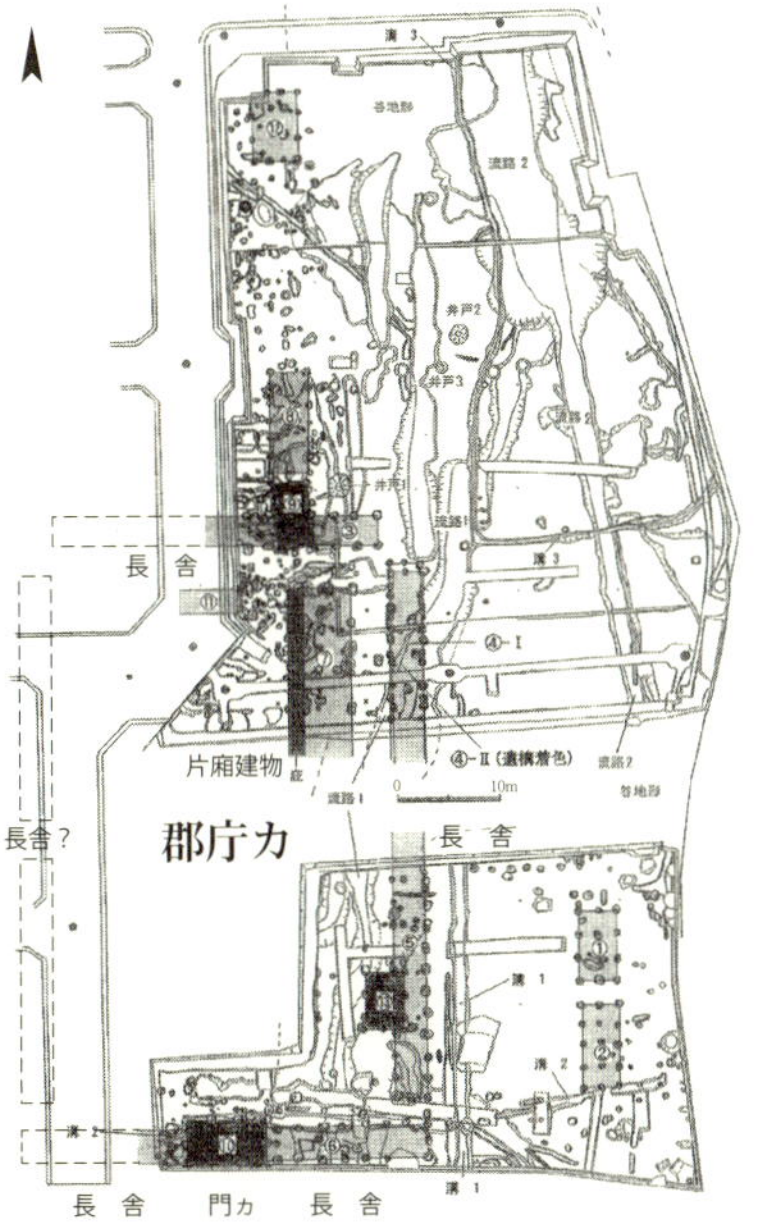

図２　河合遺跡の遺構図

は平安時代初頭には廃絶していたようだ。詳細に特定するのは困難だが、検出した建物の年代は、奈良時代以降と推定されている（芝田二〇一二）。長舎を複数棟配して方形に区画し、区画内に大型建物を設けるのは郡庁に類例が多く、河合遺跡の建物群も郡庁の一角を検出したと評価されよう。よって河合遺跡は、河内国丹比郡家である可能性が高い。

これまで概観してきたとおり、畿内の郡家といえる遺跡は、数例あまり散見されるものの、検出した施設の構造や規模が有力者居宅と似通う点もあって、居宅かあるいは郡家なのか判別が難しい。中枢部たる郡庁や保管施設である正倉院に関わる遺構が検出されなければ、郡家と断定するのは困難である。こうした現状をかんがみるに、郡家と確実に断定できる例がごく少数にとどまっているといった資料的制約もあるため、畿内における郡家遺跡の実態解明へむけた動きは、各地に比して低調と言わざるを得ない。畿内の郡家遺跡を取りあげている場合でも、頁を多く割くものは皆無といってよい。

しかし、こうした調査・研究の現状を概観するだけでは、資するところも少ない。そこで、①制度面、②立地、③諸施設の構造とその造営、以上三点が郡家の実態解明に重要な視座となると考えるが、次に畿内の郡家について、とくに立地と諸施設の構造に着目して若干の考察をおこなう。

二　畿内における郡家の実相

（一）　郡家の制度

畿内は、ヤマト政権の支配者層が一定の地理的な範囲を「親密な空間」として認識した地域を畿内四至として設定したものとされる（門井二〇一二）。持統朝以降、畿内と畿外との差別化が進行し、他の国とは異なり畿内は、宮都を支える特別行政区画としての性格を強め、四国畿内へと発展していく。

畿内のみならず列島各地における律令体制下での地方支配は、国郡制を基本とした（森二〇〇九）。七世紀後半にはまだ郡ではなく「評」の字が用いられ、大宝元年（七〇一）施行の大宝律令ではじめて「郡」となったことがあきらかになっている。さらに評（郡）の下に里が置かれ、国・郡・里という地方行政組織が成立する。このうち郡―里制は、地形をはじめとした自然環境や歴史的経緯を勘案して行政運用されていた（平川二〇一四、三四六頁）。ただし、族制的な集団の分布に対応させて郡界が決定されるだけではない。一例として大和では、郡（評）界が条里に準拠したとみられる直線的・幾何学的な形状を示すという（服部一九五八、一二頁）。広域的な土地区画整理を実施可能とした背景には、こうした領域的支配を可能とする支配制度が、七世紀後半の畿内においてすでに確立していたのではなかろうか。

ただし、郡制は大化年間の国県の廃止以降、大宝令の制定にいたる約半世紀をかけて列島規模で整備されていったと推察される。それは冒頭でも述べたように、発掘調査によってあきらかになりつつある七世紀代の評家（後の郡家）とされる例が、列島各地で等質的に分布せず、かつ構造的な共通性が低いことからもうかがえる。

（二）　郡家の立地

郡家の設置にあたって、国府へのアクセスを重視することは、これまでも重ねて指摘されてきた。これに加えて畿内の郡家では、都へのアクセスもあわせて重視したと考えられる。その理由については、遺跡例を用いて後述するが、制度面の検証からもあきらかである。すなわち郡家は、郡内にとどまらない広域交通を意識した立地だった（門井二〇〇〇）。つまり、交通の要衝に立地することが郡家設置に際して念頭に置いていたはずだ。

先にふれた河合遺跡は、奈良時代の河内国丹比郡家とみなしうる。では、それ以前にあった藤原宮期の郡家は、どこに所在していたのだろうか。

平尾遺跡　有力な推定地が堺市美原区平尾遺跡である。平尾遺跡では、三七棟以上の掘立柱建物を検出し、多くが飛鳥Ⅳ～Ⅴ（天武朝～藤原宮期）に位置づけられる陶硯や石製丸鞆、瓦といった出土遺物やその時期が限定された状況からは、居宅よりもむしろ官衙と考えるのが整合的などの理由から、ここを藤原宮期の丹比郡家と推定する（大阪府教育委員会二〇〇七）。

難波から飛鳥へ通じる交通路は、難波大道で南下し、丹比道から横大路を経て飛鳥・藤原へ至るルートが主たる経路だった（図3）。当然、丹比道の南に所在する平尾遺跡は、飛鳥・藤原方面へ至る交通の要衝として適した郡家の立地である。ところが、平城遷都にともなって、丹比道は都へ向かうメインルートとしての機能を失い、それより二キロメートルほど北側にある大津道（現長尾街道か）から北の横大路を経由し、下ツ道を北上して平城京へ向かうルートがそれに代わる。そこで、交通の要衝としての位置づけが減衰した平尾遺跡から、大津道[2]へのアクセスが容易な河合遺跡へと郡家が移転した可能性が考えられている（大阪府教育委員会二〇〇七、一〇七頁）。

この推測が正鵠を得たものならば、都城の変遷に呼応してアクセス性を重視する観点から、郡家もそ

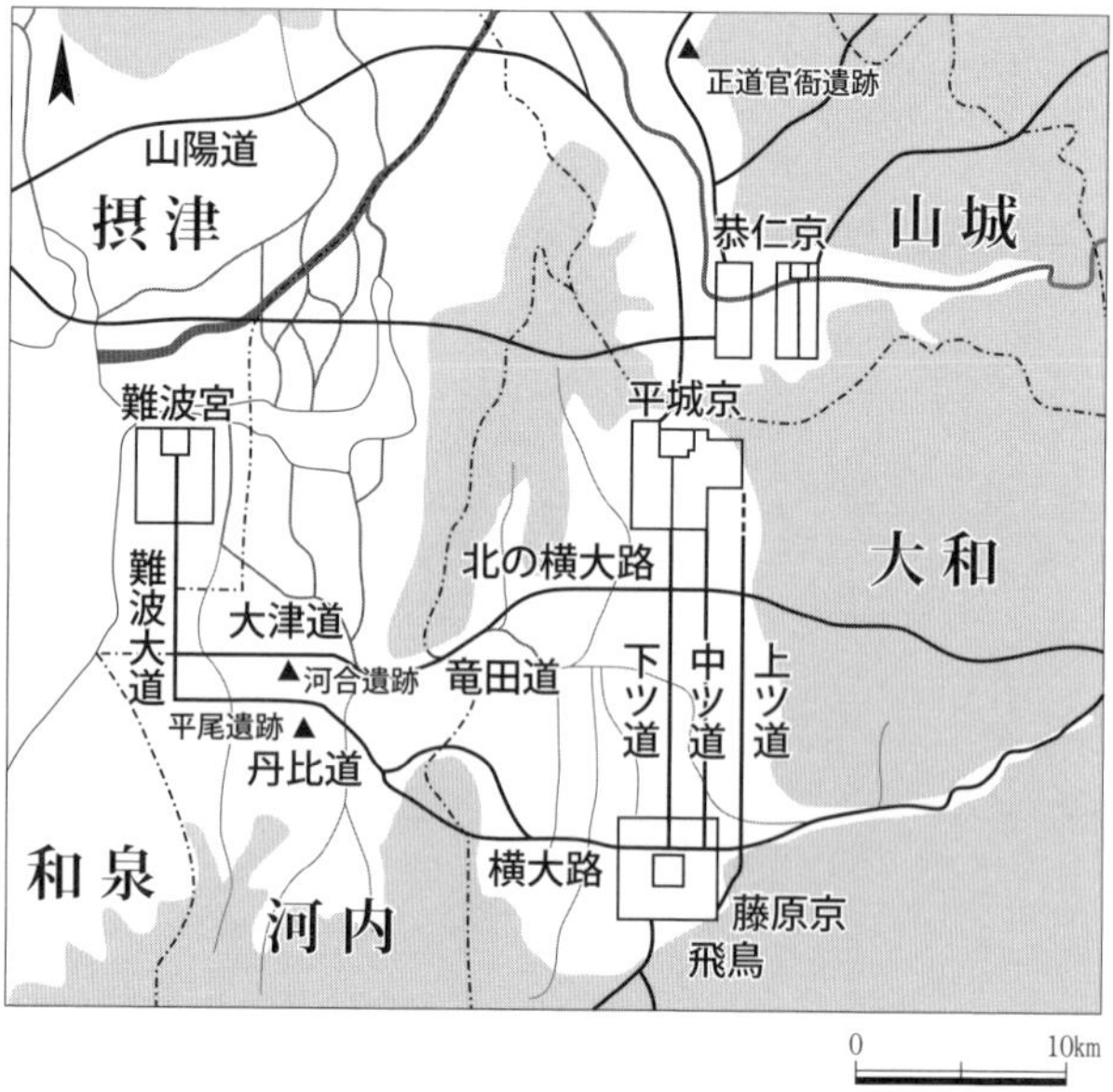

図３　古代の畿内と宮都・郡家・主要交通路

の所在地を移したと考えられるだろう。また、交通の便を重視して郡内を移転する郡家があることは、すなわち郡を勢力下に置く在地有力者の存在が大きいことをうかがわせる。というのも、在地有力者の存在を抜きにして、河合遺跡で想定できるような郡家のフレキシブルな移転を考えることは難しく、朝廷と周辺地域の有力層との密接な関係が読み取れる。律令制による支配形態を下部まで浸透させる目的で地域を細分したのが郡だろうが、それは画一的でなく、地域の実情に応じて区画されたと考えられる（服部一九五八）。加えて、国府との関係はもとより、都との関係性を重視した立地を指向するのが、畿内における郡家の特質のひとつだろう。

郡家と蹄脚硯　さて、ここでは平尾遺跡で蹄脚硯が出土している点も注目したい（図４）。蹄脚硯は、数ある陶硯のなかでも大型かつ最高位に位置づけられ、平城宮でも朝堂など特定の地区でまとまって出土するという特徴を示す。ちなみに、朝堂より外側の空間は、宮内といえども杯や甕などを転用した硯（転用硯）が圧倒的に多くなる。さらに郡家では、圏足硯や転用硯（杯蓋硯など）が用いられ、従五位の官が使うべき意匠との見解がある蹄脚硯はほとんど出土しない（西口二〇一〇）。他方、少数だが都域

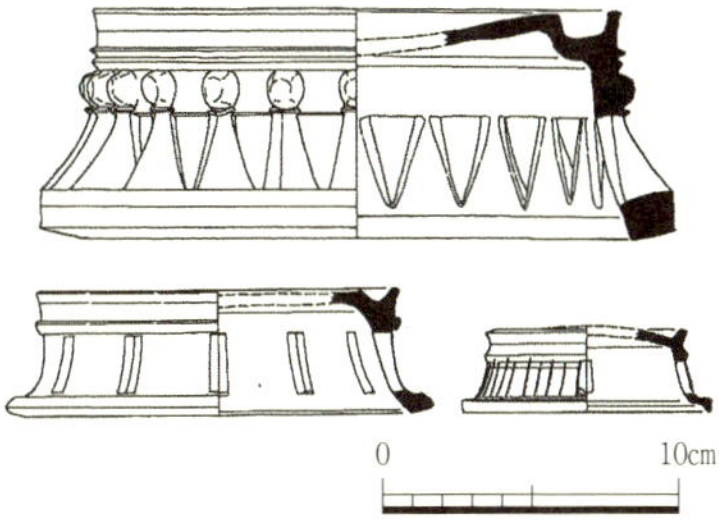

図４　蹄脚硯（上）と圏足硯（下）

や郡家における蹄脚硯の出土例を考慮して四等官以上の使用を考える見解など（青木二〇一四ａ）、その使用階層について見解の小異はあるものの、高位高官にのみ使用が許された硯であることはまず動かない。つまり蹄脚硯の出土から、そこに貴族層を含めた高位高官の存在が推測できる。また蹄脚硯は、宮殿・官衙からの出土例が多い一方、寺院からの出土例が少なく、宮殿や官衙に特徴的な陶硯と位置づけることも可能だ。蹄脚硯自体を権威の象徴と位置づける考えが提起されているように、律令制を体現した陶硯とも換言できるだろう（田中二〇〇九）。

話を戻すと、その蹄脚硯が平尾遺跡で出土しているのである。付近で高位高官が活動していた証左となることは想像に難くない。各地の郡家遺跡で蹄脚硯が出土した例は、恒川遺跡群（信濃国伊那郡家、長野県飯田市）などきわめて限定的なため、かなり特殊な状況と考えられる。平尾遺跡が河内国内でもとくに重視された拠点的な郡家だった可能性を示唆するとともに、当該郡司が貴族であった可能性も含めて考えてよいのではないだろうか。加えて、こうした拠点的な郡家は、政治的動向に呼応して郡家が遷移するなど、地方支配の拠点としてとくに立地面を重視したことを如実に示している。言い換えれば、とくに拠点的な郡家を管掌する郡司には、高位で遇するなどの政治的な思惑も見え隠れする。都に近い畿内であればなおさらだろう。

（三）　郡家の構造

郡庁の構造　先述したように、平尾遺跡から河合遺跡へと受け継がれた可能性が高い河内国丹比郡家などの存在から、畿内をはじめとした各地には、拠点的な郡家を配したとみられる。

さて、郡家の中枢部である郡庁は、三〜六棟の建物を設けるが、内訳をみると、庁屋とその脇に建物を置くのを通例とし、さらに周囲に正倉院や館、厨家などを配置するのを基本的な構成とする（山中敏史一九九四）。とくに初期の郡庁を中心として、長舎を用いることが多い[3]。長舎は、郡を越えて各地で郡家中枢部に採用されたことから、建物配置や規模といった郡庁の基本的構造は、一定程度の共通性をみいだすことができる。ただし、それは国庁に認められるほどの共通性ではなく、郡庁によって建物配置や規模に少なからず違いが見出せるのも事実である。これはすなわち、在地支配の実態に応じて郡家の諸施設が配されていたことを示唆する。同時に郡家が、天皇からの言葉を伝えるため中央から派遣された地方官である国司が、地方統治をおこなうための拠点として構えられた国府とは、機能面での違いもまた存在していたことを暗示する。郡家は、あくまで在地社会の支配に特化された施設なのだ。

正道官衙遺跡における建物造営

さて、官衙における建物の多くは、穴を掘って柱の下部を埋設する掘立柱構造をとる。この柱を埋設するための穴を柱掘方と呼び、官衙遺跡では主要殿舎を中心に柱掘方が平面方形を呈する例が多い。『延喜式』によると、一人一日で粘土を掘り開く土工量を五尺立方（一・五メートル）、堅い埴土の場合は四尺立方（一・二メートル）と規定していることから、大型の柱穴は、役夫一人が一日がかりで掘りあげたと推定できる。また、天平宝字六年（七六二）造営の石山寺上僧房は、桁行三間、梁行二間で掘方掘削に役夫（単純労働従事者）一〇人を要したという（工藤一九七六）。すなわち、規模が一目瞭然の方形であるほうが、一日の作業量を検認する場合に適しており、こうした官の造営事業における労務管理面からみると、方形柱掘方が多い理由も自ずとあきらかだろう。

ところが、方形と一概にいっても、こうした建物を調査すると形状がきれいに揃うという訳ではない。方形のなかでもさまざまな形状の特徴があり、これら特徴を細分すると、一定のまとまりが見出せることに気づいた。そして、これは柱掘方の掘削に従事した役夫一人一人の「くせ」に起因すると考えた。ここでは、畿内における発掘された郡家の代表例として、先述した正道官衙遺跡の建物を検討対象として柱掘方（以下、掘方と略称）にみられる「くせ」の分析をおこなう。

正道官衙遺跡ＳＢ七三三一は、八世紀代の郡庁正殿と推定される桁行八間、梁行四間の東西棟掘立柱建物。柱掘方は一辺一・〇五～一・二メートル、廂の掘方が身舎のそれに比べてやや小さくなるが大差はない。柱掘方の形状を観察すると、いずれも四基ずつ、内弯する正方形、隅丸長方形、台形状、やや細長い台形、ややつぶれた隅丸長方形、台形、隅丸方形、一辺が凹む方形、いびつな正方形、いびつな長方形、合計一〇の特徴に分類できる（図５－①～⑩）。なお、身舎東側柱一基分を欠失するが、これは三基確認できるいびつな正方形（図５－⑨）に入ると仮定した。この一〇という数字が役夫の員数に直結すると考えると、先に触れた石山寺上僧房における役夫の人数と一致する。

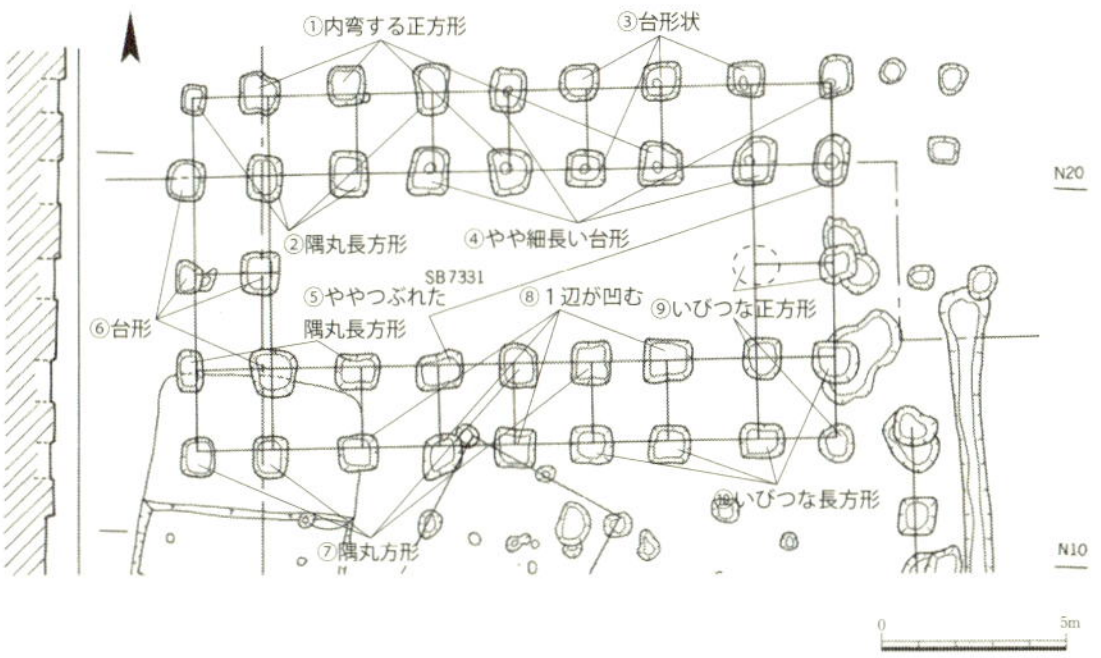

図５　正道官衙遺跡 SB7331

さて、これら形態的特徴が、掘削した役夫の「くせ」とみなす場合、いびつな長方形とした特徴を有する一群（図５－⑩）以外は、身舎・廂双方の柱穴を掘削したとみられる。一番多いのは、身舎・廂の柱穴二基ずつを掘削する場合である（図５－①、②、④～⑦、⑨）。隣接する身舎の柱穴を掘削する場合（図５－②、⑤～⑦、⑨）、隣接する廂の柱穴を掘削する場合（図５－①、③、⑥、⑦、⑩）と、隣接する柱穴については、同じ役夫が掘削を担当する場合が多いようだ。その場合、同日にとなりあう柱穴どうしが掘り上がっていたという状況ではないだろう。また、掘削の順序もはじめに身舎からおこない、身舎の立柱後に廂の掘削、立柱の順に進めたと解するのが合理的だ。つまり柱掘方の掘削は、単独で連日おこなったのではなく、立柱の工程に呼応しながら実施されたのだろう。いずれにせよ、役夫一人あたり一日一基を掘削した場合、一日一〇人を要したと見積もって、四日間で掘削が完了したと推定できる。

藤原宮の官衙や大宰府における建物造営

以上、正道官衙遺跡ＳＢ七三三一の例をみたが、続いて一日一〇人と見積もった役夫の員数を他の例と比較しよう。藤原宮西方官衙ＳＢ一一〇〇Ａ（馬寮内の馬房と推定）の掘方の形状は、すべてが同じ方形とはならず、平面形状が分類できる。同じ形状をもつ一群は、柱穴どうしが隣り合う、あるいは向かいあう部分と、さらに離れた場所に存在する部分とパターンがふたつある。数量的には、四基程度を一単位としてまとまりを示すようだ。具体的には、平面が長方形、正方形、台形、不整形などといった形態的特徴、および一辺の長さといった平面規模の違いを勘考すると、残存しているものは、一〇のグループに分かれる（図６）。両側柱列の南側において残存していない掘方が三基あり、その形状は不明だが、四基程度で一グループになると仮定し、不明部分を一グループとして加えると、形態的特徴からみた掘方は、合計一一のグループに分かれる。

同じく西方官衙に所在する大規模な南北棟、桁行二〇間、梁行二間のＳＢ一〇二〇でも掘方形状は明瞭に分類できる。というのも、平面正方形、長方形、不整形など形態が三ないしは四基単位で明瞭に異

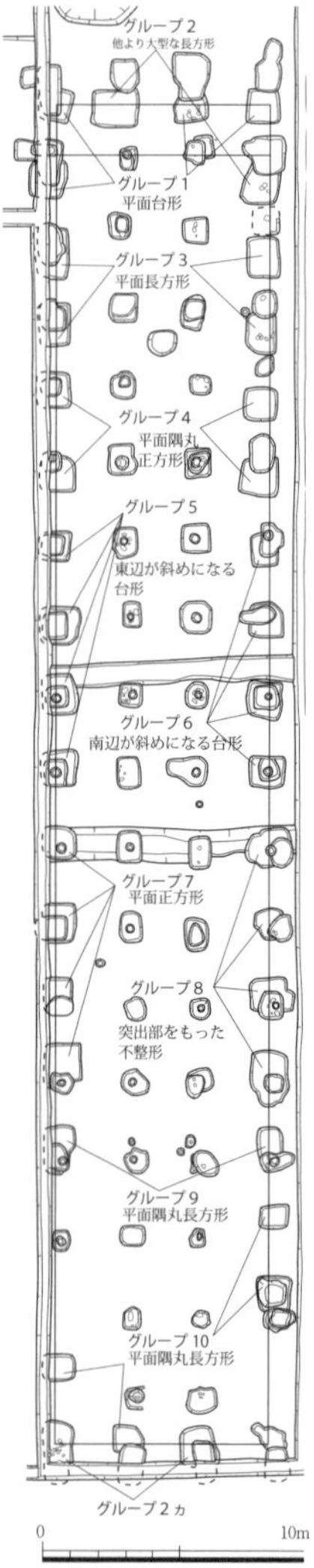

図６　藤原宮西方官衙 SB1100Aの柱穴の分類

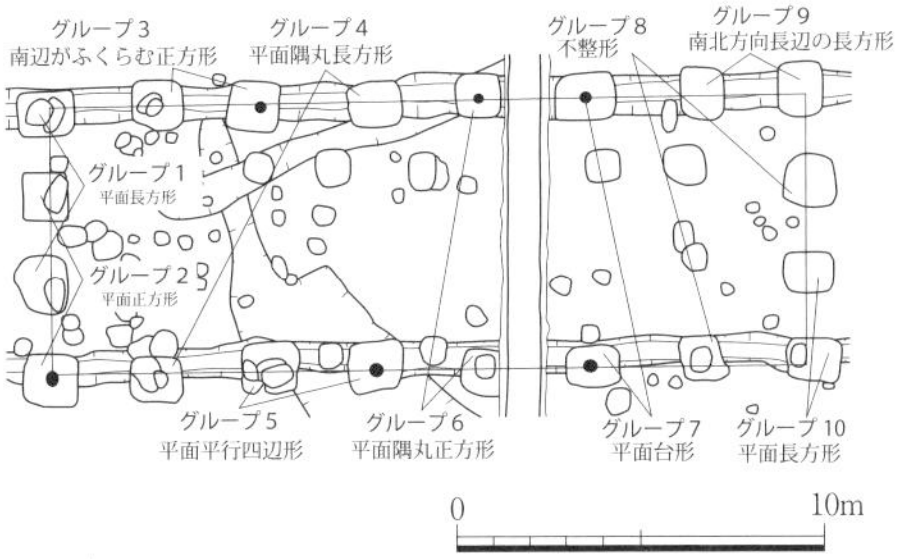

図7　藤原宮東方官衙 SB7600 の柱穴の分類

なるためである。紙幅の関係上ここでは図示しないが、分類した結果、グループは一一を数える。ただし、ＳＢ一一〇〇Ａとは異なり、床が建物南側に存在していたとみられることから、馬房とは違った用途が考えられる。掘方は、一辺一・二メートル前後、深さ一メートル強と、ＳＢ一一〇〇Ａに比べてやや小振りだが、堅い埴土による一日一基の掘削と同等と仮定した場合、役夫一一人で四日程度、延べ四四人日前後の作業量が推定できる。したがって、これら二棟の建物については、掘削に要した人員と作業日数が同じになる。

もう一例、内裏東方地区における官衙ブロック正殿ＳＢ七六〇〇を検討してみよう。ここでは、長辺一・二～一・六メートルとなる掘方が計二〇基存在する。掘方の形状は隣り合う、向かい合う、近在するものなどいずれも二基単位で正方形、隅丸長方形、台形など、計一〇のグループに分類できる（図７）。これが正しいとすれば、一〇人で二日を要して掘削した計算になる。

ここでとりあげた例は、いずれも一〇～一一人程度でひとまとまりの役夫集団が柱穴を掘削したと推定できる。平城宮における掘立柱建物も目下検討を進めているところだが、現時点では平城宮での例もほぼ同じ員数になる場合が多いと推定している。ということは、本格的都城の造営開始以降、その造営における役夫の員数構成は、一グループ一〇名程度とほぼ一定していたとの結論に達する。正道官衙遺跡の例も、こうした都城の例にならった編成を採用した可能性がある。

郡家と都城との造営体制と技術

ただし、地方官衙における例ではこの限りでなく、一〇名よりも少ないあるいは多いと推定できる例が存在する。(4) したがって、こうした一〇名前後を基準とする編成は、畿内の各種官衙の特徴的な造営のありようを示すものとして理解してよいのかもしれない。(5) 郡家をはじめとした地方支配施設の造営について、とくに畿内では、造営体制自体も都城造営を通じて整備された体制にならった可能性があるだろう。すなわち、都城における宮殿・寺院・官衙などの造営に従事した人間が、畿内の郡家など都城周辺の支配拠点整備にも従事した場合である。具体的にいえば、役夫が都のみならず役夫の本籍地にある官衙の造営事業にも従事した可能性が高く、双方の造営事業は、作業面での密接な関わりがあったと考えられる。

掘立柱建物以外の遺構でも、技術面から都城との関連を指摘できる例がある。一例として、礫を多用した各種地業（総地業・布地業・壺地業）をおこなう例で、おもに瓦葺の郡家の殿舎や正倉などに散見される。これは、都城における寺院造営技術を援用した可能性が高く、都城での造営技術が各地へ波及したことを物語っている。とくに礫を多用する地業は、七世紀後半に新羅よりもたらされて畿内で定着し、八世紀中頃の国分寺建立を契機として列島各地へ拡散したとの推定がある（青木二〇一一c）。郡家の造営や修築を考える際、こうした造営技術の系統を弁別し、その成立と展開とを把握することによって、また違う視点から郡家をとらえ直すことも可能となろう。

他方、註4でも述べたように、大宰府をはじめとした畿内から離れた地域での官衙造営では、役夫一〇人といった員数で編成されない造営が想定できる例が認められる。こうした例を畿内の例と対照させると、郡家をはじめとした官衙造営という視点から、畿内という地域は、限定的かつ特徴的な労役の形態が存在したことが浮き彫りになってきた。つまり律令制度は、とくに郡レベルでみると、その運用面において地域の実情に応じた多様性もあわせもっていたのである。

三　畿内における郡家研究の今後―まとめに代えて―

以上、中枢部の発掘調査例が少なく、研究自体も決して旺盛とはいえない畿内の郡家について、発掘調査成果をふまえた私見を交えながら概観した。畿内では類例が少ないとはいえ、立地面から郡家の移動を推定し、その理由として相次ぐ遷都を考える既往の指摘を追認した。また、交通の要衝に所在する立地条件は、郡家の立地を考える上で不可欠な要素であることを確認した。さらに、検出遺構を詳細に検討することで郡家の造営体制の一端をあきらかにし、都城における造営体制などとの関連性を指摘した。畿内の郡家は、都城との関連を念頭において考察するという、他地域とは別の視座をあわせもつことが、郡家の運営実態を復元していく上で欠かせない。

さて郡家は、移動することがある。従来指摘されていた河内国丹比郡家における移動の可能性を是とすれば、畿内の場合は、今も述べたとおりに、遷都にともなう交通体系の変化に呼応したと考えられる。郡家が移転する理由を発掘調査成果などから考察することで、律令体制の根幹でもある国郡制の運用面での実態解明に寄与できるだろう。また、今回言及できなかったが、律令制の弛緩にともなう郡および郡司層の動向も重要な論点となる（中村二〇一四）。すなわち九世紀中頃以降、郡司制度が大きく変貌をとげていく点もふまえ、郡家の終焉についても検証をすすめる必要がある。

畿内では郡家中枢部の検出といった、確実に郡家と断定できる調査例の増加がのぞまれる。当然、事例の増加の都度、再度検討をせねばならないが、やはり資料面での制約という側面が研究の進展を遅滞させている感が否めない。しかし、資料的制約に甘んじて現状を座視するだけでは研究の進展はない。本稿で提示した掘立柱の分析視点など、新たな視点から現在でも検討可能な資料をもとに郡家を再検討する必要性を感じる。こうした検証を繰り返し、資料的制約があるなかで仮説を提示し、来るべき類例の増加に際して、すぐさま再検証が可能となるよう見解を適宜提起するといった、研究の活性化を図ることが求められよう。

註

(1) 愛媛県久米官衙遺跡群（井豫国久米郡家）、大分県古国府遺跡などを代表例としてあげることができる。

(2) 大津道は、近年の発掘調査により奈良時代以前にさかのぼることが確実視されている（岡本二〇一一）。なお、道路幅は一八・五メートルで「難波大道」とほぼ同じ規模となり、それぞれの道路を整備したのも同時期かつ一体的だった可能性もあろう。

(3) ここでいう長舎とは、身舎桁行七間以上、梁行二間の長大な建物とし、梁行二間以上であっても身舎桁行総長七以上対身舎梁行総長二前後あるいはそれ以下の比率を目安とする（奈良文化財研究所編二〇一四）。

(4) 大宰府政庁前面広場地区SB二三〇〇や武蔵国府御殿地地区M八八―SB五などをその代表例としてあげておく。

(5) 大宰府では一六人程度、武蔵国府では身舎で六人程度、廂で八ないし九人程度の役夫が柱掘方掘削に従事したと推定され、都城や畿内の郡家とは異なる員数編成をとる（青木二〇一二b）。以前筆者は、土工一〇名前後で一班とする造営体制を、その類例分布から「律令的造営体制」と仮称したことがある（青木二〇一二b）。

引用・参考文献

青木　敬　二〇一二a「宮都と国府の成立」『古代文化』六三―四、八四-九四頁。

青木　敬　二〇一二b「検出遺構からみた四面廂建物」『四面廂建物を考える　報告編』奈良文化財研究所研究報告九、一六七-一七八頁。

青木　敬　二〇一二c「国分寺造塔と土木技術」『土壁』一二、考古学を楽しむ会、三一-四〇頁。

青木　敬　二〇一四a「蹄脚円面硯Bの出現とその特質」『奈良文化財研究所紀要二〇一四』二四-二五頁。

青木　敬　二〇一四b「中央官衙」『古代官衙』考古調査ハンドブック一一、ニューサイエンス社、三五-一七八頁。

網　伸也・柏田有香　二〇〇九「京都府花園遺跡・西京極遺跡」『日本古代の郡衙遺跡』雄山閣、二五三-二五六頁。

大阪府教育委員会　二〇〇七『平尾遺跡』大阪府文化財調査報告二〇〇六―三。

岡本武司　二〇一一「南河内における古代道路―古代丹比地域における古代道路の復元―」『大阪府立狭山池博物館研究報告』七、一七-三四頁。

門井直哉 二〇〇〇「律令時代の郡家立地に関する一考察」『史林』八三―一、一一―三八頁。
門井直哉 二〇一二「古代日本における畿内の変容過程―四至畿内から四国畿内へ―」『歴史地理学』五四―五、二一―四二頁。
加藤 優 一九八一「奈良・藤原宮跡」『木簡研究』三、一六―二二頁。
木村泰彦 一九九四「右京第四〇三次（7ANIHY―3地区）調査概報」『長岡京市埋蔵文化財センター年報 平成四年度』一〇八―一二九頁。
工藤圭章 一九七六「古代の建築技法」『日本の建築』一、第一法規、七七―一三七頁。
古代を考える会 一九八〇『嶋上郡衙跡の検討』古代を考える二二。
芝田和也 二〇一一「河合遺跡―地方官衙の発見―」『ヒストリア』二二五、五六―六三頁。
城陽市教育委員会 一九九三『正道官衙遺跡』城陽市埋蔵文化財調査報告書第二四集
田中広明 二〇〇九「北関東の郡家と集落」『国史学』一九八、一〇九―一二七頁。
中塚 良 一九九二「長岡宮跡第二五三次（7AN15T地区）～朝堂院南面回廊、乙訓郡衙～発掘調査概要」『向日市埋蔵文化財調査報告書』三三、一―一四頁。
中村順昭 二〇一四『地方官人たちの古代史 律令国家を支えた人びと』歴史文化ライブラリー三八六、吉川弘文館。
奈良文化財研究所 編 二〇一四『長舎と官衙の建物配置』奈良文化財研究所研究報告第一四冊。
西口壽生 二〇一〇「東海産の陶硯について」『奈良文化財研究所紀要二〇一〇』六〇―六一頁。
服部昌之 一九五八「郡の成立過程」『人文地理』一〇―一、一―一七頁。
平川 南 二〇一四『律令国郡里制の実像 上』吉川弘文館。
藤井貴之 二〇一四「律令財政構造からみた陶山の薪争い」『大阪府立狭山池博物館研究報告』八、八七―九六頁。
藤澤一夫 一九七九「摂津島上郡寺と郡庁院との占地―郡の総社の存在をも併せて―」『大阪文化誌』三―四、二四―三〇頁。
森 公章 二〇〇九「古代文献史料からみた郡家」『日本古代の郡衙遺跡』雄山閣、三―二九頁。
森田克行 二〇〇九「大阪府郡家川西遺跡」『日本古代の郡衙遺跡』雄山閣、二六一―二六六頁。
山中 章 一九九一「『乙訓郡衙』の変遷」『京都考古』六二、七―一二頁。
山中敏史 一九九四『古代地方官衙遺跡の研究』塙書房。

挿図出典

図1 城陽市教育委員会一九九三、九七頁、第三八図を筆者一部改変。

図2　芝田二〇一一、五八頁、河合遺跡遺構図を筆者一部改変。
図3　筆者作成。
図4　奈良文化財研究所二〇〇六『平城京出土陶硯集成Ⅰ』奈良文化財研究所史料第七七冊、iii付図を筆者一部改変。
図5　城陽市教育委員会一九九三、三二頁、第六図を筆者一部改変の上、再トレース。
図6・7　青木二〇一二b、一六八頁、図一を筆者一部改変。

第4章

東アジアの畿内制

古代中国の畿内制

吉田　歓

はじめに

大化の改新の詔によって畿内の四至が定められてから、いわゆる畿内という地域は、ある種の独特なエリアとして認識されるようになった。そして、我が国における畿内制の淵源として中国のそれが想定されるのは自然な発想であり、これまでもそのように観念されてきたものと思われる。本稿は、その中国の畿内制について検討を試みたい。しかし、中国の畿内制に関しては、すでに優れた先行研究が存在しており、本稿はそれらに導かれながら、古代中国の畿内制の形成過程や性格についてまとめていくこととする。

まずはじめに主な先行研究を取り上げて、その到達点や残されている課題を確認し、その上で古代中国の畿内制に迫ってみたい。

一　研究の展開

古代中国の畿内制については、とても古くからの注解の歴史が存在する。そもそも畿内という概念は中国の古い世界観から生まれたものであった。すなわち、中国の世界観とは天子である皇帝が世界の中心に位置しており、その居所である王城を中心にして同心方的（大地を方形と捉えているのでこのように表現する）に世界が広がっていくというものであった。そして、中心から外方に向かうほど天子の徳化が及びにくくなっていくという形で、文化程度に差があったと考えられていた。つまり、天子を頂点とした世界観ということになる。その世界は、具体的には五つの地域や九つの地域などに区分され、前者は五服説、後者は九服説と言われるものである。

以上のように天子を中心として同心方的に地域を区分する世界観は、後に見ていくように古い文献史料にすでに見えている。『周礼』『尚書』や『国語』などに観念的な世界観が記述され後世まで大きな影響を与えていた。しかし、それぞれの描いている世界観には異なったところも多く存在している。たとえば地域をいくつに分割するかという基本的なところに相違が見られ、根本的なところから統一がなされていないのである。こうしたことから、それぞれの書物を巡って注釈がなされる中で、さまざまな解釈が提示されてきた。しかし、その解釈は結局統一した結論を得ることはなく今日に至っている。また、平勢隆郎氏はそもそも同心方ではなかったが、注釈がなされる過程で同心方的世界観が生成されたと指摘する（平勢二〇一二）。中国における畿内制を考えるためには、このような中国の古典的な世界観の中で理解していく必要がある。だが、その世界観の解釈を巡っては諸説が並存しており、本稿でも明確な答えを導き出すことはできないが、若干の考察を加えて畿内制の性格に迫ることとしたい。

さて、畿内とは、文献史料によって王畿や邦畿・国畿・甸《でん》・甸服などといくつかの呼び方があるが、いずれにしても基本的な意味は天子の直轄領といった程度の内容である。この点については諸説ともおおよそ一致しているようである。そして、王畿の大きさに関しても方千里であったとする点も同じく諸説とも一致した理解をしている。しかし、王畿の外に対する理解となると解釈が分かれ、それぞれの地区の名称も統一されることがなくなってしまう。

以上のように畿内を中心とした中国の世界観は、捉えにくい側面を持っているが、まず畿内制について、現代の日本における歴史学ではどのような研究がなされてきたのかを整理して、その成果を確認することからはじめたい。

はじめに、畿内制度研究の基礎を作ったのは曽我部静雄氏であった（曽我部一九六八）。曽我部氏は、日中の畿内制について比較史的な考察を加え、その後の研究にも大きな影響を与えた。ここでは中国に関するところをまとめておきたい。まず曽我部氏は『周礼』の畿内制を分析し、『周礼』の中で「畿」という地域が王畿の方千里だけを指す傾向があることを明らかにして、後世王畿だけが残った結果、王畿内、すなわち畿内の語が生まれたとする。そして、『詩経』にも「邦畿千里」とあることから殷代にも王畿千里の制度があったが、秦の天下統一で郡県制度が施行されたことによって、こうした区画はなくなった。しかし、都のある咸陽一帯は京師の地で内史と呼ばれ、これが後世になって畿内と解釈されていると指摘される。その後の漢代以降についても同じく首都に特別な行政区が設けられた点を整理し、南朝の劉宋時代に一時王畿が設けられたことに言及される。そして、北魏が天興元年（三九八）に平城に遷都して畿内が設定されたことを大きく評価され、実は漢族の王朝では畿内制度は行われず、かえって胡族出身の北魏によって実施されたと述べられた。北魏後も検討され、西魏・北周、東魏・北斉も畿内制度を実施したが、隋・唐はその初期には実施していなかったとする。以上のように各時代ごとに詳細に検討した上で、結局、畿内制度を実施したのは北魏においてであり、しかも北魏では千里四方をその範囲として設定していたが、東魏では都である鄴《ぎょう》の周辺の数郡をもって構成していたことに注目される。つまり、同じ畿内制でも北魏の平城型と東魏の鄴型の二種類があったと分析された。さらに日本における畿内制度は、改新の詔で四至を示して区画していることから平城型であったと推測されている。

西本昌弘氏は、中国史料を総体的に点検することで曽我部説を再検討された（西本一九九七a。以下、西本氏の所論はこれによる）。西本氏は、畿内関係の資料を博捜して詳細な分析をされている。その結果、曽我部氏が畿内制は北魏において実施されたとしたのに対して、それ以前にも実施されていたことを指摘された。すなわち、秦では咸陽を中心に関内の地を王畿とし、内史も京畿を統べる官で京畿の地を意味しており、内史の地が畿内であったとされる。このように秦時代も畿内は存在し、さらにその後の前漢・後漢・魏・晋も同じように畿内が存在していたと説かれている。また、北朝にも存在するとともに東晋以降の南朝にも畿内が存在したとされる。隋・唐も実際には初期からあったことを明らかにされた。以上のように西本氏は関係史料を詳しく分析した上で、いずれの時代・王朝にあっても畿内は設定されていたことを解明されたのである。

一方、畿内の範囲についても曽我部説を再検討された。そもそも曽我部氏が北魏の平城において千里四方の畿内制度が実施されたとするが、その範囲を四至で示しているからといって必ずしもそうとばかりは言えないと指摘される。むしろ実際には管轄下の郡県によって構成されていたと考える方が妥当であるとされる。東魏で置かれた皇畿も司州の諸郡と一致していたと考えられ、北斉・北周も同様であったとする。このように北朝では現実の郡県によって規定されていたと理解されることから、方千里といった範囲設定は実施されてはいなかった。さらに唐の長安・洛陽も同じであったことから、結論的には秦漢時代から唐代にかけて、畿内の範囲の設定の方法にあまり変化はなかったとされる。四至で示すからといって、畿内の範囲が方形であったことを意味するとは言えないとされた点も卓見と言えよう。

畿内制を考える上で、畿内と畿外でどのように異なるのかは重要な点であるが、これについても西本氏は追究されている。中国でも京畿の民に対する優遇措置が存在し、畿内は軍事的な性格を持つとともに力役の負担も重く、天子に対する供御の地であり官人の采邑地でもあったと指摘される。また、地方監察制度の上でも最も重要な地域として位置づけられ、礼制上も畿内は特別な性格を持っており、畿内は王都や畿外とも不可分の関係にあったと説かれた(1)。

畿内制研究は西本氏によって一気に深められたが、さらに大津透氏により、その性格が追究されている（大津一九九三）。大津氏は西本氏が秦漢時代以降、一貫して畿内が存在したとしたのに対して、明確な制度として見えるのはやはり北魏からとする。そして、平城遷都とともにその周辺に畿内の田を設け、旧部族民を八部に再編して平城周辺に定着させようとした点に着目される。このことから北魏は、遊牧民族を農耕へと移行させることを目指していたと指摘する。北魏は基本的に征服王朝であって、権力基盤として畿内を設定し農業経営に力を入れるとともに、畿内に賑給や曲赦を行うなどして自らの権力の基礎を固めようとしたと見る。つまり、北魏にとって畿内は王権の直営地としての意味があったことを明確にされた。その上で労役や軍事的負担も期待されていて、特に唐代になると軍事的側面が強くなっていったとされる。このように大津氏によって北魏で畿内制が実施された意味が明らかにされ、その意味は遊牧民族を農耕に移行させ、征服王朝としての北魏の権力基盤として畿内が設定されたということになる。

ついで中国の畿内制の形成過程を明らかにした大櫛敦弘氏の所論を見ていく（大櫛二〇〇〇）。大櫛氏は、西本氏が秦漢以降も一貫して畿内が存在したとされた点をもう一度検討し、都の周辺の首都圏一帯の政治的中心地を「畿内」とする認識は後世のものであって、その当時にはまだそのような考え方は存在しなかったと説かれる。その上で秦による天下統一以前にはかつて「方千里」の畿内があり、その外に諸侯国があったが、秦が全土を統一したことで全領域が直轄領となってしまい、これによって「畿内制度」は過去の存在となってしまったとされる。つまり、秦・漢初の段階では「畿内」は首都圏一帯ではなく直轄領のことであり、統一国家体制とは異なった過去の遺制と認識される一方、後世から見て「畿内」に相当する地域はあったが、「畿内」に当てはめた用例は存在しないとされた。さらに、畿内が再び定義し直されていく過程を明らかにされる。前漢元帝期に、「畿内」が直轄領の中でもさらに区別される地域として位置づけられる方向が見られ、王莽の新王朝において首都圏一帯の政治的中心地としての「邦畿」の用例が登場し、ここに畿内制度が統一国家体制の中で制度的に確立したとする。これが唐代などの後世の畿内制度の祖型となったとされる。以上から、諸国が並立する状況下の「国際」秩序としての「畿内制度」から、統一国家体制下での「畿内制度」へ変化したことを解明された。そして、「畿内」とそれ以外の地域の差はあまり大きくなかったとも指摘される。

ここまで畿内制に関する主な研究を取り上げて紹介してきた。大きな論点としては二つを挙げることができよう。一つは、秦漢以降も畿内という地域は存在したのか、あるいは王莽時代や北魏時代に畿内制度は実施されたのかという問題である。もう一つは、畿内と畿外ではどのような差異があったのか、あまり差がなかったのかといった問題である。前者の問題については、現実と理念との適合関係をどのように捉えるかということと密接に関わっていよう。その意味では大櫛氏の理解は現実的なように思われる。これについては後に大櫛説を踏まえて整理してみたい。後者の問題も、畿内と畿外の差異をどのくらい大きく見るかによって結論が異なってくるように思われる。この点も後に取り上げて検討することとしたい。

二　中国の世界観と地域区分

古代中国における世界観については、先に簡単に触れたように王都のある王畿を中心として同心方的に服属の度合いが低くなりながら広がっていくとするものであった。ここでは畿内制を考える前提として、こうした世界観とそれぞれの地域区分について考えてみたい。世界をどのように区分するか、あるいはいくつの地域に分割するかは、実は中国の古典的な書物ごとに異なっており、たとえば『周礼』では同じ書にもかかわらず統一されていない。つまり、各書物ごとにさまざまな地域区分が記されていて、後世に混乱を招くとともに学者ごとに違った注釈を施すことになったのである。そこで本稿では、きわめて困難であることを承知の上で、代表的な書物の地域区分を整理して、畿内の性格や中国における世界観の変化について検討してみたい。

中国の古典で世界の地域区分を説明したものの代表として、『周礼』『尚書』『国語』『礼記』などが挙げられる。これらの間で地域区分について全く一致するものはない。このうち『周礼』は三カ所に地域区分がまとまった形で記されているが、その三者ともが完全に一致するわけではないのである。このように地域区分に統一性もなくどの程度合理性を持っているのかも疑われることから、分析を試みる価値がそもそもないかもしれないが、畿内制の基本となるため若干の考察を加えてみる。

まず、以上の諸書に記載されている地域区分を一覧表にした。この表1に見えるように、中国の世界観の基本となっている『尚書』禹貢では、甸服・侯服・綏服・要服・荒服の五つの地域に区分される、いわゆる五服制をとっている。一方、もう一つの基本文献である『周礼』は、秋官大行人によると邦畿・侯服・甸服・男服・采服・衛服・要服となり、邦畿を除くと六つの服から構成される六服制となる。同じく夏官職方氏では、王畿・侯服・甸服・男服・采服・衛服・蛮服・夷服・鎮服・藩服となって王畿を除くと九つの服からなる九服制であり、同じ夏官大司馬では、国畿・侯畿・甸畿・男畿・采畿・衛畿・蛮畿・夷畿・鎮畿・蕃畿となっていて、侯以下もすべて服ではなく畿と表されていて九畿制となり、職方氏とほぼ同じではあるが服か畿かで異なっている。このようにもっとも基本となる『尚書』と『周礼』でも完全に一致しているわけではなく、後世の解釈を難しくしているのである。それぞれのテキストに関して、歴代にわたって注釈が試みられてきたわけである。しかし、いずれの注釈も全体について整合性を確保しながら説明することはできていないのが現状と言えよう。そうした中で顧頡剛氏が早くに優れた理解を提示されていたので、まず顧説を紹介しておきたい（顧一九六三）。

顧氏は古代の王の直接管轄の地区が畿であり、附属の地が服であると定義した上で、周代の実態に迫ろうとする。『国語』周語上を分析した結果、畿内国が甸服、畿外が侯服、先代遺裔が賓服、中原旧国が要服、羈縻が荒服であり、これらはおおよそ当時の実勢に近いとされる。しかし、その上で古代に実在したのは、甸服・侯服・要服の三つであり、賓服と荒服は文家が析出したものと推測される。具体的

表１　諸書に見える地域区分

『礼記』	甸（千里之内）	采・流（千里之外）								
『国語』	甸服（邦内）	侯服（邦外）	賓服	要服	荒服					
『尚書』	甸服	侯服	綏服	要服	荒服					
『周礼』大行人	邦畿	侯服	甸服	男服	采服	衛服	要服			
『周礼』職方氏	王畿	侯服	甸服	男服	采服	衛服	蛮服	夷服	鎮服	藩服
『周礼』大司馬	国畿	侯畿	甸畿	男畿	采畿	衛畿	蛮畿	夷畿	鎮畿	蕃畿
王莽新王朝	邦畿	甸服	侯服	采任	賓服	文教武衛	九州外			

には侯服から賓服が、要服から荒服が析出されたとする。そして、『史記』秦始皇本紀の記述から方千里の甸服とその外の侯服・夷服の三つからなる三服制が実在したとする。また、『礼記』王制の記述から千里之内の甸とその外の采・流から構成されていたことを抽出して、采が『史記』の侯服に当たり流が同じく夷服に当たるとして、やはり三服制を取っていたとされる。つまり、現実には三つの地域からなる三服制が行われていたというのである。この服制が秦漢へと継承されたが、『尚書』禹貢において一変して甸服・侯服・綏服・要服・荒服からなる五服制が登場することになったとされる。さらに『国語』周語では各地域は不斉一であり方形でもなかったのであるが、『尚書』禹貢においては区画を確定し方形に統一して秩序化された形に整えられたと指摘される。以上の分析から顧氏は『国語』周語の記述が事実に近く、『尚書』禹貢の地域区分は想像によるもので事実ではないとする。そして、九服や六服にまで増えている『周礼』は実態とは異なっているとする。

以上のように顧説には学ぶべきところが多く、特に現実には三服制が実態に近く『尚書』禹貢で現実からかけ離れて同心方的に秩序立てられたとされた点は重要な指摘であろう。本稿でも顧説を参考としてあらためて考えていきたい。

さて、表1から諸書を対比して検討してみると、いくつかの点に注目される。まず一点目は『国語』周語上と『尚書』禹貢は、ともに五つの服からなっている五服制である点である。三つ目の名称は全く異なっているものの、他の甸服・侯服・要服・荒服は共通している点から、両者が親縁性を持っていることを読み取れよう。二点目は『周礼』になると地域の数が増加している点である。秋官大行人では邦畿を除くと六服に、他の二つでも同じく九服（畿）に増えている。そして、大行人・職方氏・大司馬とも侯以下は要と蛮が異なっていることを除くと基本的には同じ構成となっている。すなわち、邦畿・王畿・国畿を除けばそれ以外の服（畿）は基本的に同じ構成を取っているものと理解できる。その意味では六服と九服・九畿の違いはありながらも、『周礼』内での統一感は一応保っているということが言える。

このような全体的な傾向を押さえた上で、さらに詳しく見ていきたい。はじめに『礼記』王制を見ると、「千里之内曰甸、千里之外曰采、曰流」とある。すなわち、千里之内が甸と言われ、千里之外が采と言ったり流と言ったりするということである。このことから顧氏は甸・采・流の三服制を見出され、これが現実にも行われた姿であったとされた。しかし、『礼記』の記述を素直に読むと、千里之外は采と言ったり流と言ったりするということであって、采と流には必ずしも階層差があるわけではないと考えられる。そのように解釈すると、甸・采・流という三段階ではなかったということになり、むしろ大きく千里之内の甸と千里之外の采・流という二つの地域区分を示していると理解されよう。つまり、顧氏のように甸・采・流の三服制ではなく、千里之内と外の二分割制と考えられる。そして、千里之外には采や流と呼ばれる地域が含まれていたということになる。すなわち、『礼記』王制では二分割制というとても単純な地域区分を採用していたのである。

次に『国語』周語上を見ていく。そこには甸服・侯服・賓服・要服・荒服から構成された五服制が記されている。(2) しかし、これも「邦内甸服、邦外侯服」とあることから、王樹民氏が述べられたように（王一九九六)、邦内の甸服と邦外の侯服以下という二分割制が核となっていたと考えられる。この甸服・侯服に、賓服・要服・荒服が付加されたと解釈できる。一見すると地域区分される数が増えているわけであるが、基礎となっているのは、まず邦内の甸服と邦外の侯服であり、邦内と邦外という二つのカテゴリーであった。つまり、ここでも邦内か邦外かという二分割制をとっているのであり、邦外に新しい地域区分が加えられてきたと見ることができる。このように基本的に二分割制を基にしている点では、『礼記』王制と共通する側面を持っていると考えられる。

そして、さらに注意が必要なのは、二分割制を基礎としながらも地域区分の服の数が増えるとともに、甸服・侯服・賓服・要服・荒服を並列的にも叙述していることである。『礼記』王制では大きく千里之内と外に二分した上で、千里之外は釆や流という説明されているが、『国語』周語上では、「甸服者祭、侯服者祀、賓服者享、要服者貢、荒服者王」と述べられていることから、これら五服を均等に扱っているようにも受け取れる。その意味では、『礼記』王制と同様に二分割制を基本としつつも服の数を増やした上で五つの服を並列的にも扱うようになってきたと見ることができよう。ここにシンプルな二分割制から、地域区分が増加していく端緒を見出すことができる。

次に、『尚書』禹貢の五服制に目を移したい。この五服制は、後世の中国においては常々参照されるとともに『周礼』と同じく大きな影響力を持っていた。その構成は、甸服・侯服・綏服・要服・荒服の五つからなっている。『尚書』禹貢に描かれている五服制では、邦内か邦外かという二分割制を基礎とすることはなくなる点に注意される。甸服以下が均質に並列的に叙述されているのである。先に見た『礼記』王制や『国語』周語上が二分割制を基本としていたのに対して、『尚書』禹貢は各服を均質化し均分した形をとっていることになる。これを等分制と呼ぶこととするが、ここに二分割制から等分制へと変化したことがうかがえる。

さらに注目すべきは、『尚書』禹貢では甸服を中心に外側へ連なる階層的な世界観が採用されているらしい点である。これはすでに顧氏の指摘するところであり、顧氏は『国語』周語上では各服は方形でもなく形も不斉一であったが、『尚書』禹貢では方形化して秩序化されていると説かれている。顧説に同心方説を否定する平勢二〇一二説を加味すると、『礼記』王制も千里之内と外という簡単な区分だけであり、地域を階層化し秩序化してはいない。このように二分割制段階では、まだ階層化したり均質化・秩序化はなされていなかったが、『尚書』禹貢では階層化し各服が均質化・秩序化されるようになったと言える。

このような階層化・均質化・秩序化の方向は、『周礼』に至って極限に達したと考えられる。すなわち、秋官大行人では六服制、夏官職方氏・大司馬では九服制・九畿制と多服化すると同時に、「其外方五百里謂之侯服」（大行人）といったように明確に階層化し秩序化されている。ここに古代中国の世界観が、一つの完成形に到達したと言うことができ、これ以降は『尚書』禹貢と『周礼』の世界観が繰り返し参照されるようになる。ここに観念上の理想的な世界観が完成したことになるが、それは現実とは遊離したものでもあった。

もう一点、重要な変化は甸・甸服の位置である。諸書の地域区分を比べるとそれぞれが少しずつ異なっているが、実は唯一共通しているのが侯服（畿）の位置である。『国語』周語上、『尚書』禹貢、『周礼』ともに二番目に侯服（畿）を置いている。それに対して『礼記』王制・『国語』周語上・『尚書』禹貢は甸・甸服が天子の地とされているが、『周礼』では邦畿・王畿・国畿と入れ替わり、かわって甸服（畿）は三番目に移されている。すなわち、甸・甸服が侯服の外に出されてしまったのである。これは天子の直轄領として邦畿などが新たに作り出されて、本来の甸服が侯服の外に出されたことを意味している。なぜ位置が変わったのかは不明であるが、憶測を述べると加重されていった他の地域区分の服より、『国語』周語上で邦外に定義づけられたことで侯服の位置づけが明確であったため容易に動かせなかったのではないかと思われる。そのため新しく加重された地域区分は侯服の外に追加されていったと推測される。そして甸服も本来は天子の直轄領を指していたにもかかわらず、邦畿などに取って代わられて侯服の外に移されてしまったのであろう。

次に、甸・甸服がなぜ邦畿などに変わったのかも問題である。それを示す史料は管見の限りないが[3]、もともと両者は同じものを指していた。しかし、邦・王・国という用字を使用していることから、甸という本来の天子の田を指す段階から、国や王という概念を明示したいという段階への変化が背景の一つとしてあったと推測される。そして、甸服から邦畿（王畿・国畿）に名称が変化したことは副産物を生むことになる。すでに曽我部氏が指摘したとおり、天子の直轄領は甸・甸服と呼ばれていたのが、邦畿などが使われることで、畿の一字に独自のニュアンスが発生してきたと思われる。儒家の経典として重視される『周礼』の中で天子の直轄領が邦畿などと名付けられたことで、畿が一般的なサカイという意味の他に、天子の直轄領をも指すように変わってきたと推測される。そして、これが後世に大きな影響を与えていくこととなる。

以上のように、『礼記』王制、『国語』周語上の段階では顧説のように同心方的な世界観ではなく構造も二分割制という簡単なものであった。平勢隆郎氏も同心方的ではなかったと指摘されているように（平勢二〇〇五、二〇一二）、この世界観が恐らく実態にも近かったのではないだろうか。それが『尚書』禹貢で階層化・秩序化し、『周礼』で天子を中心とした秩序による世界観が完成したと解釈される。これは必ずしも現実とは合致せず観念上のものとなり、同時に多服化することで誇大化した世界観となったのである。

三　畿内制の再認識

古代中国の世界観について整理して、諸書の違いを基に考察してきた。その結果、『礼記』王制や『国語』周語上は二分割制を基礎としていたが、『尚書』禹貢や『周礼』では階層化・秩序化がなされて現実の世界からかけ離れて理念化されたものになっていったことを指摘した。それでは、このような世界観の展開の中で畿内制はどのように位置づけられてきたのかを次に検討していきたい。

いつの時代とは明言できないが、ひとまず秦による天下統一以前について考えることからはじめる。この段階では、『礼記』王制が描くような二分割制による世界が現実に近いものと思われる。つまり、千里之内が天子の直轄領である甸で、千里之外が采とか流と呼ばれる地域と認識されていたのであろう。同様に『国語』周語上でも邦内が天子の直轄領である甸服で、邦外が侯服と呼ばれていた。このことから千里之内＝邦内＝甸・甸服、千里之外＝邦外＝采・流・侯服という理解が導き出される。そして、このシンプルな世界観が現実とも合っていたと推測される。

それが大きく変化するのが秦による天下統一の段階である。大櫛氏によると、『史記』秦始皇本紀二六年条から、かつては方千里の畿内の外に諸侯国が存在していたが、始皇帝によって全土が統一されたことによって全領域が直轄領となり、「畿内制度」は過去の存在となったと指摘されている。大櫛説に従うと、統一以前は千里之内の邦内が甸服であったが、統一によって全土が支配下に入ってしまったがために、邦内が全土に拡大してしまい、千里之内を甸服とする概念そのものが無実化してしまったということになる。このように甸服を天子の直轄領としてきた状況が、秦の天下統一によって実態と合わないことになったのである。

しかし、秦漢代においても首都圏一帯に内史や三輔といった特別行政区が設置されていたことは西本氏の指摘の通りである。だが、それを畿内と認識、あるいは規定していたかは大櫛氏の言われるように確かめがたい。そして、大櫛氏によれば、王莽の始建国四年（一二）に首都圏一帯の政治的中心地を指す用語としての邦畿が使われることで、畿内制度が確立することとなる。本稿では大櫛氏の理解を踏まえて議論を進めたい。

漢代の畿内については、劉芳の上疏所引の宋氏含文嘉注に「漢不設王畿」（『魏書』巻五五、列伝四三、劉芳伝）と見えることから、王畿を設けていなかったとする認識がうかがえる。この解釈が正しいとすると、首都圏一帯に特別行政区は設けていたものの、それを王畿として位置づけたり王畿を設置したりはしていなかったということになる。そうすると、王莽が始建国四年に邦畿という用語を使ったことは、より重要な意味を持ってくる。天鳳元年（一四）、地方制度が改変されるが、甸服・侯服以下の名称を使用している（いずれも『漢書』巻九九中、王莽伝）。つまり甸服も使用しているのであるが、首都圏一帯を指す場合は邦畿を使ったことがわかる。恐らく『周礼』秋官大行人に従ったのであろう。ここに畿を再認識したということになる。これによって、甸服ではなく邦畿が首都圏一帯の王朝の核となる領域を指す用語となっていったと推測される。しかも、『周礼』という理想的な王朝周の制度に基づいている点が重要な意味を持っている。すなわち、『周礼』に描かれた理想の王朝周の国家の形として、世界の中心に邦畿が存在しなければならないということを再発見したことになり、さらにそのエリアは具体的には首都圏一帯の地域を当てるという現実に即した形が見出されたのである。大櫛氏の説かれるように、統一国家体制の中に畿内制度が読み替えられたのであるが、それだけではなく理想的国家の形として邦畿が存在することが必要とされるようになったという点も重要である。

以上のように、秦の天下統一によって本来の天子の直轄領という意味としての甸服は現実とはかけ離れてしまったのであるが、王莽によって実際の国家システムの中で位置づけられることで、いわば畿内の再発見がなされたと言える。

四　畿内の意味

それでは畿内制とは具体的にはどのような役割や機能を持っていたのであろうか。最後にこの点について検討してみたい。結論を先に述べると、確かに特殊な地域としての性格を持つとともに他の地域とは異なった扱いを受けていることは事実として存在するものの、しかし、本質的な面に着目するとあまり独自の機能というものは制度化されていなかったのではないかと考えられる。評価する観点にもよるが、以下、本稿なりに再検討を試みたい。

畿内の性格や機能について詳細に分析されたのも西本氏である。その概要はすでに紹介したとおりである。すなわち、畿内は軍事的性格、重役之地、供御、監察上の特殊性、礼制的意味、優遇的側面といった特性を持っていたということになる。また、鬼頭清明氏は畿内は都城の労働力の提供地という性格を持っていることから都城のヒンターランドと評価された（鬼頭一九九二）。両氏の指摘のように畿内には特殊な機能や性格があったことは確かである。しかし、一方で大櫛氏は畿内とそれ以外の地域には実質的な格差はあまり大きくなかったと指摘された。

以上のように畿内について、その他の地域とは異なる性格や機能を見出す見方と逆に差異をあまり評価しない見方とが存在し、両者ともにそれぞれに説得力があり難しい問題である。しかし、この問題に迫るためには、その本質と現実のあり方とを一旦分けて考える必要がある。本質と現実のあり方を同時に議論するとあまり生産的な議論にならない可能性があろう。実は両者を分ける方向性は、山根清志氏がすでに提示されている（山根一九九五）。山根氏は、畿内制の本質は「デスポットによる王制の観念であること」であり、「デスポットの立場からみて、礼制の秩序に沿うかたちで、みずからの王城を中心とするその近傍の地域をば、その他の地域から身分制的に区別＝差別すること」とされ、その差別＝区別がどのように具現するかは歴史的諸条件に規定されると指摘された。つまり、畿内制の本質はデスポット（専制君主）が礼制の秩序に沿うように設定するものであり、具体的な形態はその歴史的条件に左右されるということである。本稿では、この山根氏の視角を継承して畿内制の本質について考えてみたい。畿内制が果たした具体的な機能などは、西本・鬼頭両氏の指摘のとおりであるが、ここではその本質について取り上げたい。

まず甸・甸服と呼ばれていた段階を見ると、『礼記』王制には、「天子百里之内以共官、千里之内以為御」とあり、天子は百里四方の地で百官を維持し千里四方の地で内廷の費用を賄うと説明している。[4] そして、その千里之内は甸というとある。つまり、甸はまずは天子の直轄領として機能していたと理解できる。しかし、王莽によって再認識されてからはどうであろうか。そこで注目されるのは、南朝の劉宋の大明三年（四五九）二月乙卯条（『宋書』巻六）に揚州統括の六郡を王畿としたことである。ここに建康周辺が王畿となったことになる。これについてはすでに戸川貴行氏が分析され、東晋前期には現に都となっているのは建康であるが、洛陽周辺が王畿と認識されており、その後期から建康を天下の中心と考える者が多くなって、ついに劉宋孝武帝の大明三年に建康周辺が王畿となり建康中心の天下観が制度化したと指摘された（戸川二〇一五）。以上の戸川氏の所説は重要で、建康に政権を置いた後も、しばらくは洛陽が天下の中心であり王畿もそのままであった。王城に王畿が伴わない時期があったことになり、王畿の存在が王城にとって必須ではなかったことになろう。むしろ建康を天下の中心と位置づけた時に、王畿が必要となったのである。これは戸川氏が明らかにされたように、礼制上必要とされたことを意味している。これが王畿の本質ではないかと考えられる。すなわち、まず天子を中心とした世界観を現実に再現する必要があり、その一つとして王畿が設定されていたのである。そして、実際には西本・鬼頭両氏が指摘したような特殊な性格を与えられることもあったのである。

ここまで述べたように、甸・甸服は本来天子の直轄領としての意味を持っていたが始皇帝による天下統一によって無実化し、その後の王莽の新時代に再認識された。しかし、その王畿は理想的な世界観を再現するために設定されたものであり、実はなくても王城の存立には直接影響はない程度であった。つまり、天子を中心とした世界観を整える上で必要とされたと理解される。同時に首都圏一帯は特別行政区となることが多いのも事実で、特別な監察制度や防衛体制が敷かれ労働力の徴発などの面でも特殊な扱いを受けたりする一方で優遇措置などもあった。そこに王畿という概念が被せられると、王畿は特殊な地域としての内実を持つことになる。

おわりに

本稿では、古代中国の畿内制について研究の展開を追いながら整理してきた。ここで述べてきたことは優れた先行研究に多くを負っており目新しいことは何もないが、最後に簡単にまとめてみたい。

『礼記』王制・『国語』周語上によると基本的には千里之内＝邦内と千里之外＝邦外という簡単な二分割制による世界観が存在し、これにいくつかの地域区分が付加されていた。しかも同心方的な形態でもなかった。そこでは天子の直轄領が甸・甸服と呼ばれていた。それが『尚書』禹貢や『周礼』になると、地域区分が増加するとともに階層的になり秩序化された。これは、現実とはかけ離れた形でしかなく理念上の産物であった。そして、始皇帝による天下統一で全土が邦内となったことで甸服も無実化した。しかし、王莽の新時代になって礼制上の必要から『周礼』秋官大行人をもとに邦畿が設定された。これが画期となって首都圏一帯は甸服ではなく邦畿などと呼ばれるようになり、畿という認識が強く持たれることになる。一方、王畿の本質は礼制的な理想の世界観を現実世界に再現する上で必要とされたところにあり、その意味では王城存立にとって必須とは言えなかった。むしろ王畿を設定することが、王朝の正統性を示すこととなった。だが首都圏一帯であるが故に、自ずから特殊な性格を持つことになったのである。

本稿で述べてきたことをまとめると以上のようになるが、その当否は不安なところが多く、先行研究の見落としなどもあろうかと恐れている。一つのモデルとして提示して、さらに研究が進展する契機となれば本望である。

註

（1）その後の研究状況は、西本昌弘一九九七bに整理されている。本稿もその恩恵に浴している。

（2）『国語』周語上の該当箇所の解釈もとても難しいが、本稿では五服に整理した解釈に従う。
（3）甸服の位置が移った点は『周礼正義』巻五五、夏官大司馬条の疏でも議論があり、甸服を中心とするのは周制ではないとする。
（4）『礼記』の解釈は、竹内照夫一九七一を参照。

引用・参考文献

王樹民 一九九六「畿服説考略」上官鴻南・朱士光主編『史念海先生八十寿辰学術文集』陝西師範大学出版社。
大櫛敦弘 二〇〇〇「中国『畿内制度』の形成に関する一考察」西嶋定生博士追悼論文集編集委員会編『東アジア史の展開と日本』山川出版社。
大津 透 一九九三「中国における畿内制」同『律令国家支配構造の研究』岩波書店。
鬼頭清明 一九九二「王畿論―中国・朝鮮・日本―」荒野泰典・石井正敏・村井章介編『アジアのなかの日本史Ⅳ 地域と民族』東京大学出版会。
顧頡剛 一九六三「畿服」同『史林雑識初編』中華書局。
曽我部静雄 一九六八「日中の畿内制度」同『律令を中心とした日中関係史の研究』吉川弘文館。
竹内照夫 一九七一『新釈漢文大系27 礼記 上』明治書院。
戸川貴行 二〇一五「東晋南朝における天下観について―王畿、神州の理解をめぐって―」同『東晋南朝における伝統の創造』汲古書院。
西本昌弘 一九九七a「畿内制の基礎的考察―日本における礼制の受容―」同『日本古代儀礼成立史の研究』塙書房。
西本昌弘 一九九七b「近年における畿内制研究の動向」同『日本古代儀礼成立史の研究』塙書房。
平勢隆郎 二〇〇五『中国の歴史02 都市国家から中華へ 殷周 春秋戦国』講談社。
平勢隆郎 二〇一二「『八紘』論と『五服』論」同『『八紘』とは何か』汲古書院。
山根清志 一九九五「武則天の『神都』充実策をめぐる一、二の問題」五井直弘編『中国の古代都市』汲古書院。

新羅の畿内制

田中俊明

はじめに

朝鮮三国のひとつ新羅に畿内制があったことは確実である。ただその実態については、史料の限界があり、明確にはなっていない。ここでは残された史料の限りで、新羅の畿内制がどのようなものであったのかについて考えてみたい。

なお、高句麗の場合、『三国史記』巻一六・高句麗本紀四・故国川王一三年(一九一)条に、王が王后の一族の反乱に対して「王、畿(畿)内の兵馬を徴し之を平げ遂に令を下して曰わく、……」とみえる。しかし高句麗に「畿内」があったことは他にはみられず、この伝説的な記事のみをもとに高句麗に畿内制があったとみるのは難しい。

百済の場合には、『隋書』百済伝に「畿内を五部と為す。部に五巷有り。士人、焉に居る」とあり、「畿内」があったことが明確なようにみえる。そしてそのことをもとに、日本の畿内制の源流を百済に求めることもある(石母田一九七一)。

しかし、『周書』百済伝に「都下に万家有り。分かちて五部と為す。上部・前部・中部・下部・後部と曰う。

兵五百人を統ぶ」とあり、『翰苑』注所引『括地志』に、「王の都する所の城内、又た五部と為す。皆な達率、之を領す」とみえている。これらの「都下」と「王の都する所の城内」とは、五部に分けられるところということになるが、それは『隋書』の「畿内」と同じところを指しているとみなければならない。具体的には、王都泗沘（現在の韓国忠清南道扶余）において、羅城と錦江に囲まれた中、と考えられる。従って、この記事を通して、王都の周囲に畿内があったとみるのは無理であり、これ以外に百済の「畿内」記事はない。百済においても、畿内制があったと考えるのは難しい。

一　新羅末の「王畿」史料

新羅（九三五年滅亡）の場合、末期において「王畿」が存在したことを記す史料がある。「王畿」の存在そのものが、畿内制があったことを示している。まずそれから検討したい。

『三国史記』弓裔伝（巻五〇・列伝一〇）には、

新羅の衰季にして政荒れ民散じ、王畿外の州県、叛附相半ばし、遠近の羣盗蜂起し蟻聚するを見、善宗（弓裔）謂えらく、亂に乘じて衆を聚むれば以て志を得る可し、と。

とある。弓裔は新羅の第四七代王である憲安王の子とも、第四八代王の景文王の子ともいい、新羅に捨てられたことを怨み、新羅に対して兵を挙げて新羅西北地域に勢力を広げ、摩震国さらに泰封国を建てた。記事は新羅末の状況を記したものであるが、これのみでは、制度としての王畿の存在を明示しているとは言いがたい。地方にも反乱が広がっていることを述べたに過ぎないと受け取ることもできる。

弓裔とならんで、新羅の西南地方に勢力を持った甄萱は、新羅王都に侵攻し、第五五代王の景哀王を殺し、末王となる敬順王を擁立している。新羅王都侵攻の経緯を、『三国史記』甄萱伝（巻五〇・列伝一〇）には、

天成二季（九二七）秋九月、萱、……進みて新羅の高鬱府を襲い、新羅の郊圻に逼る。新羅王（景

哀王）、救いを太祖（高麗の太祖。王建）に求む。冬十月、太祖將に師を出だして援助せんとするや、萱猝かに新羅王都に入る。時に王、夫人・嬪御と與に出でて鮑石亭に遊び置酒し娯樂す。賊至るや狼狽して爲す所を知らず。夫人と與に城南の離宮に歸る。諸侍從・臣寮及び宮女・伶官皆な亂兵に陷沒せり。萱、兵を縱ち大いに掠め、人をして王を捉えしめ、前に至りて之を戕す。便ち入りて宮中に居り、夫人に強引し之を亂す。王の族弟金傅を以て嗣いで立たしむ。

と伝えている。「圻」は、「畿」と同じ意味でも用いることがあり、これに対応する『高麗史』太祖世家一・一〇年（九二七）条では、

春九月、甄萱、……進みて新羅の高鬱府を襲い、逼りて郊畿に至らんとす。新羅王（景哀王）、連式を遣わし急を告ぐ。王（王建）、侍中公萱・大相孫幸・正朝聯珠等に謂いて曰わく、新羅は我れと好みを同じくすること已に久し。今、急有り。救わざるべからず、と。公萱等を遣わし兵一萬を以て之に赴かしむ。未だ至らざるに、萱、猝かに新羅都城に入る。時に羅王、妃嬪宗戚と與に出でて鮑石亭に遊び、置酒し娯樂す。忽ち兵の至るを聞き、倉卒として爲す所を知らず。王、夫人と與に走りて城南の離宮に匿れ、從臣・伶官・宮女、皆な陷沒さる。萱、兵を縱ち大いに掠め、入りて王宮に處り、左右に令して王を索めしむ。軍中に置き、逼りて自盡せしむ。強いて王妃を辱め、其の下を縱ち其の妃妾を亂せしむ。王の表弟金傅を立てて王と爲す。王弟孝廉・宰臣英景等を虜とし、盡く子女百工兵仗珍寶を取り、以て歸る。

と、「畿」字を用いている。

『三国史記』甄萱伝によれば、王建がその後、甄萱から寄せられた書に答えて、この時のことを、

豈に謂わん、血を歃りて未だ乾かざるに兇威復た作り、蜂蠆の毒、生民を侵害し、狼虎の狂、畿甸を梗するを爲さん。金城（新羅王都）窘忽し、黄屋震驚し、義に仗りて尊周するも誰か桓文之覇に似たる。

と述べている。『三国遺事』巻二・後百済甄萱条にも同じ内容を伝え、その分注には「書は乃ち崔致遠の作なり」とあるが、それは疑わしい。王建自身が書いたものでないとしても、同時代の表現として尊重する必要はある。ただし、『三国史記』巻一二・新羅本紀一二・景哀王四年(九二七)条および『三国遺事』巻二・金傅大王(敬順王)条には、甄萱が高鬱府を襲ったあと、景哀王が王建に救援を求めたが、救援が来ないうちに甄萱が王京に入った、と記すのみで、「郊畿」に逼ったことは記していない。

「郊圻」「郊畿」は、郊外という程度の意味かとも思われるが、王都の外における、特定の空間を指しているとみることはできる。

弓裔の部下から成長し、弓裔を倒して高麗を建てた王建は、敬順王に請われて、新羅王都に入っている。『三国史記』巻一二・新羅本紀一二・敬順王五年(九三一)条に、

春二月、太祖、五十餘騎を率いて京畿に至り、通謁す。王、百官と與に郊迎し、宮に入りて相對し、曲さに情禮を盡くし、宴を臨海殿に置く。

とある。これについては、『三国遺事』巻二・金傅大王条に、

明年戊子(九二八)春三月、太祖、五十餘騎を率い巡りて京畿に到る。王、百官と與に郊迎し、入りて相對し曲さに情禮を盡くし、宴を臨海殿に置く。

とあり、同じことを九二八年のこととしているが、これは『三国遺事』の誤りで、王建が新羅の「京畿」に至った、というのは、九三一年のことである。

『高麗史』太祖世家二・一四年(九三一)春二月条でも、

丁酉、新羅王、大守謙用を遣わし復た相見えんことを請わしむ。辛亥、王、新羅に如く。五十餘騎を以て畿内に至り、先に将軍善弼を遣わし起居を問わしむ。羅王、百官に命じ郊に迎えしむ。堂弟相国金裕廉等、城門の外に迎う。羅王、應門の外に出でて迎拜す。王、荅拜す。

とある。

このように、新羅末の史料に王畿に関わる語句が多く用いられている。これらにみえる「王畿」「郊畿」「京畿」であるが、弓裔伝にみえる「王畿外」は、明確に制度としての王畿の外を指すものとみることができるか、あるいはあいまいに王都近郊よりも外、という程度なのか何ともいえない。しかし、甄萱伝にみえる「郊畿」は、高欝府と「王都」（都城）との間のどこかからを指しているとみることができる。また王建が至ったという「京畿」は、そのあと新羅敬順王が郊外に迎え（『高麗史』では百官に迎えさせたとある）、王建は城門を経て王都に入っている。こちらも、郊外よりも外のどこかからを指していると考えられる。すなわち、現実に「王畿」があって、そこに至ったことを明示しているとみることが可能である。高欝府は、現在の慶尚北道永川市にあたり、慶州の西隣である（図1参照）。

『三国史記』『三国遺事』には、これ以外にも「畿」字がみえるが、取り上げて検討する必要があるものはない。

なお『太子寺郎空大師碑』（九五四年）に、

乃ち天祐三年（九〇六）秋九月を以て、初めて忽ち溟郊を出で、方めて京邑に歸す。……忽ち明年夏末に、乍らく京畿を別れ、略ぼ海嶠に遊び、金海府に至る。

とあり、大師が天祐三年九月に「京邑」に至り、翌年夏の末に「京畿」を離れた、とする。ここに「京邑」「京畿」の語がみえ、「京邑」すなわち王京と対比される「京畿」を記している、とみることもできるが、修辞的にことさら語を換えて述べているのみで、同じような意味に用いているに過ぎないと考えることもできる。

二　「畿停」の検討

より重要であるのは、『三国史記』地理志にみえる「畿停」である。巻三四・地理志一・良州条に、

大城郡。もと仇刀城境内の率伊山城・茄山県【一に驚山城と云う】・烏刀山城等の三城なり。今、

清道郡に合属す。

約章県。もと悪支県。景徳王、名を改む。今、慶州に合属す。

東畿停。もと毛只停。景徳王、名を改む。今、慶州に合属す。

商城郡。もと西兄山郡。景徳王、名を改む。今、慶州に合属す。

南畿停。もと道品兮停。景徳王、名を改む。今、慶州に合属す。

中畿停。もと根乃停。景徳王、名を改む。今、慶州に合属す。

西畿停。もと豆良弥知停。景徳王、名を改む。今、慶州に合属す。

北畿停。もと雨谷停。景徳王、名を改む。今、慶州に合属す。

莫耶停。もと官阿良支停【一に北阿良と云う】。景徳王、名を改む。今、慶州に合属す。


とあり（【 】は原注）、五つの畿停がみえている。新羅は、三国を統一したあと、広大化した領土を九つの州に分けて統治した。『三国史記』地理志全四巻のうち、はじめ三巻は、八世紀なかばの景徳王の時代の地名を中心にして、九州の各州ごとの州郡県および小京の沿革を記したものである。九州のひとつ良州は、一つの小京（金海小京）と、一二の郡から成り立っている。そのうちの一一番目と一二番目が、この大城郡と商城郡である。大城郡には東畿停があり、商城郡には南畿停・中畿停・西畿停・北畿停があるということになる。商城郡にはさらに莫耶停もあり、あわせて六畿停と呼んでいる。

『三国史記』巻四〇・職官志下の諸軍官・将軍の条の分注に「羅人、営を謂いて停と爲す」とある。そこでいう停は、直接には、漢山停をはじめとする六停を指しているが（李一九九八）、こちらの「畿停」についても、同様に考えることができよう。すなわち、停とは軍営・軍団をいうのであり、「畿」における軍団の駐屯地を指していることになる。

かつて村上四男は、六畿停の「畿」字に王畿の意味が含まれていることを認めつつも、それは王畿とするほどのものではないとした（村上一九七八）。それに対して木村誠は、景徳王代の五つの畿停への改称は、王畿の停であることを明示するための改称であった、として、六畿停を積極的に評価し、統一期の王畿について論じている（木村二〇〇四）。「畿」字を含むことは、極めて重要であり、そのことは無視できない。ここでも、王畿と関連する史料であるとみなし、以下、この「畿停」について考えることにしたい。

ただし、地理志の大城郡の記事には、問題がある。この記事によれば、大城郡とは、もとの仇刀城境内の率伊山城・茄山県（驚山城）烏刀山城等の三つの城から成り立っているというのであるが、良州の二番目の郡である密城郡は、

密城郡。もと推火郡。景徳王、名を改む。今、之に因る。領県五。

尚藥県。もと西火県。景徳王、名を改む。今、靈山県。

密津県。もと推浦県【一に竹山と云う】。景徳王、名を改む。今、未詳。

烏丘山県。もと烏也山県【一に仇道と云う。一に烏禮山と云う】。景徳王、名を改む。今、清道郡に合属す。

荊山県。もと驚山県。景徳王、名を改む。今、清道郡に合属す。

蘇山県。もと率巳（已）山県。景徳王、名を改む。今、清道郡に合属す。


というように記され、ここに三つの城と同じかとみられる地名が登場している。

すなわち、率伊山城は、密城郡蘇山県の旧名率巳（已）山県と、茄山県（驚山城）は荊山県あるいはその旧名驚山県と、烏刀山城は烏丘山県の旧名烏也山県（仇道・烏礼山）と、それぞれほぼ一致する。密城郡は現在の慶尚南道密陽を中心とする地域で、新羅王都慶州の西南に近接する。それからすれば、これらは同名異地ではなく、同一地を指すと考えるべきである。とすれば、大城郡や密城郡の記事に何らかの誤りがあることは確実である。

これについてつとに前間恭作が、本文の「もとの仇刀城境内の」以下、「今は清道郡に合属す」までは、

高麗の天福五年（九四〇）に創置された清道郡に関する文籍の佚文が、誤ってここに書き入れられたものので、大城郡は王都の東郊に、商城郡は王都の西郊に比定される、と指摘した（前間一九七四）。

その点を詳論したのは金侖禹であり、すなわち、両者の重複を無くし、大城郡の記述はほんらい「大城郡。もとの仇刀城。境内の約章県、もとの悪支県。……」とあったというように整理し、仇刀城と烏刀山城を別個のものとみて、まったく新たに大城郡の郡域を求める。そして仇刀城を慶州の明活山城に比定し、大城郡を慶州東部にのみ広がる郡であったとみるのである（金一九八七）。

地理志の大城郡の記述のうち、「もとの仇刀城境内の」以下すべてを錯簡とするよりは、「もとの仇刀城」を残す金侖禹の意見のほうが無理がないかも知れない。しかし、九州の諸州郡県で旧名を「城」で表現する例はなく、また領する県について「境内の」と記す例もない。その点に注意すれば、大城郡の沿革として、ほんらいの旧名が仇刀で、仇刀郡あるいは仇刀県とあったとみるほうがより妥当であると考える。烏丘山県の旧名烏也山県に、別名仇道があり、仇刀と仇道とは音通である。そこから烏也山が連想されて、そのような混入が生じた、というように理解することができる。また郡はそれぞれ領県の数も記しており、それも加えて復元すると、

大城郡。もと仇刀（郡もしくは県）（以下、缺落）領県一。

約章県。もと悪支県。景徳王、名を改む。今、慶州に合属す。

東畿停。もと毛只停。景徳王、名を改む。今、慶州に合属す。

ということになる。

ところで、この箇所を含んだ良州条には、別の問題がある。上掲した大城郡・商城郡・密城郡各条には「景徳王、名を改む」という表現が多くみられる。実際にはこれら三郡のみではなく、全体にわたってみられるものである。それは、景徳王の時代に、全国の郡県名の改変が行われたからであり、固有語を漢字に宛てただけの地名から、漢語で理解できる地名への改変、すなわち地名の漢化・中国化が行わ

れたのであった。

『三国史記』巻九・新羅本紀九・景徳王一六年（七五七）条に「冬十二月、沙伐州を改めて尚州と為す。州一・郡十・県三十を領す。歃良州を良州と為す。州一・小京一・郡十二・県三十四を領す。……」とある。ここには州名の改変のみを記すが、この時に郡県名も変えたのであり、見出し語としてあげられている大城・商城・密城などの名も、この時に変えられたものである。そして、ここにその時点での各州の郡県数が示されている。良州は、州一・小京一・郡一二・県三四ということになる。

先に述べたように、『三国史記』地理志のうちの三巻は、この景徳王の時代の改変地名を中心にして、九州の各州ごとの州郡県および小京の沿革を記したものであるが、良州の場合小京一・郡一二・県三四であり、上記の新羅本紀にみえる数と一致しており、問題がなさそうであるが、実は義昌郡の音汁火県は、景徳王代には存在していなかったと考えられ、上記の数字は景徳王代の実態を伝えていないということになる。

義昌郡条における音汁火県の沿革は「婆娑王の時、音汁伐国を取りて県を置く。今、安康県に合属す」とあるもので、景徳王代の改変を記していない。それのみでなく、このような漢語二字ではなく漢語で理解できない地名は、景徳王代の改名を経ていないとみるべきである。とすれば、音汁火県は、景徳王代にはすでに存在していなかったと考えるのが妥当である。

この問題について木村誠は、良州の郡県のうち、長鎮県・音汁火県・大城郡の一郡二県に景徳王改名の一節がみられないことから、景徳王代にそれらが置かれていなかったか、あるいは確認できなかったことを示す、とみる。そしてそれを除外すると、本紀のいう郡県数にあわなくなるが、それは良州管下の諸郡県に関する史料が『三国史記』編纂以前に混乱し、地理志をまとめる段階で、本紀が伝える郡県数に見合うだけの郡県を確認できなくなっていた、とする。そのようにみた上で、そうした混乱のもとで、大城郡・商城郡の記事を一括して、良州条の末尾に挿入したのではないかとみている。ほんらいは二郡に関する一括記事は、王畿のことを伝えた別の史料であったが、それがまちがってここに混入されたのではないか、というのである（木村二〇〇四）。

しかしこの考えには疑問がある。音汁火県のみでなく、長鎮県・大城郡にも景徳王改名の一節がみられないのは、その通りであるが、もしそれらを除外した上で、大城郡・商城郡の記事を挿入したとすれば、商城郡は重複するし、また長鎮県・音汁火県・大城郡の一郡二県を差し引いた上で、大城郡のみを挿入したとしても郡県数は合致しない。長鎮・大城は二字名であり、漢語で理解もできる。景徳王代の改名はあったが、その一節が記されなかっただけであるとみるべきであろう。従って、音汁火県は除外すべきであっても、それとこの大城郡・商城郡の問題とは別に考えるべきであろう。

ではもし音汁火県が、景徳王代に存在していなかったとすると、郡県数の合致は、どのように理解すべきであろうか。ひとつの案は、錯簡が確認できる大城郡において、「領県一」と復元したが、ほんらいは「領県二」であった、すなわち約章県以外にもう一県あったものが缺落している、とみることである。別の案として、領県を記さない商城郡にも、ほんらいは領県が一つあった、とみることが考えられる。ただ、領県の無い郡はいくつもあり、可能性は低い。

このような大城郡・商城郡の記事は、木村のいうようにもともと王畿に関する一括史料であったとはいえないが、王畿と関連するものであることは畿停そのものが示しているというべきである。

では、畿停は、どのようなかたちで存在していたのであろうか。商城郡の場合、領県がなかったとすれば、商城郡のなかに南畿停・中畿停・西畿停・北畿停および莫耶停の五つの軍団が配置されていたことになる。大城郡の場合は、約章県および想定されるもう一県の次に東畿停が記されているから、その県のなかに配置されていたとみなければならない。

しかしここで注意を要するのは、新羅の郡県制は、中国における郡県制とは異なり、州・郡・県とは、それぞれが排他的な固有・独自の領域を持っている邑落（地域集団）の別称であり、それを階層的に編成したものであるという点である。つまりある邑落は州と呼ばれ、別の邑落は郡と呼ばれ、さらに別の邑落は県と呼ばれ、それが序列化されているということである。良州であれば、良州と呼ばれる邑落があり、それとは別に、例えば密城郡と呼ばれる邑落があり、さらにそれとは別に尚薬県と呼ばれる邑落がある。そしてそれぞれは独立して固有の領域を持っている。ただし、その間に序列と統属関係があるため、密城郡邑落とそれに統属される尚薬県邑落・密津県邑落・烏丘山県邑落・荊山県邑落・蘇山県邑落とが併存しながら、外見的にはその全体が密城郡としてみられる、ということである。広義の密城郡のなかに、狭義の密城郡と、それとは重ならない尚薬県ほかの五県、あわせて六つの邑落が併存しているということである。密城郡以外の郡もそのような実態をもちながら、良州邑落の下に位置づけられ、その総体が良州とみなされる、ということとなる。先に、景徳王代には良州が「州一・小京一・郡十二・県三十四」であったと記されていることをみたが、その合計数四八が、九州のひとつとしての良州の総邑落数であり、重複はないのである。

そのような新羅郡県制の実態に鑑みれば、大城郡の場合、記述の順に従って、狭義の大城郡のなかに東畿停軍団が配されていたのではなく、約章県か、もう一県（想定される場合）のなかに配されていたとみなければならない。

しかしここでは別の考え方をしてみたい。新羅には、先にあげた六停とは別に、十停と呼ばれる軍団が知られている。『三国史記』巻四〇・職官志下・武官条に、

十停【或いは三千幢と云う】。一に音里火停と曰う。二に古良夫里停と曰う。三に居斯勿停と曰う。衿の色、青。四に參良火停と曰う。五に召參停と曰う。六に未多夫里停と曰う。衿の色、黒。七に南川停と曰う。八に骨乃斤停と曰う。衿の色、黄。九に伐力川停と曰う。十に伊火兮停と曰う。衿の色、緑。並びに眞興王五年（五四四）、置く。

とみえるものである。このうち音里火停については、『三国史記』巻三四・地理志一・尚州・青驍県条に「も

と昔里火県。景徳王、名を改む。今、青理県」とある。この昔里火は、音里火を指しているものと考えられる。『誓幢和上塔碑』(九世紀初)に「音里火三千幢主・級湌高金□鐫」とあり、音里火が正しいことが明らかである。字形の類似によって、誤写されたのであろう。音里火停は、この青驍県に置かれた軍団・軍営ということになる。ほかの停についても確認すれば、次のような各県に配されていたことになる。

音里火停	尚州	青驍県
古良夫里停	熊州任城郡	青武県
居斯勿停	全州任実郡	青雄県
参良火停	良州火王郡	玄驍県
召参停	康州咸安郡	玄武県
未多夫里停	武州	玄雄県
南川停	漢州	黄武県
骨乃斤停	漢州沂川郡	黄驍県
伐力川停	朔州	緑驍県
伊火兮停	溟州曲城郡	緑武県

これらは、新羅九州の各州治、あるいは州治に隣接する郡が領する県である。州治に最も近接して配置されていた。しかも景徳王代の改名は、それぞれの旧名とは無関係で、驍・武・雄という軍団名としてふさわしい文字に、青・玄・黄・緑の四色を加えたもので、作為的で規則的である。

各県は直接には軍団の駐屯地ということになるのであるが、停の改名でなく、県名に対する改名がなされていることからすれば、単に駐屯地が県内にあるというより以上に、各県に軍団との深い関わりが担わされたのではないかと想像される。まさに各県そのものが軍団およびそれを支える地域集団となったというように理解できるのではなかろうか。

六畿停も、そのような県に相当するものとして、軍団が配されたのみでなく、一定の領域をもった地域単位としてとらえてはどうであろうか。そうであれば、大城郡には、大城郡固有の領域と、それとは別に近接するかたちで、約章県およびもう一県（想定できれば）と、東畿停とが併存し、また商城郡には、商城郡固有の領域と、それとは別に近接するかたちで南畿停・中畿停・西畿停・北畿停・莫耶停が併存していたととらえることができるのである。

さてわたしは、このような六畿停の地をそのまま王畿と認めようと思う。大城郡には、東畿停のほかに、約章県があったが（あるいはもう一県あったかも知れない）、その地は王畿ではなく、東畿停の地のみが王畿の一部であった、とみるということである。いっぽう商城郡には、南畿停・中畿停・西畿停・北畿停があって、これらも王畿を構成するものであったとみる。莫耶停は、畿停ではないことは確かであるが、東西南北中の五つ以外に適当な名称がなかった、ということも考えられる。厳密には畿停ではないが、あわせて六畿停としてとらえることにする。つまり、王畿は、大城郡と商城郡のうちの一部（あるいは大部分）の六畿停の地であり、それらは大城郡と商城郡とに管轄されていた、とみるのである。

三　新羅王畿の空間的範囲

六畿停が具体的にどこを指すのか、明確ではないが、有力な比定地があるのが西畿停である。『新増東国輿地勝覧』巻二一・慶州府・古跡条に西畿停がみえ、注に「もとの豆良弥知停。○李詹云わく、今の密陽府の豆也保部曲、即ち其の地なり、と。良と也、弥知と保、方言相近し、と。詹の言、恐らくは是なり」とある。根拠としては発音の類似であろうが、李基東によれば、それは清道郡角南面神堂里にあたるといい、交通路の要衝にあたるため、そこに軍営が置かれたものととらえている（李一九九七）。

ただし、王都からはかなり西南に突出しており、距離もある（図1参照）。はたしてそのようにみるのが妥当であるのかどうか、検討してみる必要がある。

大城郡については、先に錯簡として削除した記事のなかに「清道郡に合属す」とあることもあり、王都慶州の西南に位置する清道郡方面にあてる意見もあるが、それが除外されれば、大城郡条の記事で位置の手がかりとして残るのは、約章県のみである。『大東輿地図』では、慶州の東南に約章古県を記している。そこはおよそ現在の慶州市陽北面にあたる。ただし金正浩の『大東輿地図』は一九世紀半ばの地図であり、その比定が何にもとづくものか不明である。

それとは別に、大城郡の名が、『三国史記』巻三二・祭祀志にたびたび現れる。大祀の三山のひとつ穴礼、中祀の五岳のひとつ東岳の吐含山、中祀の対象のひとつとしての北兄山城、小祀の対象のひとつとしての三岐が、大城郡にあったことを記している。このうち慶州東南の吐含山と慶州東北の北兄山城（兄山）の位置は確実である。穴礼・三岐については比定されてもいるが、とりあえず、吐含山・北兄山城の位置からすれば、大城郡は、王都の東部に比定できることになる。

いっぽう商城郡であるが、もとの名である西兄山郡の西兄山は、慶州の西郊外の仙桃山である。それをもとにすれば、商城郡が王都の西側にあったものとみなければならない。

「商」字は、五音の一つで、四時では秋、五行では金、方位では西に属する、という。王畿を管轄する郡ということでいっぽうが大城と命名された、ということであれば、商城は城西というような意味でつけられた、ということかも知れない。

西畿停は、狭義の商城郡とは別であるが、広義の商城郡に属するもので、その広がりが、清道郡角南面までおよんでいたとみることができれば、上記の比定は問題ないといえる。ところがその方角には、実は他郡の県があったと考えられる。それは、さきに錯簡として削除した地名と同一とみられる、密城郡の三県である。それらは、烏丘山県が慶尚南道密陽郡上東面に、荊山県が清道邑西華陽に、蘇山県が清道郡梅田面東山里あたりに比定される（金一九八七）。

とすれば、王都からみた場合、西畿停の位置は、これら三県を越えた西側ということになる。あるいは錯簡とみたことがまちがいで、いずれも大城郡に含まれるもので、大城郡が東にも西もあったとみれば、ことは簡単であるが、記事自体は錯簡を想定しなければならず、そうであれば、王畿が飛び地をなしているというように受け取らなければならなくなる。それを認めない場合には、先の西畿停の比定に問題があるとしなければ理解できないことになる。西畿停の旧名豆良弥知と豆也保との類似は、魅力的であるが、ほかで探すほうが合理的であろう。

では、どのあたりまでが、大城郡・商城郡の範囲であったのか。それには、隣接する郡県の位置が手がかりになる。それに加えて、当時の王都から発する交通路も考慮にいれれば、およその範囲を見いだすことができる。

新羅の交通路について、わたしは五通と呼ぶ五大街道と、その街道が駅路であり、およそ最初の駅として五つの門駅があったことについて、考察したことがある（田中二〇一六）。その成果によれば、五通および、それぞれの最初の駅とその方向、めざす先は次のようになる。

北海通　坎門駅（北）→高城→泉井
塩池通　兌門駅（西）→塩海
東海通　艮門駅（東北）→祇林寺の西→東海口
海南通　坤門駅（西南）→海南
北傜通　乾門駅（西北）→尚州→唐恩浦

五つの門駅の方向において、隣接する郡県として、何が該当するかを考えてみると、まず北には義昌郡があり、『大東輿地図』に従えば、音汁火県の古県が最も近い。ただし音汁火県は、古くに悉直谷国（江原道三陟）と彊を争った国として登場するため、かなり北になければおかしく、安康あたりでは合わないことになる。さらに北上すれば、安康県に至る。現在の慶州市安康邑にあたる。すなわち、北に向かっ

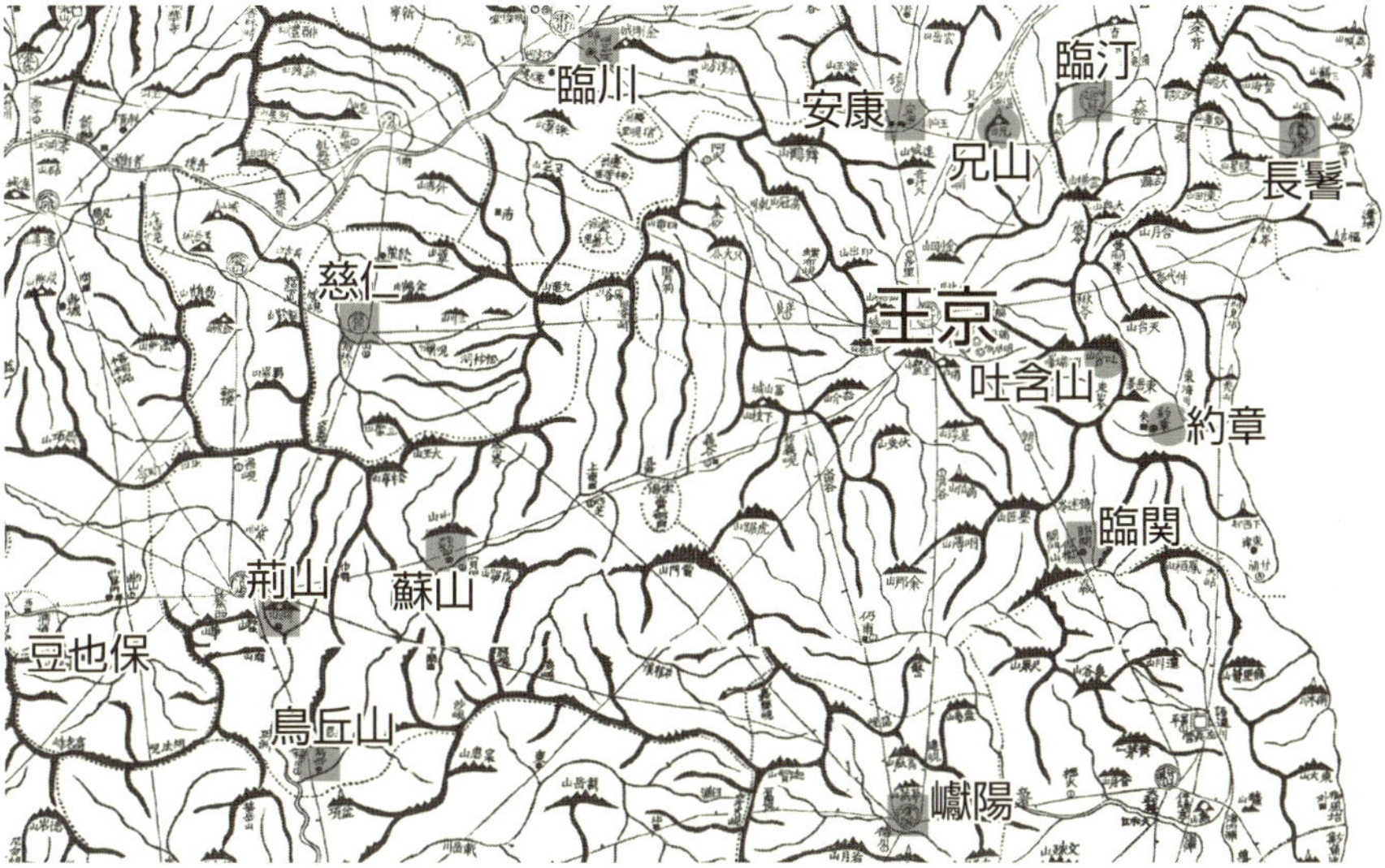

図１　新羅王畿の範囲推定（『大東輿地図』に加筆・田中作成）（■：周囲の郡県　●：大城郡に含まれる地名）
■の内側で、範囲の線引きがなされる必要がある。

ては、安康邑に至る前までが王畿の範囲とみなすことができる。

以下、結論的に示しておけば、西には獐山郡があり、最も近いのは慈仁県である。現在の慶山市慈仁面にあたる。東北には義昌郡の臨汀県や鬐立県がある。臨汀県は迎日郡烏川邑。鬐立県は浦項市長鬐面にあたる。西南は、先の西畿停候補地に向かうルートであり、まず密城郡蘇山県に至る。先に述べたように、清道郡梅田面東山里あたりである。西北は、臨皐郡臨川県に至る。永川市完山洞あたりになろう。

先に、新羅末の王畿史料をあげ、甄萱が高欝府から「王畿」に入り、さらに王都に入ったことを確認した。高欝府は永川であり、王都から西北へのルートが逆に甄萱が王都に向かったルートであったと考えられる。高鬱府からさらに臨川県を越えて、どれほどか行くと王畿に入るということで、ここで検討していることと合致する。

これらは五通と関連して、五つの門駅への

方向について検討したのであるが、五通に該当しない南・東南へのルートについても確認しておけば、南には良州の巘陽県に至る。現在の蔚山市彦陽面にあたる。東南には臨関郡に至る。慶州市外東邑毛火里にあたる。そこには倭賊の侵入を遮る関門城が築かれている。

以上のことから、広義の大城郡・商城郡の広がりは、北は安康（義昌郡安康県）よりも南、西北は永川市完山洞（臨皐郡臨川県）よりも東南、西は慶山市慈仁面（獐山郡慈仁県）よりも東、西南は清道郡梅田面（密城郡蘇山県）よりも東北、南は蔚山市彦陽面（良州の巘陽県）よりも北、東南は慶州市外東邑毛火里（臨関郡）より西北に限られることになる。東は、北兄山・吐含山を含みながら、慶州市陽北面（約章県）まで達する。それは東海岸まで達するものと考えてよかろう。

とすれば、そうした広がりから、狭義の大城郡・商城郡、それに大城郡約章県（あるいはさらにもう一県）を除いた範囲が六畿停の範囲ということになる。それについては、より詳細な検討が必要があるが、ここではとりあえず、およその範囲ということで満足しておきたい。

さて、このように考えてみれば、門駅とは、王畿の内外を分かつあたりに置かれた駅を指すのではないかと考えるのが妥当である。五通については、それを通って地方に行く場合、王都を出発し、王畿を通過し、門駅からその外に出た、ということになる。

唐の都長安の場合は、東西二つに分けて万年県と長安県とが管轄し、その周囲の二一県を畿県とし、これらを京兆府に属させていた。新羅の王都自体も、大城郡・商城郡に分けて管轄されていたのかどうか検討する必要があろうが、王京と王畿との成立過程からみると、それは難しいと思う。

四　新羅における畿内制の成立

新羅は、慶州盆地にあった斯盧国から出発して、領域を拡大していった。わたしの考えでは、五世紀段階では、周囲の諸国に対して、従属させる関係を結んでいたとはいえるが、別個に独立した小国が周囲に存在している状況であった。それが五世紀末から六世紀初になって、旧斯盧国の範囲を越えて、東海岸を北上し、また慶尚北道一帯の諸国を抑えて領域化していった。五二一年の状況を伝える『梁書』新羅伝には、

其の俗、城を呼びて健牟羅と曰う。其の邑、内に在るを啄評と曰い、外に在るを邑勒と曰う。亦た中国の郡県を言うなり。国に六啄評・五十二邑勒有り。

とある。

「健牟羅」とは、王城・王宮を指すと考えられる。ここで重要なのは、在内の六啄評と在外の五二邑勒である。王宮としての「健牟羅」を中心にし（その中心に王を配して）、その外を六啄評が囲み、その外側に五二邑勒がある、というありかたである。

この六啄評は、斯盧国を構成していた六村が転化した六部を指しているとみてさしつかえない。とすれば、六啄評＝六部が「在内」とあるのは、大いに意味のあることである。新羅における領域の区分が、これにつきるかどうか、ここだけでは何ともいえないが、とりあえずこれに限って考えてみると、『梁書』に伝えられた新羅第一の地域区分は、六部の内か外か、というものであったことになる。

新羅人の意識の上で、六部人は、自らを王京人と考えていた。それは官位の二元体制である京位・外位の区別に現れる。京位とは、六部人に限って認められた官位であり、地方人は外位が認められたのみであった。そうした意識と、『梁書』の記事はよく符合するものといえよう。すなわち、この六部＝王京の内か外か、という点が、新羅人にとって、最も重要な界線であったのである。

六部とは、すなわち斯盧国の範囲である。かつての斯盧国の住人が、そのまま六部人であると言える。その六部人が、みずからを王京人であると意識するようになるのは、自分たちがすんでいる斯盧国と対比される、その外側の地方が存在するようになったからである。地方ができることによって、王京が生じた、ということである。

『梁書』では、その地方に、五二邑勒があったとする。それはまさに新羅領であるが、その形成は、五世紀末から六世紀初めにかけて、遅くとも、『梁書』が示す年代である五二一年よりも以前のこととみる必要がある。

このような王京を、わたしは六部王京と呼んだことがある（田中一九九二）。そしてその時点での区画として、王京の外側に王畿に該当するようなものは考えがたい。

新羅はその後、七世紀半ばになって、唐と連合して百済・高句麗を滅ぼし、唐勢力を朝鮮半島から駆逐して三国を統一した。そうして拡大した広大な領域に対して、新たな地方統治の方式として九州に分けた郡県制が施行されるようになる。九州がそろうのは神文王五年（六八五）である。

王畿が成立した時期として想定すべき第一は、この九州からなる郡県制の実施時期である。その時期は、王都における条坊制の施行が進む時期でもあり、王京に変化が起こる時期にあたる。六畿停は、景徳王代に改名によって誕生したのであったが、その前身となる停は、それ以前から存在していた。その時点で、軍営所在地としての停のみであったのか、それを中心とした邑落全体を停と称したのか、それが問題であるが、その時点においてまったく無関係に存在したとは考えにくい。

このように、この時期にそれより以前の六部王京の地のうち、条坊制王京から取り残された地域を、王畿として設定した、とみることはかなり蓋然性が高いものと考える。六畿停が、六部のそれぞれに対応するかどうかは不詳であるが、それがどうあれ、王畿は条坊制王京外の六部の地全体、ということである。

ただし、六畿停への改称が景徳王代であることから、名実ともにそれが王畿として認定されたのは、景徳王代と考えるべきかも知れない。王畿成立の時期として想定される第二は、景徳王代といえる。あるいは、七世紀後半から始まる王京・六部再編成の動き、すなわち「王のための王京」づくりが、八世紀半ばまで至って、旧王京＝新王京＋王畿、ということで六部人にも納得させた上で、収束していった、と考えることができるかも知れない。ただし、呼称は別にして、そうした王畿に該当するものの前身が七世紀半ばに成立したことは考えられそうであるため、ここでは第一の考えに従っておきたい。

おわりに

新羅の王畿は、このようにほんらいの斯盧国（六村）の範囲にあたり、それは六世紀初め以後、王京とみなされてきた範囲である。七世紀後半に三国統一をはたし、王権が伸張すると、王はそれまでの王京の内に条坊制の王京を造営した。その結果、それまでの王京で、条坊制の範囲から取り残されたところが、新たに王畿として制度化されていったものと考えられる。このような成立過程を想定することが許されるならば、新羅の畿内制は、新羅の国家的発展の段階と直接に結びついて成立したものであり、特異で独自なものであったということになる。また王畿内外の出入りには、「門駅」のあたりが「門」をなしていたものとみることができる。ただしこうした新羅独自の王畿の機能等については、今後なお検討することが必要である。

参考文献

石母田正　一九七一『日本の古代国家』岩波書店。
木村　誠　二〇〇四「統一新羅の王畿について」『古代朝鮮の国家と社会』吉川弘文館。
田中俊明　一九九二「新羅における王京の成立」『朝鮮史研究会論文集』三〇集。
田中俊明　二〇一六「朝鮮諸国の交通制度と道路」『日本古代の交通・交流・情報』1、吉川弘文館。
金侖禹　一九八七「新羅時代大城郡に関する考察」『新羅文化』三・四合輯。
村上四男　一九七八「新羅王都考略」『朝鮮古代史研究』開明書院。
前間恭作　一九七四「三韓古地名考」追記『前間恭作著作集』附録、京都大学文学部国語学国文学研究室。
李基東　一九九七「新羅中古期清道山西地方の戦略的重要性」『新羅社会史研究』一潮閣。
李成市　一九九八「新羅六停の再検討」『古代東アジアの民族と国家』岩波書店。

隠《なばりの》横《よこ》河《かわ》

伊藤 文彦

『日本書紀』天武天皇元年六月甲申の条[1]、「壬申の乱」をめぐる記事の中で、大海人皇子が吉野から伊賀をへて東国へ向かう緊迫した場面に「隠横河」は登場する。

「夜半《よなか》に及《いた》りて隠郡《なばりのこほり》に到りて、隠驛家《なばりのうまや》を焚《や》く。因りて邑《むら》の中《なか》に唱《よば》ひて曰《い》はく、天皇《すめらみこと》、東國《あづまのくに》に入《い》ります。故《かれ》、人夫《おほみたから》諸《もろもろ》参赴《まうこ》といふ。然《しか》るに一人も來肯《きか》えず。横河《よこかは》に及《いた》らむとするに、黒雲《くろくも》有り。廣さ十餘丈《とつゑあまりばかり》にして天《あめ》に經《わた》れり。時に天皇異《あやし》びたまふ。則ち燭《ひ》を擧《ささ》げて親ら式《ちく》を秉《と》りて、占ひて曰《のたまは》く、「天下《あめのした》兩《ふた》つに分れむ祥《さが》なり。然れども朕《われ》遂に天下を得むか」とのたまふ。

隠の駅家を焼き、横河の手前で占いを行った大海人皇子は、隠横河を越え、東国に入り、伊勢に進んで壬申の乱に勝利し、天武天皇として即位する。

隠横河は、『日本書紀』大化二年春正月甲子の条「改新の詔」の中で「凡そ畿内《うちつくに》は、東《ひむがし》は名墾《なばり》の横河《よこかは》より以來《このかた》」[2]として畿内の東限として示される。また、『万葉集』所収の当麻真人麻呂の妻の作り歌として、「わが背子《せこ》はいづく行くらむ沖《おき》つ藻《も》の名張《なばり》の山を今日《けふ》か越ゆらむ」[3]とあるのも、「隠」が境界として認識される場所であったことを示している。

隠横河は、現在の三重県名張市に所在する、木津川支流の名張川の事である[4]。平城遷都以前、原東海道は現在の奈良県桜井市から東へ向かっていたと考えられる。大和川の支流、初瀬川沿いに東へ進み、西峠で大和川水系と木津川水系の分水嶺を越える。そこから現在の榛原を過ぎ、名張川の支流宇陀川の左岸を北東へ向かうと名張盆地へでる。ここが隠郡（評）の比定地である。盆地の入口で宇陀川を渡り、宇陀川右岸の盆地内をさらに北東へ向かうと、目の前を遮る峡谷に行き着く。ここが名張川、古代の隠横河である。この名張川は、南東の国見山を源流とし、名張市夏見付近で青蓮寺川を合して西流し、さらに宇陀川を合し、茶臼山に突き当たって北東へ流れを変える。つまり、両側を山で挟まれた間に、川が堀のように横たわっているのである。現在、平地からの水面までの比高差は三メートル、場所によっては一〇メートルに達し、川幅は約一〇〇メートルを測る。古代であれば渡河するのにはずいぶん大きな困難をともなっただろう。原東海道を畿内から東国へ向かう場合には、必ずこの名張川を越えなければならず、ここが一つの境界として意識され、畿内の東限として認識されたものと考えられる。

ここで、『日本書紀』の壬申の乱の記述を詳細に見てみよう。記事によると、まず「隠郡」に入る。すると、「隠驛家」があり、駅家とは別に「邑」がある。そこからさらに進んだ所に「横河」が位置し、そこで渡河している。これは、当時の隠郡の中心地（隠郡家）や隠駅家が隠横河よりも畿内側、即ち名張川南岸に位置していたことを示している。では原東海道はどこを通り、どの位置で渡河していたのであろうか。また隠駅家や隠郡家は考古遺跡として確認されているのだろうか。

まず、渡河地点について検討しよう。名張川北岸には東から川沿いに河岸段丘の段丘面が舌状に張り出していて、水面から段丘崖がそびえたつ。とくに宇流冨志祢神社付近は水面からの比高差一五メートル近い絶壁となっており、この付近に渡河地点を求めることはできない。段丘突端は現在の名張藤堂家屋敷跡付近であり、段丘崖は市街化の進んでいる今日の市中心街でも確認できる。この西側では、近世初瀬街道の渡河地点で新町橋付近や、それよりは東の鍛冶口橋付近が候補となる。近世初瀬街道の渡河地点付近だとすると、宇陀川と名張川の合流地点で北側へ渡河し、段丘崖の下部を北東に進むことになる。鍛冶橋口付近に渡河地点を求めれば、奈良時代以降の「斎王上道」の推定ルート[5]と重なる。畿内側から渡河すると、渡河後すぐに段丘崖を登り、北東に一直線に進むことになる。それよりも東側に渡河地点を求めると、現在国道一六五号線が名張川を渡河する新夏見橋付近が候補となる。ここは川の北岸に小さな谷筋があり、上陸が比較的容易で、そのまま北上する道があった。また渡河した地点は分岐点ともなり、右折すれば現在の津市美杉町をへて、櫛田川沿いに伊勢神宮へ向かうルートとなる。ここは、夏見廃寺[6]へも近い。

次に、名張川南岸において隠駅家や隠郡の所在

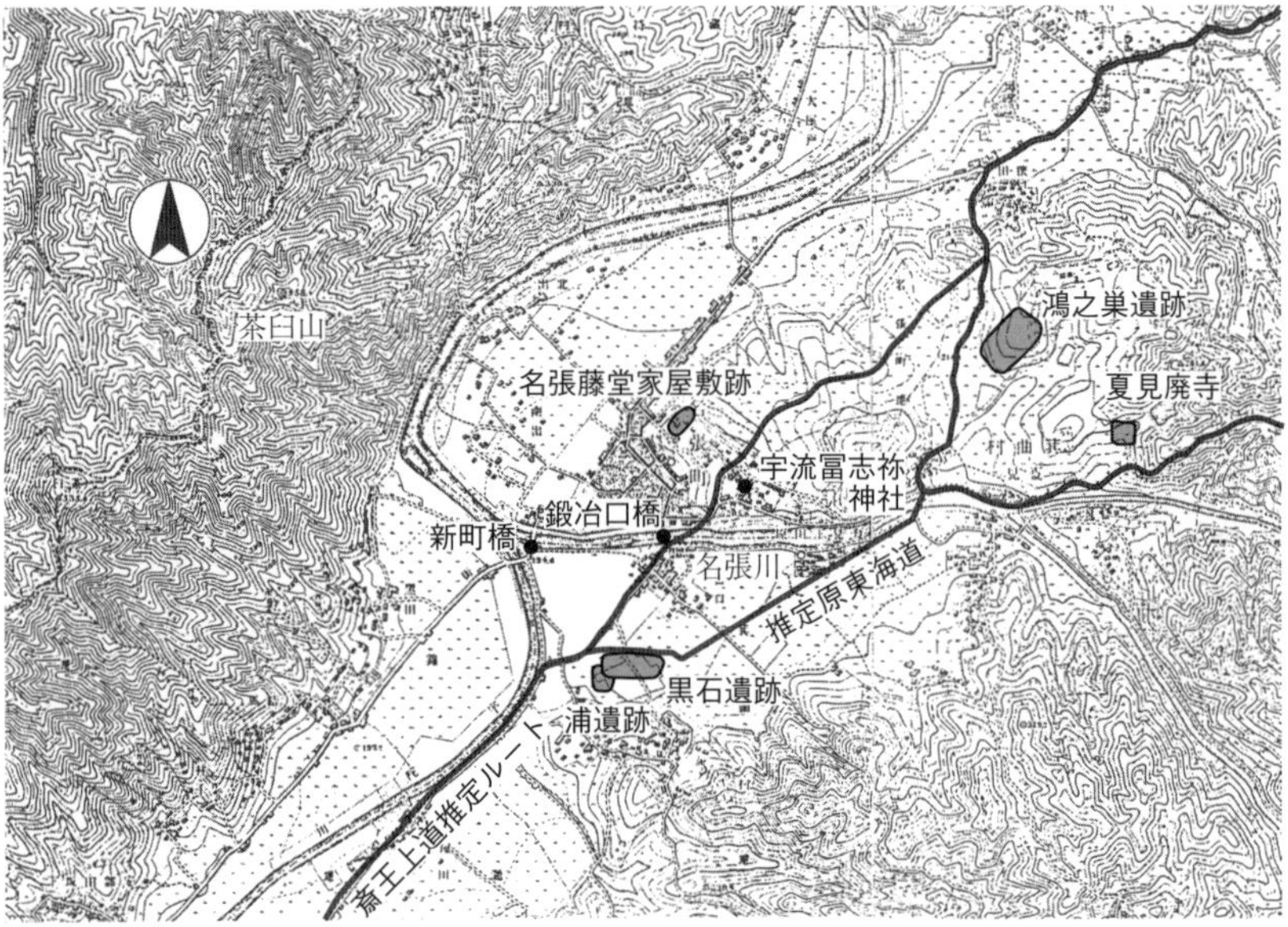

図1　隠横河関係遺跡位置図（明治27年大日本帝国陸地測量部地図上加筆）（1：5,000）

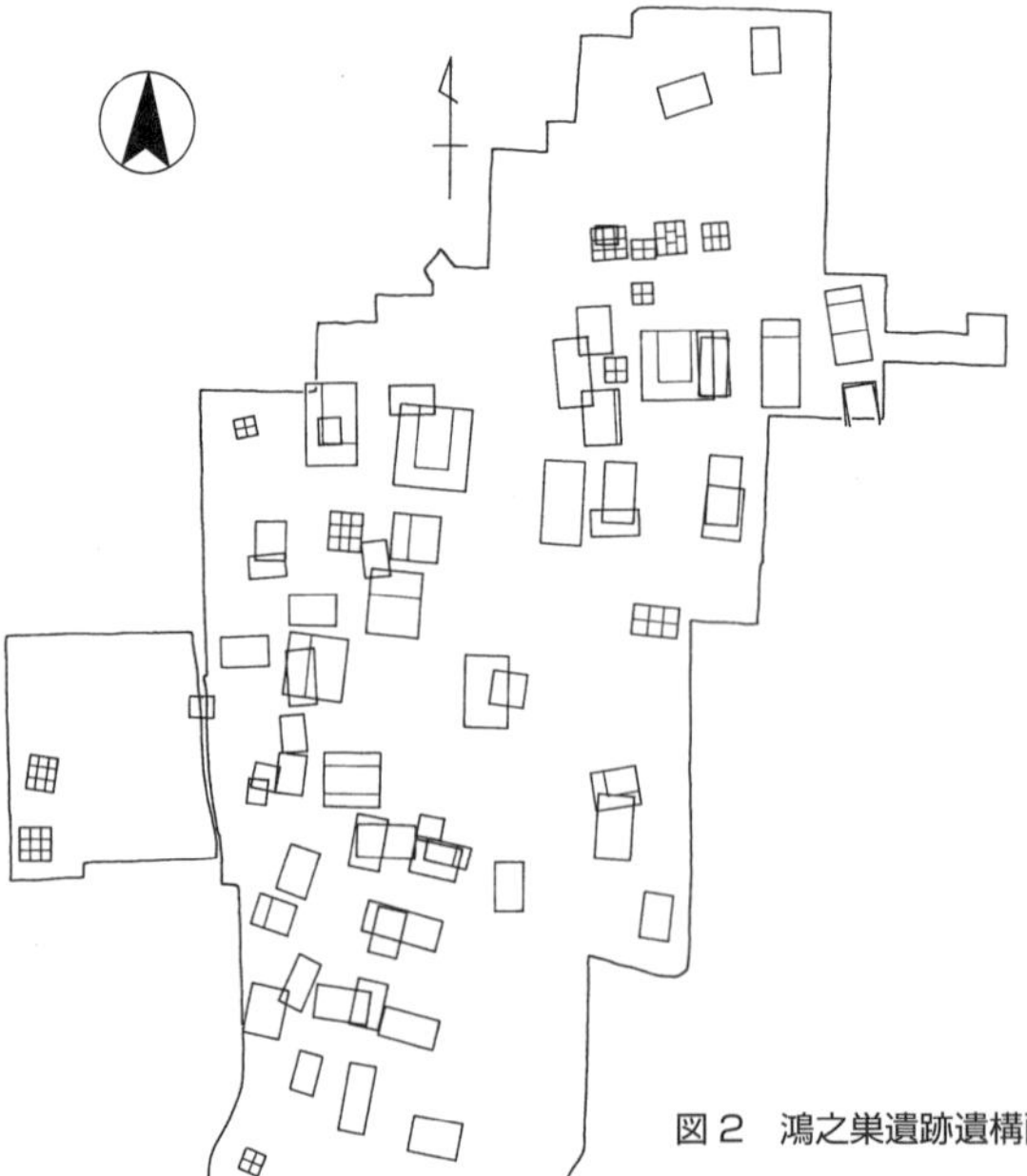
図2　鴻之巣遺跡遺構配置図（1：2,000）

地を検討する。候補となる遺跡のひとつに黒石遺跡[7]がある。黒石遺跡は七世紀初頭から人の居住が始まり、七世紀第3四半期頃まで竪穴住居が継続するが、七世紀末から八世紀初頭になって掘立柱建物群が造営される。掘立柱建物群は斎王上道推定ルート、即ち周辺の条里地割の方位にほぼ一致しており、正方位からは約四五度ずれる。また、同一位置で建て替えが行われることなく、八世紀初頭に廃絶する。一方、名張川北岸の鴻之巣遺跡[8]では、七世紀第3四半期ににわかに集落が形成され、七世紀末には正方位に近い方位に揃う掘立柱建物群が官衙的様相を帯びて成立する。この遺跡は出土した鉈尾から、天平三年（七三一）伊賀国正税帳断簡に記される、「主帳少初位上勲十二等夏身金村」の夏身氏の居宅と解されることが多い。さらに、同じ時期、川原寺式軒瓦を創建瓦にもつ夏見廃寺が造営される。七世紀第3四半期を一つの画期として、名張川北岸、すなわち畿内からみて川を挟んだ反対側に、新しい隠郡の中心が造営されるように看取できるのである。

隠郡の中心が隠横河を挟んだ畿内の反対側へと移動する変化について示唆を与えるのは、三関の状況である。三関のうち、これまでの発掘調査で構造が比較的明らかとなっている鈴鹿関、不破関の状況をみると、いずれも、畿内から東国に向かう官道の両側に山がせまる狭隘な回廊を遮断するように川が横断し、それを渡河した東国側に立地する。さらに、関には大関と小関が存在し、これらは重要な官道の分岐点を守備するように設置されている、という。[9]すでに早くから指摘されているように、天武朝に設置される三関は、畿内内部での軍事的な騒乱が東国に波及することを防ぐために設置されたものであった。すなわち、天武自身がそうであったように、畿内内部で発生した反乱が東国の軍事力と結びつき、畿内の朝廷に対して軍事的な攻勢を行うことを予防することを目的とした施設であった。そのため、畿内側に対して軍事的に守備しやすく、交通の要衝である位置に三関は設置されたのである。

隠横河をはさんだ隠郡の変化は、三関の設置と同様の意義を持つととらえることが出来るのではないか。七世紀第2四半期まで、隠横河は東国からの軍事的攻勢に備える防衛線として機能が想定されていたと考えられる。しかし、壬申の乱を契機として、隠横河は畿内の反乱を東国に拡大させないための防衛線へと変化する。とくに、隠横河は防御線として適しているだけでなく、伊賀を経て東国に通じるルートと、櫛田川沿いに伊勢神宮へ向かうルートの分岐点にあたっている。こうしたことから、隠郡の中心は、名張川以南の畿内側から名張川以北の東国側へ変化したのだと考えられるのではなかろうか。

平城京遷都以降、隠横河は東海道からは外れることとなった。しかし、平安時代以降も、斎王が斎宮から帰京する際には、名張横河で禊をしてから大和へ入ることを例とした。(10) 隠横河は、奈良時代以降も境界として認識され続けたのである。

註

（1）坂本太郎ほか校注 一九六七『日本書紀』巻二八、日本古典文学大系六八、岩波書店。
（2）坂本太郎ほか校注 一九六七『日本書紀』巻二五、日本古典文学大系六八、岩波書店。
（3）佐竹昭広ほか校注 一九九九『萬葉集』巻第一 四三、新日本古典文学大系一、岩波書店。
（4）名張市 一九七四『名張市史』。
（5）名張市教育委員会 二〇〇〇『黒石遺跡 付・丁ノ坪遺跡 律令期集落の調査 名張市瀬古口』。
（6）名張市教育委員会 一九八八『夏見廃寺』。
（7）前掲註5に同じ。
（8）名張市遺跡調査会 一九九一『鴻之巣遺跡・小谷遺跡・小谷古墳群』。
（9）山中 章 二〇一〇「第七章鈴鹿関跡」『亀山市史考古編』。
（10）神道大系編纂会編 一九九一『江家次第』巻第十二、神道大系朝儀祭祀編四。

紀伊《きいの》兄山《せのやま》

冨加見　泰彦

「改新詔」の中で「畿内国」に関する規定がある。第二条の主文には「畿内国司」を置くとあり、凡条の一つに「凡そ畿内は、東に名墾の横河より以来、南は紀伊の兄山より以来、西は明石の櫛淵より以来、北は近江の狭狭波の合坂山より以来を、畿内国と為す」とある。

紀伊の兄山とは和泉山脈、紀伊山地の合間を流れる紀ノ川の中程にあって、伊都郡と那賀郡との郡界に位置する丘陵のことである。紀ノ川を挟んで北側に背山（兄山）、南側に長者屋敷と呼ばれる妹山が対峙し『万葉集』にも度々登場する風光明媚な場所である。この南北に対峙する丘陵は急峻な地形を示し、紀ノ川の川中には流れを二分する船岡山があり、古より人びとの往来を著しく妨げ、あたかも関塞（関）の呈をなす地形である。

『令義解』「関市令」に記され、摂津と播磨の境界に近く、四至の一つと指摘されるいわれる「摂津の関」を考慮すれば（佐々木一九八八）、兄山の山裾の推定南海道の「萩原の駅」周辺の小字名に「木戸口」が遺り、あたかも関の存在をうかがわせること、さらに、『万葉集』神亀元年（七二四）天武天皇紀伊行幸の際の笠金村の従駕歌に「吾が背子が跡ふみ求め追ひゆかば紀伊の関守い留めなむかも」とあり、これが現在の県境である真土山を示すのか、古来の兄山を示すのかは判断できないがこの歌からも「紀伊の関」の存在を示す事柄とみることができる。いずれにしても兄山が交通上極めて重要な位置付けであったことは確かで、関が設置されていた可能性は十分ありえたと考える。

この兄山を通過する道は、小字名に「東ノ越」「中ノ越」「西ノ越」が遺るものの山の南、北いずれを迂回したかは度々議論されるが未だ決着を見ていない。足利健亮氏は「古代の道路がこのような地形を回避した例が恭仁京ほかいくつかの箇所で指摘できる」として、北麓の谷をたどって背山（兄山）の難所を越えたとする。この北麓越えを支持する意見は多いが、『万葉集』には紀伊国を詠んだものが多く、中でも紀ノ川を挟んで並ぶ妹山と兄山（背の山）を詠んだ歌が一五首と多いことを考えると、はたして北麓を通って兄山・妹山の歌を詠むのだろうかという素朴な疑問が浮かぶのも事実である。

　この兄山・妹山はかなり上流からも目視することができ、そのため、「畿内国」の南の境界とされたのはごく自然の成り行きであったろうと考えられる（図1）。

　伊都郡は、紀ノ川上流から、賀美、村主、指理（飯降）、桑原郷の四郷が存在したことが知られる（栄原一九九四）。この兄山は、『倭名類聚抄』『日本霊異記』等に見られる伊刀郡の桑原郷にあたる。注目される遺跡として、律令期における推定南海道の萩原駅と南海道に沿って建立されたと考えられる佐野廃寺（狭屋寺）がある。

　「萩原の駅」とは『日本後紀』弘仁二年（八一一）八月十五日条に「紀伊国萩原、名草、賀太三駅を廃す。要せざるを以て也」と記される駅のことで、紀ノ川北岸経由の不要性から廃されたと考えられる駅家である。翌年四月二十日条には「紀伊国名草駅を廃し、更めて萩原の駅を置く」と記され、この記述が南海道の解明をより困難にするが、後者は名草郡に新たに設置された駅と理解される。

　桑原郷には『日本霊異記』巻一一に「聖武天皇の御世に、紀伊の国伊刀郡桑原の狭屋寺の尼等願を発し（中略）奈良の右京の薬師寺の僧題恵禅師を請へ……」と記された佐野《さや》廃寺が建立される。佐野廃寺は、川原寺系、本薬師寺系、巨勢寺系の軒瓦を有し、法起寺式の伽藍配置を呈する白鳳期の古代寺院である（図2）。川原寺裏山で発見された三尊塼仏や山田寺出土と伝えられる六尊連立塼仏と酷似する塼仏の出土、川原寺系の軒瓦は御所市朝妻廃寺の軒丸瓦と同笵であることが確認されており、大和の影響を強く受けた寺院であることは疑いようがない。特筆すべきは、講堂東隅に設けられた六角経堂は、発見当時国内でも同時期としては初めての発見であった。発掘の所見からは、回転する輪堂であった可能性

図１　紀ノ川と妹山・兄山遠望

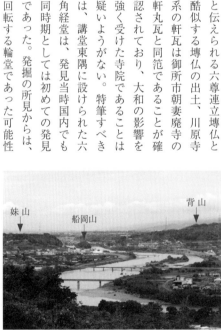

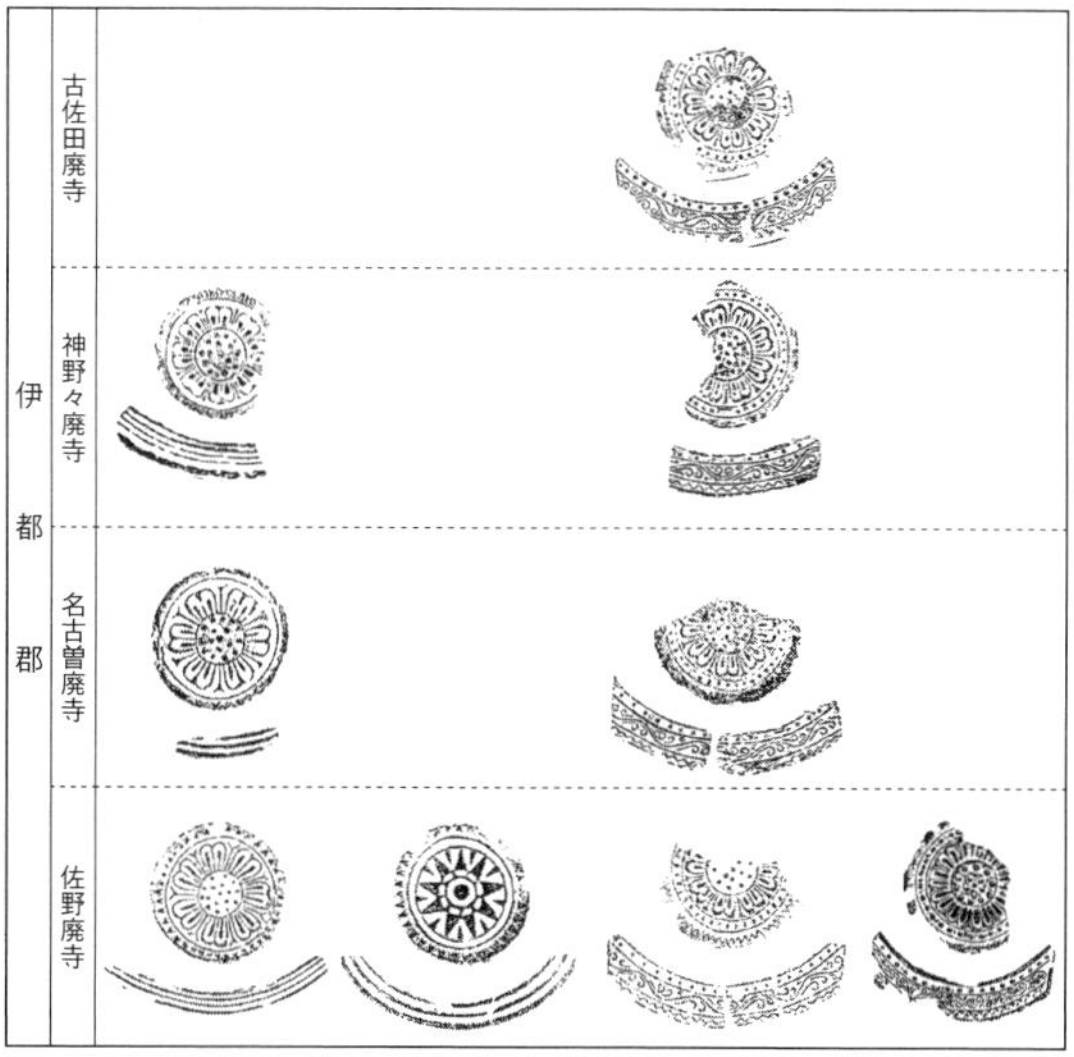

図２　伊都郡における古代寺院出土瓦（冨加見作成）

が高い。このことからも畿内の南限を意識した官寺の可能性が高い寺院といえるであろう。畿内の四至とされる東の名墾の横河には、夏見廃寺、西の赤石の櫛淵には太寺廃寺、北の近江の狭々波の合坂山には大宅廃寺と考えられている。この四至に選定されているのは山・河川・海岸線と不統一ではあるものの、交通上の要衝地であり、佐野廃寺の南を推定南海道が通ることからも十分推測することができる。勘案すれば、三寺院を含め本来的には、四至を衛る防御施設としての側面を合わせ以て建立されたとみることが可能であろう。

佐野廃寺と指呼の距離に位置する拠点的な集落として、かつらぎ町西飯降Ⅱ遺跡を中心とした遺跡群がある。遺跡が立地する河岸段丘上には縄文時代～奈良時代にかけての中飯降遺跡、弥生時代中期から奈良時代に至る丁の町・妙寺遺跡と広範囲の展開をみせ、飯降遺跡群として包括的にとらえるべき遺跡群である。

『和名類聚抄』に見える「指理郷」の存在をうかがわせる史料に、平城京平城宮内内裏跡から出土した八世紀の「指理郷」と表記された木簡がある（拙稿二〇〇六）。

　紀伊国伊都郡指理郷白米五斗
　天平六年三月

まさにこの地が現在の「中飯降、西飯降」を示しているのであろう。遺跡は、紀ノ川の北岸の広大な河岸段丘に立地し妹山、背山が遠望できる地理的環境にある。中飯降遺跡、西飯降Ⅱ遺跡、丁の町・妙寺遺跡では、八世紀から九世紀にかけての掘立柱建物跡が調査されており、中でも西飯降Ⅱ遺跡では七世紀後半～八世紀代の掘立柱建物跡が二五棟確認され、伊都郡衙の可能性が高い遺跡ということができ、連綿と生活が営まれていた場所である。遺跡の南には「大道ノ上　大道ノ下」の小字名が遺り、古くから古代の推定南海道と考えられてきた重要な地域である。また、佐野廃寺とは紀ノ川を挟んだ対岸にあり、妹山とは指呼の距離にある東渋田遺跡では奈良〜平安時代にかけての建物跡が複数発見されており、掘立柱建物跡の方形掘り方は佐野廃寺の六角経蔵のものと極めて類似し堅固な版築が行われていることが確認されている。推測の域は出ないが郡衙の下部組織に当たる郷衙の可能性も考える必要がある。また、平安時代の土器類にはおよそ地元産ではなく、都(平安京)のものと推察されるものが出土しており、妹山・兄山を含む周辺地域は「畿内の南限」として極めて重要な位置付けであったことは想像に難くない。

なお、時代は遡るが船岡山には弥生時代後期〜終末期にかけての集落が営まれ、竪穴遺構一〇棟が見つかっている。竪穴遺構は円形、隅丸方形の二種類があり五棟一単位の二時期にまたがる集落で、いわゆる高地性集落の出現する時期にあたる。船岡山の東西端では焼土坑がそれぞれ見つかっているので、狼煙場的な施設があった蓋然性が高い。この時期、紀ノ川水系には、眺望が利く高地には滝ケ峰遺跡、天王塚、橘谷遺跡といった丘陵部を一直線上に結ぶ集落や、紀ノ川とその支流の合流地点の河岸段丘に立地する船戸箱山、堂阪遺跡、城ノ段遺跡、紀ノ川の川幅が狭小となる地形に位置する船岡山遺跡、上田遺跡、血縄遺跡等「倭国大乱」を示す遺跡が存在し、時代を超えて重要な地域であったことを物語っている。

引用・参考文献

遠藤元基他校注　一九六七『日本霊異記』日本古典文学大系七〇、岩波書店。

足利健亮　一九八〇「南海道復元―古代・中世―」『歴史の道調査報告書Ⅱ』―南海道・大和街道他、和歌山県教育委員会。

佐々木高弘　一九八八「「畿内の四至」の防御地点としての性格について」『歴史地理学』一四二。

栄原永遠男　一九九四「第1節　律令制の成立と紀伊の国制」『和歌山県史』原始・古代和歌山県史編纂委員会。

拙稿　二〇〇四「紀伊の古代寺院」『第10話　和泉と紀伊の古代寺院』。

拙稿　二〇〇六「第4節弥生時代」『かつらぎ町史―通史編―』。

紀の川水の歴史街道編纂委員会　二〇〇六『紀の川―水の歴史街道―』。

藤井保夫　二〇〇六「仏教の興隆と佐野廃寺の建立」『かつらぎ町史―通史編―』

小山靖憲　二〇〇六「第1節　律令制下の伊都郡」『かつらぎ町史―通史編―』。

赤石《あかしの》櫛淵《くしぶち》

岸本 道昭

その場所　大化改新の詔によると、畿内の西限は赤石櫛淵とされた。

よく知られているように、赤石とは現在の兵庫県明石市が遺称地である。櫛淵とは、連なる丘に幾筋もの谷が入りこみ、櫛の歯のように入り組んだ崖縁を形容したものとされている。遺称地はないものの、ほぼ定説化しているのが神戸市西部の海岸線で、須磨区一ノ谷から垂水区塩屋付近は、六甲山塊の崖が海に迫って落ちる険しい海岸線であった。山の頂は鉢伏山《はちぶせやま》と呼ばれ、小さな谷には境川《さかいがわ》と名づけられた小河川が海に注ぎ込む。

古代において赤石（明石）は、畿内と畿外を分かつ境界であり、同時に播磨と摂津、淡路の国境ともなっていた。歴史上多少の移動はあるが、東には須磨関の存在もあって、赤石櫛淵はこの付近を指していることはまず動かないだろう。

陸海交通の要衝　境界とするからには、そこに人の往来があり、認識が共有されていたはずである。この付近は古代山陽道が通されており、山陽道海浜路線説は早くから唱えられていた（藤岡一九六七）。もっとも、海岸線が険しいことから、須磨駅家と明石駅家を結ぶ山陽道は、北側を迂回する二つの路線も考えられており、神戸市西区押部谷《おしべだに》にある櫛淵（奇淵）地名を重視する意見もある（木下一九九二）。

最近、明石駅家関連の発掘成果をもとに山陽道海浜路線が再び考えられはじめた（稲原二〇一三）。また、難所とされていた櫛淵にも遺跡が存在することから浜堤が想定され、巨大古墳築造の時代を経た土木技術を評価すれば、山陽道海浜路線の開削はあり得ると指摘されている（丸山二〇一三）。

いっぽう、明石海峡は陸路山陽道とともに海路瀬戸内海交通の要衝でもあった。『万葉集』では柿本人麿が「明石の門、明石大門」などと詠んで、海峡を門と表現している。これも、この地が境界や関として意識されていたことの表れである。
以上のように、赤石櫛淵は畿内と畿外、国と国などの重層する区切りを背負った境界であり、陸

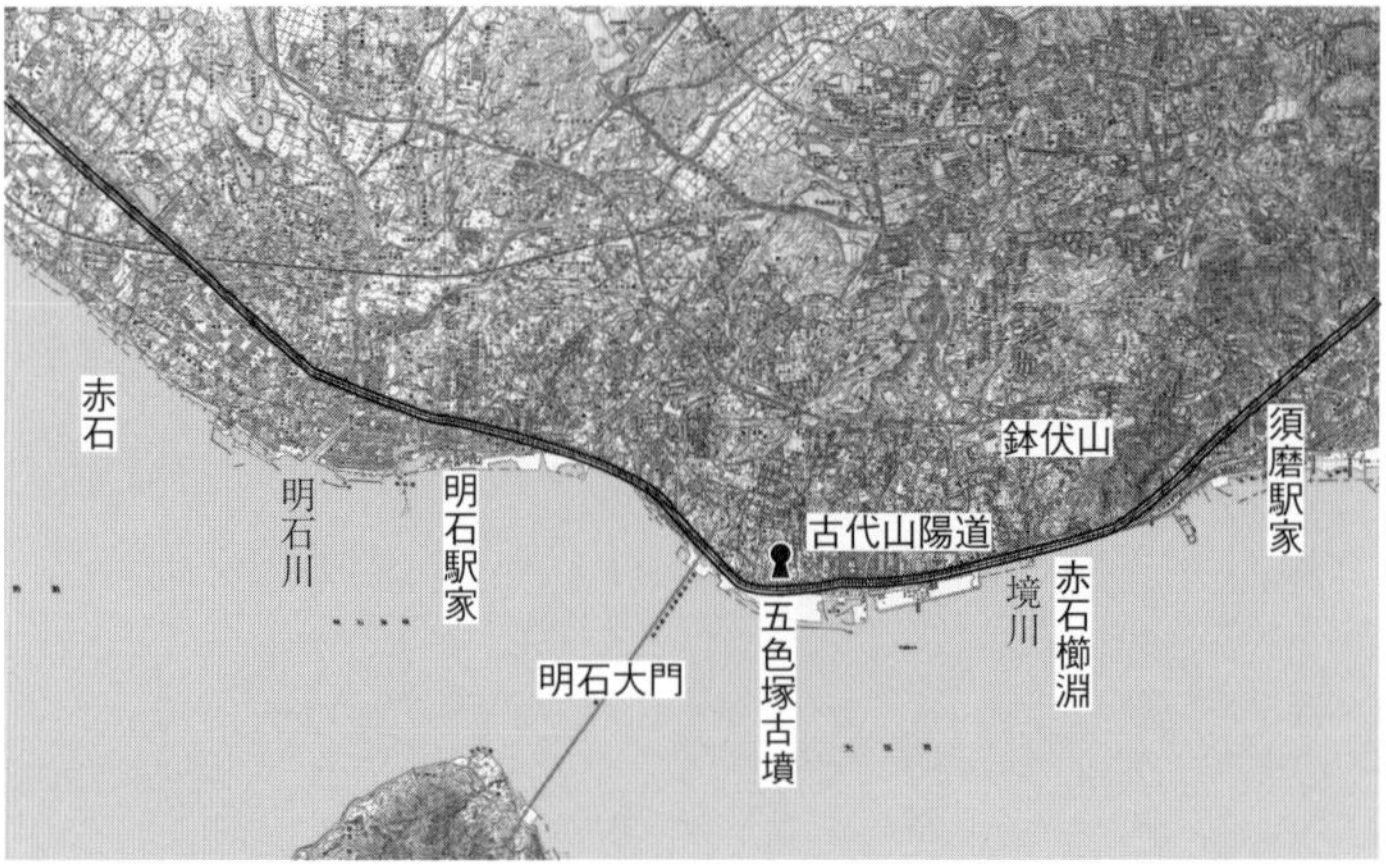

図１　**赤石櫛淵の周辺**（地図は国土地理院ホームページによる）

海交通路における要害の地と認識される地域・地形であったことがわかる。

では、畿内と畿外を分かつ西限とは、どのように形成されてきたのであろうか。諸国の境界を限分したという七世紀以前の古墳時代に、その境界設定の淵源を探ってみることにしよう。

五色塚古墳の意義　播磨国の成立以前、明石（赤石）一帯は明石国造の本拠であった。

この地は、四世紀後半に築造された五色塚古墳の存在が圧倒的である。本墳は墳長一九四メートルの前方後円墳で、播磨はおろか兵庫県最大の規模を誇る。そして、いわゆる海浜型前方後円墳の典型として著名なものである。すなわち、海に面して築造されていることを最大の特徴とし、生産基盤としての可耕地に乏しい場所にあり、しばしば大型墳で畿内の典型的な古墳の要素を兼備していること、多くは単独墳として前後の首長系譜が連続していないこと、などで性格づけられる（広瀬二〇一五）。

五色塚古墳は、蓄積する生産力といった経済原理では理解できない地勢的な不自然さをもつ。また、先代の古墳を明確に指摘できず、後代に引き継がれた首長権の存在も見えない。まさに孤高の

権力者として突然に現れ、忽然と消えた臨海性の巨大前方後円墳なのである。

『日本書紀』には、仲哀天皇の偽陵として本墳は反乱伝承の文脈で書かれ、西からの往来に備えて明石海峡で待ち伏せたことを記している。畿内からは、「赤石櫛淵以来」「明石の門」などと意識されていた場所である。当時、瀬戸内海は大陸との行き来を支える重要航路であり、被葬者は生前に続いて明石の門を守り、海上交通を司る権能が期待されていたにちがいない。

古墳は、カミとなった亡き首長の遺体を保護顕彰すると同時に、墳丘を見せることに注力している。五色塚古墳は、紀淡海峡にある西陵古墳と宇度墓古墳（淡輪ニサンザイ古墳）、畿内中枢の百舌鳥古墳群などとともに、「巨大古墳の環大阪湾配置」と称される仲間の一基である。それはもはや、畿内中枢すなわち倭政権のありかを見せる「目で見る王権」の記念物といってもよいだろう（広瀬二〇〇三）。

文献が記す畿内領域に先立ち、文字や制度としての規定が未熟な古墳時代では、大型古墳の築造によって王権の政治領域を見せていた。そのため、しばしば大型古墳は、人々が往来する交通の要衝に現れることになる。丹波の雲部車塚古墳、但馬の池田古墳、伊賀の御墓山古墳などは、古墳の大きさに見合う基盤に乏しい狭隘の地に厳然と存在する。地方側とは別の政治的な原理、王権側の意志が古墳築造に働いていたからである。

その意味では、七世紀を待つまでもなく、大型古墳によって顕在化する王権の存在、すなわち畿内制の原初的な枠組みは古墳時代にさかのぼることになる。文字として記された文献史料は残されていないが、五色塚古墳という巨大な考古資料は、原畿内制がすでに形成されつつあることを西端の赤石櫛淵から教えているのである。

引用・参考文献

稲原昭嘉 二〇一三「太寺廃寺と古代山陽道・駅家」『明石の古代』発掘された明石の歴史展実行委員会・明石市。
木下　良 一九九二「「大化改新詔」における畿内の四至について―「赤石櫛淵」の位置比定から―」『史朋』二七。
広瀬和雄 二〇〇三『前方後円墳国家』角川書店。
広瀬和雄 二〇一五「海浜型前方後円墳を考える」公益財団法人かながわ考古学財団編『海浜型前方後円墳の時代』同成社。
藤岡謙二郎 一九六七『都市と交通路の歴史地理学的研究（増訂版）』大明堂。
丸山　潔 二〇一三「明石の古代文字資料」『明石の古代』発掘された明石の歴史展実行委員会・明石市。

狭《さ》狭《さ》波《なみの》合坂山《おうさかやま》

柏田 有香

「改新詔」において畿内の北端とされた「近江の狭々波の合坂山」とは、現在の滋賀県大津市西部、京都府との府県境に位置する逢坂山を指す。その西に広がる山科盆地は、東を音羽・醍醐山地に、北を比叡山地南部の如意ケ嶽などに、西を東山丘陵によって画され、南には昭和に干拓事業が行われるまで巨大な巨椋池が存在し、独立性の高い盆地であった（図1）。近江や若狭・越と大和や河内、それ以西の地域をつなぐ道として、この山科盆地を通り逢坂山を越えるルートは古来存在したと考えられ、盆地中央に位置する集落遺跡である中臣遺跡では、弥生時代や古墳時代の遺構から近江、大和、河内、讃岐、阿波などから直接もたらされた土器が出土している。また、弥生時代後期の竪穴建物の中に近江に多いとされる平面形が多角形を呈するものが複数認められ、近江の土器の影響を受けて地元で製作された土器の出土比率が高いことなど、西の京都盆地との関係以上に近江との親縁性が強く感じられる地域であった。それが「改新詔」によって山科盆地は畿内、近江は畿外とされたことで、具体的に遺跡にあらわれる変化があったのかについて、調査が最も進展している中臣遺跡についてもう少し詳しく見てみたい。

中臣遺跡は、山科川と旧安祥寺川の合流地点北側の栗栖野台地上に位置する。旧石器時代から室町時代の遺構遺物が出土する複合集落遺跡であるが、集落としての盛期は、弥生時代後期、古墳時代後期、さらには飛鳥時代の七世紀中葉から後葉にある。図2は中臣遺跡79次調査の平面図である（内田ほか二〇〇二）。遺跡の中央東寄り、栗栖野台地東側の緩斜面上で行われた調査で、全域に古墳時代後期から飛鳥時代の遺構が密に分布する。

図上で古墳としたものは、五世紀中葉から後葉、墓としたものは木棺墓で概ね六世紀代、竪穴建物は多くが七世紀中葉から後葉に属し、七世紀前葉と八世紀初頭のものが少数ある。また、方位が振れる掘立柱建物は七世紀後葉から八世紀、正方位の掘立柱建物は平安時代のものである。中臣遺跡では七世紀後葉から住居形態が竪穴建物から掘立柱建物に漸次的に移行し、竪穴建物は七世紀代でほぼ消滅する。盆地内では、安朱遺跡や日野谷寺町遺跡でも八世紀代の掘立柱建物のみで構成される集落がみつかっているが、京都盆地では八世紀後半まで竪穴建物が残ることから見れば、山科盆地はいち早く新しい住居形態を取り入れたと言えるかもしれない。

中臣遺跡ではこの79次調査を含め、七世紀代の遺構の多くは栗栖野台地頂部から東側斜面にかけての遺跡東を走る古代の主要交通路を見渡せる場所に展開している。中には身舎が三間×五間以上で四面庇をもつ南北棟の大型掘立柱建物も含まれる（菅田一九七九）。また、七世紀前葉の集落形成が低調であることから見ると、七世紀中葉を境にした遺構数の増加は急激といっても良く、これらの現象が「改新詔」やその後の天智天皇六年（六六七）の近江大津宮への遷都、さらには天智天皇死後の壬申の乱の勃発、天武天皇による大和への再遷都といった歴史的事象と無関係とは考え難い。

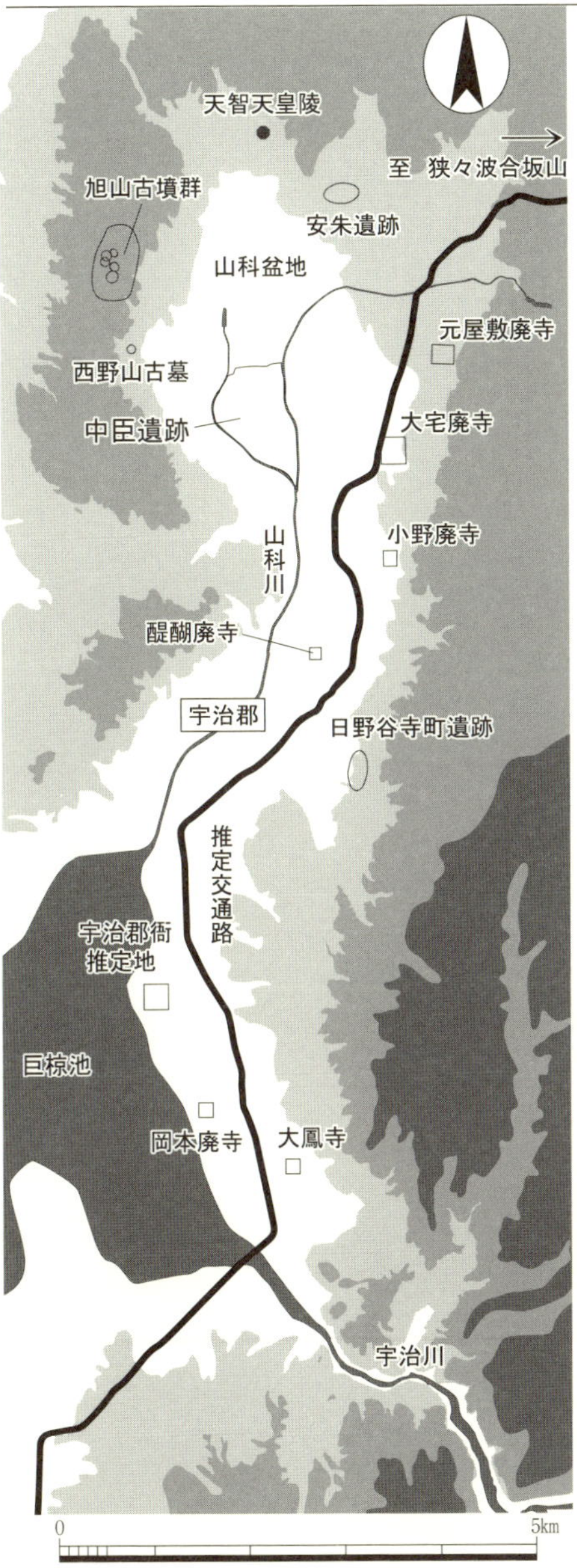

図１　宇治郡の古代主要遺跡（1/100,000）

図２　中臣遺跡79次調査の平面図（1/1,500）（内田ほか 2002 の図を一部改変）

この中臣遺跡を拠点としたのはいったい誰なのだろうか。遺跡名から中臣氏の拠点集落と捉えられることが多いが、古代以前においては中臣氏と直接関連付けられる根拠は存在しない。遺跡名の由来となった西野山中臣町に所在する中臣神社は、明治時代の地誌『宇治郡名勝誌』では、延喜三年（九〇三）に醍醐天皇により創祀されたとされるものである。また、『扶桑略記』などに記された中臣鎌足の邸宅「山科陶原家」の所在地をこの辺りに求める説もあったが、これについては近年、詳細な文献史料の研究により、盆地北部の安朱遺跡付近に存在したことがほぼ確実となった（吉川二〇〇四・二〇〇七）。天智天皇陵は安朱遺跡北西の鏡山に築かれており、そこが鎌足ゆかりの地であったこと、加えて山科が「畿内」であったことも選地の大きな要因となったのであろう。

では、中臣氏以外で山科盆地において古代に活躍した氏族をあげるとするならば、その一つに宇治氏がいる。山科盆地は現在の宇治市北西部とともに山背国宇治郡に属したが、八・九世紀の宇治郡の郡司がほぼ宇治宿禰で占められていたことからすると（竹本二〇一五）、七世紀代にはすでに宇治氏がこの地で地盤を固めていた可能性が高い。また、宇治氏は天武朝の八色の改姓で宿禰姓を賜っている。それは、宇治氏が拠点とする宇治郡が中央にとって重要な地域であったことを示す。宇治郡南部は巨椋池の津としても機能する水陸交通の結節点であり、宇治郡衙の位置は巨椋池の東岸、現在の宇治市木幡辺りと推定されている（図1）。その約一・五キロメートル南には、推定交通路を挟んで、ともに白鳳期創建の岡本廃寺と大鳳寺が位置し、宇治氏の政治的拠点はこの付近にあったと推測される。しかしこの辺りは、巨椋池と丘陵部の間の平坦地部分が狭く、安定した生産域を確保するという点では難がある。そこで、あくまで推論ではあるが、宇治氏が生産拠点を山科盆地に求めた結果、七世紀中葉以降、宇治氏と中央との結びつきが強まるに従い中臣遺跡も興隆したとの見方ができないだろうか。

ここでもうひとつ、中臣遺跡との関連が想定され、かつ古代の宇治郡にとって重要な意味をもつ大宅廃寺について見てみたい。山科盆地東の台地末端、西には古代の主要交通路がはしり、中臣遺跡は当然のこと、盆地全体を一望する立地に大宅廃寺はある。昭和三三年（一九五八）から断続的に続く発掘調査で、乱石積基壇をもつ中央建物とその南に並列する二つの瓦積基壇建物などが見つかっており、講堂に伽藍閉鎖施設が付かない変則的な法起寺式あるいは観世音寺式の伽藍復元案が提示されている（網一九九九）。創建は七世紀後葉の天武朝と考えられ、紀寺式軒丸瓦や藤原宮と同笵の軒平瓦が出土している。この藤原宮式軒平瓦は、単に同笵であるだけではなく、笵傷の分析から、大宅廃寺所用の瓦笵として製作されたものが後に藤原宮造営のために大和に移されたものであることが判明し、大宅廃寺の造営は、大和との密接な結び付きのもとに行われたとみられている（山崎一九九五）。ここでもやはり藤原氏（中臣氏）との関係が注目され、大宅廃寺が鎌足の「山科陶原家」に付属したとされる「山階寺」ではないかとの議論が再燃したが、先述のように陶原家は盆地北部に存在したと考えられ、また大宅廃寺の創建年代とも矛盾が生じる。また、この時期に藤原氏（中臣氏）が氏寺を造営するほど山科の地に蟠踞していたかについては疑問が残ることなどから、一氏族の氏寺としてではなく、複数の在地有力氏族を精神面で強く結びつける拠点的寺院として造営されたのではないかとの見解が示されている（網一九九九）。そうであるならば、中臣遺跡の居住者についても一氏族に特定するべきではなく、七世紀中葉以降の遺構数の急増は、「改新詔」以後、近江と大和の間に置かれた各氏族が、皇位継承争いや新たな国家的枠組み作りに巻き込まれ、翻弄されながら結集していく過程のあらわれと見るべきかもしれない。

引用・参考文献

網　伸也　一九九九「大宅廃寺再考」『瓦衣千年—森郁夫先生還暦記念論文集—』森郁夫先生還暦記念論文集刊行会
網　伸也　二〇〇五「I大宅廃寺・大宅遺跡」『京都市内遺跡発掘調査概報平成16年度』京都市文化市民局
内田好昭ほか　二〇〇二「Ⅳ　中臣遺跡」『平成11年度京都市埋蔵文化財調査概要』（財）京都市埋蔵文化財研究所
萱田　薫　一九七九『中臣遺跡　建設省国庫補助事業による発掘調査の概要　一九七八年度』（財）京都市埋蔵文化財研究所
竹本　晃　二〇一五「奈良時代における畿内・畿外の郡領氏族」『古代学研究会二〇一五年度拡大例会シンポジウム資料集　古墳時代における政権と畿内地域』古代学研究会
山崎信二　一九九五「藤原宮造瓦と藤原宮の時期の各地の造瓦」『文化財論叢』Ⅱ、同朋舎出版
吉川真司　二〇〇四「安祥寺以前」『安祥寺の研究』Ⅰ、京都大学
吉川真司　二〇〇七「第1章　近江京・平安京と山科」『皇太后の山寺—山科安祥寺の創建と古代山林寺院—』柳原出版株式会社

執筆者一覧（執筆順、編者は編者紹介参照）

上杉　和央（うえすぎ・かずひろ）　京都府立大学准教授
西本　昌弘（にしもと・まさひろ）　関西大学教授
今津　勝紀（いまづ・かつのり）　岡山大学教授
大隅　清陽（おおすみ・きよはる）　山梨大学教授
告井　幸男（つげい・ゆきお）　京都女子大学准教授
虎尾　達哉（とらお・たつや）　鹿児島大学教授
森　公章（もり・きみゆき）　東洋大学教授
大津　透（おおつ・とおる）　東京大学教授
小原　嘉記（こはら・よしき）　中京大学准教授
古閑　正浩（こが・まさひろ）　大山崎町教育委員会
青木　敬（あおき・たかし）　國學院大學准教授
吉田　歓（よしだ・かん）　山形県立米沢女子短期大学教授
田中　俊明（たなか・としあき）　滋賀県立大学教授
伊藤　文彦（いとう・ふみひこ）　三重県教育委員会
冨加見泰彦（ふかみ・やすひこ）　和歌山県立紀伊風土記の丘
岸本　道昭（きしもと・みちあき）　たつの市教育委員会
柏田　有香（かしわだ・ゆか）　公益財団法人京都市埋蔵文化財研究所

■編者紹介

広瀬和雄（ひろせ　かずお）
1947年京都市生まれ
大阪府教育委員会、大阪府立弥生文化博物館勤務ののち、奈良女子大学大学院教授
現在、国立歴史民俗博物館名誉教授
〈主な著書〉『前方後円墳国家』（角川選書、2003年、中公文庫、2017年）、『古墳時代政治構造の研究』（塙書房、2007年）、『前方後円墳の世界』（岩波新書、2010年）、『カミ観念と古代国家』（角川叢書、2010年）

山中　章（やまなか　あきら）
1948年京都市生まれ
現在、三重大学名誉教授
〈主な著書〉
『日本の古代遺跡28　京都Ⅱ』（共著、保育社、1992年）、『日本古代都城の研究』（柏書房、1997年）、『長岡京研究序説』（塙書房、2001年）、『平安京とその時代』（編著、思文閣出版、2009年）

吉川真司（よしかわ　しんじ）
1960年奈良県生まれ
京都大学助手、同助教授（准教授）を経て、現在、京都大学教授
〈主な著書〉『律令官僚制の研究』（塙書房、1998年）、『シリーズ日本古代史3　飛鳥の都』（岩波新書、2011年）、『天皇の歴史2　聖武天皇と仏都平城京』（講談社学術文庫、2018年）

2018年4月25日　初版発行　《検印省略》

講座《こうざ》　畿内《きない》の古代学《こだいがく》　第Ⅰ巻
畿内制《きないせい》

編　者　広瀬和雄・山中　章・吉川真司
発行者　宮田哲男
発行所　株式会社 雄山閣
〒102-0071　東京都千代田区富士見2-6-9
TEL　03-3262-3231 / FAX　03-3262-6938
URL　http://www.yuzankaku.co.jp
e-mail　info@yuzankaku.co.jp
振　替：00130-5-1685
印刷・製本　株式会社ティーケー出版印刷

ISBN978-4-639-02523-8 C3021
N.D.C.210　302p　22cm